文春文庫

人口で語る世界史

ポール・モーランド
渡会圭子訳

文藝春秋

人口で語る世界史　目次

わが子たち、ソーニャ、ジュリエット、アダムに捧ぐ

第一章

人口が歴史をつくってきた

人生は残酷で悲惨で、そして短かった――ブリテンで農業・産業革命が起こるまでは。十八世紀、世界人口は十億人に満たなかったが今や七十億人超へ。この二百年に起きたことを人口観点から語ろう。

Population and History : Introduction

十八世紀までの世界——飢え、病気、災害、打ち捨てられる女子（おんなこ）どもたち

一七五四年、ロンドンのチェルシー地区に住んでいた十九歳のジョアン・ランボールドはジョン・フィリップスに出会った。三年後、フィリップスの子を身ごもったジョアンは、淋病を患ったうえに彼に捨てられた。他に頼るところもなかった彼女は、収容施設に入れられた。仕事が見つかり、ジョアンは近くのブロンプトンへと送られたが、息子のジョン・ジュニアは施設にとどまり、二年後に死んだ。(1) 捨てられる女や子どもの死といった悲劇は、当時は珍しくなかっただろうが、現代の先進国なら大問題になり、福祉団体やマスコミから反省と責任追及の声があがるだろう。十八世紀にはイングランドばかりではなく世界中のどこでも、このような話はごくふつうにあることだった。人間の歴史の始まりからあったことだ。当時、あるいはそれ以前には、ヨーロッパ中そして世界中の何百万、何千万人もの少女たちが同じような目にあっていたはずだ。物質的な窮乏を背景に、人間の生活は飢えと病気と、さまざまな形の災害との戦いだった。

歴史的に見れば、ついこの間まで人生は悲惨で残酷で短かった。工業化以前の社会については、食料、住居、誕生と死、そして無知、衛生や健康という概念の欠如と、どのような面から説明してみても、現在の読者にとっては衝撃的だろう。たとえばスペインのワイン生産が盛んな地域の農家では、収穫期には家族総動員で仕事をするため、幼い子の母親も子どもたちを「お腹が空いて泣いていても、オムツが濡れたまま放っておい

た」。放置された子どもは、家の中に入り込んできたニワトリに目を突かれたり、ブタに手をかじられたり、火の中に転げ落ちたりした。戸口に無造作に置かれたたらいの水で溺れることもあった(2)。十八世紀にスペインで生まれた子の四分の一から三分の一が、一歳の誕生日を迎える前に死んだのも不思議ではない。

ピレネー山脈の向こう側のフランスでも、人口の大半を占めていた平均的な農民の生活は似たり寄ったりだった。現在のロゼール県は、カヤックとマス釣りが有名な魅力的な場所となっているが、十八世紀にそこに住んでいた人々はみすぼらしい服をまとい、ぼろぼろの小屋で生活をしていた。小屋のまわりには肥料が積み上げられ、ひどい臭いを放っていた。家に窓があることは珍しく、ベッド代わりの帆布と毛織物が床に敷かれ、そこに年寄りも新生児も、健康な大人も病人も死にかかっている者も、ときには死んだばかりの者まで、並んで寝ていた(3)。人類が約一万年前に農業に従事するようになってから、どの時代にも地球上のほとんどの場所で、こうした貧しく惨めな光景が見られた。

昔ののどかな田園生活を称える物語は、工業化以前の生活の実態を忘れてしまうほど都会化された社会でしか通用しない。ジェーン・オースティンの小説のヒロインが、裕福な財産相続人と結婚しようとするのは、こうした惨めな生活を避けるためだった。それは自分のためだけではなく、貧しくて無慈悲で福祉もなく変化も望めない世界においては、子どもや孫のためでもあった。

野蛮な社会から文明社会へ

現代では世界中どこの農業地帯の生活でも、十八世紀のスペインやフランスの生活とはまったく違っている。現在は先進的な都市の生活も、十九世紀後半にはふつうだった悲惨なレベルから、はかりしれないほどの進歩を遂げた結果なのだ。それはヴァージニア・ウルフの夫であるレナード・ウルフの回想録によく描かれている。ウルフは一八八〇年に生まれ一九六九年に亡くなったが、植民地の行政官としてセイロン（現在のスリランカ）に十年間弱住んだ以外は、一生を過ごしたイングランド南東部の生活環境の変化を目の当たりにしてきた。彼は晩年、自分が生きている間にロンドンのみならず英国全体が、野蛮な社会から文明社会へと変貌を遂げたことに驚愕し、それは「経済と教育の奇跡の一つ」とみなしていた。スラムとその「恐ろしい副産物」はもう存在せず、二十世紀半ばには、一八八〇年代のロンドンを経験していない人にとって、当時の「貧困、堕落、酒、暴力に満ちたみすぼらしい小屋での」貧民たちの状況を想像するのは難しくなるだろうと、ウルフは考えていた。(4)

このような変化はブリテンに限ったことではなかった。レナード・ウルフと同じく回想録を書いたシュテファン・ツヴァイクは、ウルフの一年後に生まれ、第一次世界大戦の直前に、以前は薄暗かった通りを照らす電気、「人の心をとらえる新しい製品が並ぶ、明るくて品揃えのよい店」、便利な電話が登場し、かつては上流階級だけのものだった贅沢が中産階級へと広まったことで、生活が大きく改善されていることに気づいた。水を井戸から汲む必要はないし、「苦労して火をおこす必要もなくなった」。汚物は減って衛生状態もよくなり、基本的な生活水準が年ごとに上がっていて「究極の問題だった大衆の貧困も、克服できないものではなくなったように思えた」[5]。

今でも発展途上国の最底辺のスラムや、貧しさから抜け出せない地域に、貧困や物質的欠乏の光景は残っている。しかし世界の大半の人々にとって、そのような光景は過去のものとなった。それが遠い昔に思えるところもあれば、つい最近まで見られたところもある。

十八世紀の世界人口は十億人未満だったが、いまや七十億人超に

十九世紀の初めから世界中のほとんどの地域で、物質的状況、栄養、住居、健康、教育レベルが大きく向上したのは、経済に関わることだったのは間違いないが、同時に人口に関わることでもあった。つまり人間の生産や消費のしかただけでなく、生まれてくる人間の数、大人になるまでの生存率、成長した人間が生む子の数、人が死ぬ年齢、地域や国や大陸間を移動する可能性などに関わっているということだ。生活上の進歩は人口のデータ、特に誕生と死に反映される。

簡単に言ってしまえば、現在ほとんどの人が住んでいる社会は、ジョアン・ランボールドや一七五七年に生まれた哀れな彼女の息子が生きていた社会とは違い、乳児や幼児

のうちに死んでしまう子どもの数がぐっと減って、ほとんどの人が成人するまで命を長らえるようになった。また全体的に寿命が延びているのも特徴である。これは乳幼児の死亡率が下がっただけでなく、中年で死ぬ人の数も大幅に減少して、二百年前には想像できなかった年齢まで長生きする人が増えたことにもよる。教育と選択のためのツールを手に入れた現代社会では、女性が生む子どもの数は昔よりはるかに少なくなった。子どもを生まない人が増える一方、六人以上の子を持つ人（十九世紀半ばまでブリテンではふつうだった）は、ごくわずかになっている。ジョアン・ランボールドの時代から現代へと目を移すと、人口が桁違い（けたちが）に増加している。十八世紀の世界の人口は十億に満たなかった。それがいまや七十億を超えている。政治学もそうだが、現在の経済学や社会科学は昔とはまったく違っている。これは人口学についても同じだ。

一八〇〇年前後にブリテン諸島と近親のアメリカ、そしてブリティッシュ・エンパイア（大英帝国）から始まったこの人口増加のプロセスは、まずヨーロッパへそして全世界へと広がった。アフリカではまだ完全に移行していない国が大半だが、もう少しのところまで来ている。サハラ以南アフリカで、一人の女性が生む子の数が平均四人を上回る（一九七〇年代の世界標準）国は今では六つしかない。またアフリカ以外で、平均寿命（出生時平均余命）が六十歳を下回る地域はない。平均寿命六十歳は一九七〇年代の世界標準であり、一九五〇年代のヨーロッパ標準に近い。二十世紀半ばにたどり着いた最高値が、約二十年後に世界の標準となったのだ。二十年前の世界平均が今では世界のほとんどの地域での最低限の数字となっている。これが成し遂げられたのは、最も基本的で最も複雑な条件が組み合わされたおかげだ。手を洗う習慣の普及、給水設備の充実、初歩的だが重要な妊娠と出産への介入、医療全体の質と食生活の向上。そして特に女性が教育を受け（やはりごく初歩的なものでも、ないよりはるかにいい）、命を救う技術が発達し実践されなければ、どれも不可能だっただろう。また農学から輸送の分野にまで及ぶ科学と技術の進歩も不可欠だった。

この二百年を人口で忌憚なく読み解く

はるか昔から、偉大な学者たちが歴史的事件を引き起こす基本的要因について論じてきた。何より重要なのは膨大な物質的パワーであり、それが人間の歴史の細部まではなくても、大筋を決定すると考える人もいれば、基本的に歴史とはアイデアを行動に移す物語とみなす人もいる。さらに歴史を動かすものは偶然と機会であり、事件の背後に大きな原因があると考えるのは無駄だと主張する人もいる。かつて歴史学者の間では、歴史は「偉大なる人物」がつくるものだという声もあった。これらの考え方はどれも十分ではないし、歴史を完全に説明できるものでもない。長い時間と広い空間における人間の相互関係は、大きく複雑すぎて一つの理論にまとめられるものではない。過去を理解しようとすれば、物質的な力、アイデアと機会、さらには偉大なる人物やそれらの関わりまで、すべてを認識しなければならない。

過去約二百年の間に、人口動向が大きく変わり、それが世界を変えている。これは国家の盛衰、そして権力と経済力の大変化だけでなく、個人の生活がどのように変わったかについての話でもある。たとえばほんの一世代で、大人になる前に多くの子が死ぬことを心配する必要がなくなったブリテンの女性たち。アパートの部屋で孤独死する、子どものいない日本の老人。チャンスを求めて地中海を越えるアフリカの子どもたち。

こうした現象の中には、ＵＫの乳児死亡率の大幅な低下など、すでに過去のものになっていることもある。しかし子どもがいなくて孤独死する日本人が多くなっていることや、アフリカの子どもたちがヨーロッパへ向かうことは、いま起こっていることで、今後さらに増える可能性が高い。ますます速くなる人口動向の大変化という嵐が、地球上のある地域から別の地域へと吹き荒れ、古い生活形態を根こそぎにして、新しいものが取って代わる。本書はあちらで増えてはこちらで減る人口の潮流、人間集団の大きな流れの物語である。そしてその見落とされ軽視されてきた潮流が、歴史の流れにどれほど大きな影響を与えてきたかを語るものだ。

何十億人もの生活が楽になったのは事実だが――そして世界は七十億人以上の人間をなんとか養わなくてはならない――だからといってこの物語の闇から目を背けるべきではない。多くの人々が大人になるまで生存し、物質的に豊かな生活をおくれる環境をつくった西洋には誇るべきものがたくさんある。それを批判する人々も、もし薬や肥料、石鹼から下水道まで、科学技術の進歩がなければ、当然ながら今生きてはいないだろう。

それでもこれらのすばらしい成果を手に入れたからといって、非ヨーロッパ人の排斥や大量虐殺、アメリカ大陸やタスマニアにおける先住民族の大量殺戮、黒人を使い捨て商品のように扱った大西洋奴隷貿易を見過ごすことになってはならない。

十九世紀にブリテン人の平均寿命が延びたのはすばらしいことだったが、アイルランドの飢饉を忘れてはいけない。二十世紀の初頭にヨーロッパ全体で乳児死亡率が低下したことは祝福すべきだが、それで二度の世界大戦やナチスのホロコーストの埋め合わせができるわけではない。中東でも乳児死亡率は低下していて、そのために若者が増え、不安定さが増している社会も多い。仕事につけない若者の集団が、原理主義や暴力に走ってしまうのだ。サハラ以南アフリカの広い範囲で平均寿命が長くなっていることを喜びつつも、一九九四年のルワンダの大虐殺や、その直後にザイール（現在のコンゴ）の内戦で多くの命が失われたことも忘れてはいけない。また人口の増加で起こりうる環境破壊も考える必要がある。人口に関する物語は、進歩が果てしなく続くばら色の未来ばかりを思い描く〝ホイッグ史観的〟であってはいけない。そのような見方が十九世紀のブリテンのエリートたちの間でふつうであったのは驚くことではない。当時のブリテン人は自分たちが世界で最も裕福で力があると思っていた。しかしそれは現在では支持できる見方ではない。

それは胸に刻まなくてはならないが、偉業は偉業としてきちんと認めるべきだ。人口が何倍にも増え、何十億もの人々が昔の富裕層がうらやむような生活水準と医療、教育を享受できるようになった。人口の潮流の物語は長所も短所も語られるべきだが、同時にその本質が伝えられなければならない。それが人類の輝かしい勝利であることは間違いない。奴隷制やガス室を忘れてはならないが、だからといってジョアン・ランボールドのような何十億人もの親たちが、今では子どもの健康についての不安から解放されていること、パタゴニアであろうとモンゴルであろうと、近年の基準からしても、豊かで長生きできる生活をおくれるようになったという事実に目をつぶるべきではない。そして人口の増加によって人間の創造力や発明力が高まり、ワクチンの発明や人間の月面着陸につながった。そして不完全ながらも、民主主義と人権意識が広がった。

人口要因がますますダイレクトに響く時代へ

本書はまた、歴史における人口の役割について書いたものでもある。ただしこれは人口動態、つまり出生率や死亡率の上昇や低下、人口規模の拡大や縮小、移民の増加といったことがすべての歴史を決めると主張するものではない。人口は歴史の流れの一部だが、すべてではない。ここでは歴史について安易な唯一原因論や決定論は取らない。また人口はある意味で、歴史を動かす主原因、原動力、独立した（あるいは外的な）現象であり、それに先立つ原因ではないと主張するものでもない。むしろ人口は、それ自体が他の要因によって動かされるものだ。物質的なもの、観念的なもの、そして偶然など、いくつもの複雑な要因がある。その影響は大きく多様で長期にわたるが、原因についても同じである。

人口動向は生活に深く関わっている。ある意味では、それが生活——その始まりと結末——である。人口を理解するには、技術革新や経済発展、変化する信仰やイデオロギーといった、他の要因とともに理解しなければならないが、人口は多くのことを説明できる。たとえばフェミニズムの概念と視点を考えてみよう。フェミニストの運動が人口動向の変化の要因になったのか、逆にそうした変化によって起こったことなのかは判断できないが、これら二つがどのように関連しているかを示すことはできる。こんにちフェミニストの考え方は、婚前交渉の容認や女性の社会進出まで、社会、経済のほぼすべての面に（いまだ平等ではないが）浸透している。しかしセックスやジェンダーに対する社会的姿勢の大きな変化は、経口避妊薬（ピル）と生殖技術の発明がなければ起こらなかったかもしれない。しかしピルは膨大な数の人々の才能と努力によって生み出されたものというだけでなく、セックス、セクシャリティ、ジェンダーについての考え方の変化の産物とも言える。それらについての研究が、いまや学術世界でも認められ、企業や慈善事業の資金援助の対象となっている。フェミニズムの考え方、経口避妊薬というテクノロジー、セックスや妊娠に対する社会的な姿勢の変化、これらすべてが出生率（合計特殊出生率、一人の女性が一生の間に生むと予想される子どもの数）低下の要因となっていて、それぞれが社会、経済、政治、そして歴史の流れに大きな影響を与えている。社会の変化とピル、どちらが先かという問いは、ニワトリが先か卵が先かと問うようなものだ。これらの要因の関連を論じることはできるが、どちらかが〝先〟、あるいは〝主要〟な要因であり、片方は単なるその結果であると主張するのは不毛である。

同じように、世界の歴史すべてを説明する隠れた因子として〝階級〟を〝人口〟に置き換え、人口学を疑似マルクス的見解の代用品とするのも間違いだ。とはいえ人口学を無視すれば、世界の過去二百年の歴史についての最も重要な説明要因を見逃すことになる。千年間、人口は少しずつ増えたかと思うと、伝染病や飢饉や戦争でひっくり返されることが何度もあった。しかし一八〇〇年代から、人類はしだいに自分たちの数をコントロールできるようになり、それが驚くほどの効果をあげた。人口学は変化の速度が最も遅い分野から、最も速い分野となった。人口の変化はもはや、ゆっくりとしたペースで進み、ときどき黒死病のような大事件で妨害されるものではない。出生率と死亡率はどんどん低下し、以前は何世代もかかっていた変化も、今では数十年で起こる。

第二章

人口とは軍事力であり経済力である

人口増の原動力は、乳児死亡率、出生数、移民の数。歴史の流れに甚大な影響を与え、経済と帝国の運命を左右し、今日の世界の基礎を築いた。無数の大衆の希望、愛、恐怖もがつまった数字を読む。

The Weight of Numbers

一八〇〇年頃にブリテンで起きた大変化

車がゆっくりとほぼ同じペースで何マイルも何マイルも進んでいるところを想像してほしい。最初の数マイルは少しずつ、その後は急にスピードを上げ、やがて恐ろしいほどの速さに達する。しばらく猛スピードで走ると、突然ブレーキがかかって急に減速する。これが一八〇〇年代以降の、世界の人口増加パターンである。

ここで疑問が生じる。なぜこの二百年なのか。なぜ一八〇〇年が出発点なのか。その答えは、十八世紀末から十九世紀初めに、人口学的に歴史の大きな断絶、根本的な変化があったということだ。これ以前にも、人類が人口学的に劇的な変化を経験していたのは間違いない。ただそのほとんどは伝染病や大虐殺など、死に関わるものだった。そのような出来事は散発的で、長期にわたって影響が続くものではなかった。ヨーロッパと世界全体の人口増加は緩やかで、ときどき不幸な事件が起きて後退することの繰り返しだった。

一八〇〇年前後には、〝アングロ・サクソン〟（基本的にブリテン人とアメリカ人）はトマス・マルサスが発見し規定した人口増加への制約を免れつつあった。しかし皮肉なことに、彼らがそうした制約を免れていたのは、まさにそれが発見されていたからだ。この時代は人口学的に見ると、歴史的に重要な節目である。産業革命によって人口学上の必然的な変化が起こり、地理と歴史の両面から、世界的かつ永続的な変化が始まった。

産業の発達による人口急増によって軍事力や経済力が高まり、移住者が押し寄せた。こうした人口の変化が起こす事件が既存の秩序を脅かし、乱し、ひっくり返すという、一つのパターンを生みだした。

人口動向の歴史

過去二百年の変化がいかに大きいものだったかを理解するためには、まずは長期的な人口動向を知っておくことが助けとなる。紀元前四七年、ジュリアス・シーザーが共和制ローマの終身独裁官となったとき、彼の領土は現在のスペインからギリシャまで、北はフランスのノルマンディー、そして地中海沿岸地域大半、現在の三十か国以上を含む地域に広がっていた。この広大な土地の人口は約五千万で、世界の人口二億五千万の約二十パーセントを占めていた[1]。それから千八百年以上がたち、ビクトリア女王が即位した一八三七年、世界の人口はおよそ十億人と、ローマ時代の四倍となった。しかしビクトリア女王の戴冠後二百年たたないうちに、世界の人口はさらに七倍に増えた。十分の一の時間で増加率は約二倍になったのだ。これは驚くべき速度であり、世界を大きく変える影響を与えた。

一八四〇年から一八五七年までで、ビクトリア女王は九人の子を生み、全員が無事に成人した。ビクトリア女王の前の女性君主であるアン女王は、一七一四年に四十九歳で死んだ。彼女は十八回妊娠したが、彼女より長く生きた子は一人もいなかった。ビクトリア女王の死（一九〇一年）から二十九年後の一九三〇年までに、皇后エリザベス（エリザベス二世の母）がもうけた子はたった二人だった。その一人が現女王のエリザベス、（訳注：二〇二二年九月死去）そしてもう一人はマーガレットである。これら三人の女王または王妃（アン、ビクトリア、エリザベス皇太后）とその子どもの人生に、十八世紀から二十世紀にかけてブリテンで始まり、後に世界中で広がった二つの傾向がはっきりと示されている。

一つは乳児死亡率が急激に低下し、子どもの死が親にとってよくある悲劇ではなくなり、むしろ珍しいことになった。二つ目は、それにともなって一人の女性が生む子どもの数が大幅に減少した。アン女王の時代は、子どもを次々と失うことは珍しくなかった。ビクトリア時代半ばのブリテンでも、数多くのきょうだいがいるのがふつうであり、その全員が成人するまで生きていることは稀（まれ）だった（この点でビクトリア女王は富だけでなく運にも恵まれていたと言える）が、間もなくそれがふつうになった。二十世紀の二つの大戦に挟まれた時期でも、皇后エリザベスは自分の娘二人は無事に成長して大人になると思っていたはずだ。少なくともブリテンではそれがふつうになっていた。

ビクトリア女王が生まれた一八一九年、オーストラリアに住んでいたヨーロッパ人はわずかだった（約三万人）。当時の先住民の数は定かではないが、三十万から百万と推定されている。ビクトリア女王が死んだのは二十世紀初頭だが、そのころのオーストラリアのヨーロッパ系の人口は四百万人と、八十年前の百倍以上になっていた。一つの大陸の人口とその構成が、たった一世代でこれほど大きく変化したのだ。オーストラリアはこれで完全に変化を遂げ、オーストラリア大陸の外にまで重大な影響力を持つようになった。二つの大戦において、ブリテンへの兵士の供給と配置の計画で大きな役割を担ったのだ。同じようなことが、カナダとニュージーランドについても言える。

これらの驚くべき事実——特定の場所での急激な人口増加、乳児死亡率の低下、出生率の低下、十九世紀におけるヨーロッパからそれ以外の土地への人口流出——はすべて関連し合っている。どれも産業革命に伴って起きた大きな社会的変化から生まれ、歴史の流れにきわめて大きな影響を持ち、他を犠牲にして一部の国とコミュニティに力を与え、経済と帝国の運命を左右し、今日の世界の基礎を築いた。しかし一九四五年以降、こうした傾向は世界中に広がり、さらに大きな流れとなった。そこには十九世紀に起きた潮流の変化に似たところもあるが、その時よりはるかに速いスピードで起きている。

アフリカから始まり、アフリカに戻る

十九世紀のブリテンで起きた急激な人口増加には複雑な経緯がある。世界の人口は人類の誕生から何千万年もかけて、十九世紀初頭にようやく十億に達したが、それから現在の七十億に達するまでには二百年しかかかっていない。しかし今はブレーキがかかっている。一九六〇年代後半、地球の人口はだいたい三十年ごとに倍増していた。現在では倍になるのに六十年かかる。今世紀の終わりには、人口増加が完全に止まる可能性が

ある。すでに人口減少が始まっている国もある。

急激な人口増加や減少は、どこで起ころうとも影響が世界中に広がって歴史を動かしているのだが、それがきちんと評価されることは滅多にない。たとえばタイの女性が生む子どもの数は一九六〇年代後半に比べて四人少ないとか、グラスゴーに住む男性の平均寿命はイスラエルのガザに住む男性よりも短いとか、現在の世界の人口増加率は一九七〇年代初頭の半分だと知れば、西洋のほとんどの人はびっくりするだろう。人口増加の急激な加速、そして突然の減速が起きていることを知れば、世界の人口がジェットコースター並みに変化していることと、世界は大きな分岐点に立っていることを実感するはずだ。

世界を比較すると、国や大陸ごとにはっきりとした違いがある。たとえば一九五〇年代、ヨーロッパの人口は、サハラ以南アフリカの二倍から三倍だった。それが二一〇〇年には、アフリカの人口がヨーロッパの人口の六倍から七倍になる可能性が高いと考えられている。それと同じ百五十年間で、日本の人口とナイジェリア人の人口は、二対一で日本人が多かったのが、九対一でナイジェリア人が多くなると予想されている。これだけ大きく人口が変わると、戦略地政学からマクロ経済学まで、ゆりかごの需要から墓場の必要性まで、あらゆることが変化する。これを理解できなければ、過去についても未来についても正しく考えることはできない。

人口動向の大きな変化は、ブリテン諸島とそこから北米やオーストラレーシア（オーストラリア、ニュージーランド、ニューギニア及びその近海の諸島）へと流れていった人々の間で始まった。まもなくそれがヨーロッパの国々、そこからアジアやラテン・アメリカの住人へと広がった。こんにちその多大な影響が、世界中でさまざまなレベルで見られる。特に顕著なのはアフリカで、十万年前に初めて人類が飛び出していった大陸を、その波が揺らし、つくり変えている。人口学的な大変化が、人類のふるさとに再び訪れようとしている。本書はヨーロッパ北西部で起こった人口動向の大変化から話を始め、それが短時間で世界中にどれほど大きな影響を与えてきたかを語る。その軌跡をたどりながら、ヨーロッパから中国、そして日本、中東、ラテン・アメリカ、南アジア、そして最終的にアフリカへと向かう。その変化の潮流は、初め狭く限られた範囲で始まり、やがて文字通り世界的な現象となった。それぞれの地域についての説明でその背景を語ることもあるが、話は基本的に古い人口動態のパターンが崩れ、新しいものに変わったときから始まる。このプロセスが早い時期から始まる土地もあれば、遅くなってから起こる土地もある。

ひとつめの要因は、乳児死亡率

人口増加の原動力として何より大きいのは、子どもの死亡数の減少である。ビクトリア女王は当時としては最高の医療を受けられ、健康に恵まれ、富を手にしていたという有利な条件はあるが、彼女の治世が終わりに近づいたころでも、ブリテンの赤ん坊の六人に一人は一歳の誕生日を迎えることができなかった。それから百年と少ししかたっていない現在、イングランドで一歳を迎えられない赤ん坊の数は三百人に一人にすぎない。世界には今でも百年前のイングランドに近い国はあるが（アフガニスタンやアンゴラなど）、そのような国でも状況はよくなりつつある。その一方で、世界にはブリテンよりも速い速度で進歩しているところもある。つい最近の一九二〇年代、韓国では赤ん坊の十人に三人が一歳前に死んでいたが、現在は千人に三人と、百年たたないうちに百分の一になった。この速さだとほとんどの人はどれほど大規模な変化が起きているのか把握できない。乳児死亡率がこれほど一気に下がると、人口がほんの二、三十年で四倍になり、一国の経済や環境、軍隊召集、海外への移民政策などに重大な結果をもたらす可能性もある。

二つめの要因は、出生数

戦争、伝染病、その他の自然災害がなければ、乳児死亡率に次いで人口の増減を左右する大きな要因は出生数である。これについても過去二百年で大きな変化があった。ビクトリア時代半ばのイングランドの女性が生む子どもの数は、平均五人前後だった（多いと思うかもしれないが、女王よりは少ない）。一九三〇年代にはせいぜい二人となり、エリザベス皇太后と並んだ。第二次世界大戦後の二十四年間、西洋全体でその数は増え続けた。一九五〇年代後半のアメリカ合衆国で三・七人、一九六〇年代初頭のＵＫでは三人強に達したが、そこから先は減る一方となる。二十一世紀には出生率は世界中で低下している。こんにちイランの女性が生む子どもの数は、フランスの女性が生む子の数より少なく、バングラデシュの女性が生む子の数がフランスの女性と並んでいる。

その社会的影響は計り知れない。社会の平均年齢が急上昇し、学校が空になり介護施設がいっぱいになる。スイスが平和な国であることと、同国民の平均年齢が四十歳を軽く超えていることは、間違いなくつながっている。同じようにイエメンで暴力的な事件が多いことは、その平均年齢が二十歳を下回っていることと関係している。他の要因も関与してはいるが――スイスはとても裕福でイエメンは貧しい――老人の人口が多い国は、若年人口が多い国よりもはるかに裕福な傾向がある。貧困国において最も暴力的なのは若者たちである。南アフリカは、たとえばマケドニアより経済的に貧しいわけではない。しかし国民の年齢の中央値はマケドニアの三十八歳に対し、南アフリカは二十六歳前後である。そのため南アフリカの殺人発生率がマケドニアの二十倍というのも驚くには当たらない。一方、エルサルバドルとバングラデシュの年齢の中央値は南アフリカと同じくらい（二十七歳前後）だが、エルサルバドルでの殺人発生率は南アフリカの二倍、しかしバングラデシュは十分の一未満である。社会経済や文化的要因もとても重要であり、人口統計ですべてを説明できるわけではない。それでも年齢と暴力の間には強い相関関係がある。殺人率が高い国はほぼすべて若者の人口が多い。ただし平均年齢が低くても殺人発生率の低い国もいくつかある。

三つめの要因は、移民

世界をつくり変える三つめの要因は移民である。現代のブリテンにそれがとてもよく表れている。大量の移民が押し寄せてきたために――アングロ・サクソン、バイキング、ノルマン人――、一〇六六年以降、ブリテン諸島は外からの移民に門を閉ざした。一九四五年以前、何百万人ものブリテン人が海外に出て、大陸の新たな土地に定住した。しかし移動はほぼ完全に一方通行、つまり外へ向かうものだった。十七世紀末にユグノーがブリテン諸島に移り住んだのが（多くても二十万人で、おそらくもっと少ない）、この数百年で唯一の、外部からブリテン諸島への大規模な移住だった。[2]十九世紀末から二十世紀初めの東ヨーロッパからのユダヤ人の移民の数は、おそらくピーク時でも年間一万二千人を超えることはなかった。

現在ではそれがまったく逆になっている。ブリテン人が外に出るのは同じだが、向かうのは生活の苦しいカナダの草原地帯ではなく、退職して悠々自適の人々が集うコスタデルソルだ。そしてブリテンには毎年、何千何万という移民が世界中からやってくる。その善し悪しはともかく、この歴史的に前例のない現象を認識しないと、それがどのくらい社会を変革しているか理解するのがきわめて難しくなる。二〇一一年のUKの人口調査で、自分を「ホワイト・ブリティッシュ」あるいは祖先が少なくとも一〇六六年からブリテン諸島に住んでいたとした人は、二十一世紀の後半のいつか、UK内のマイノリティになる可能性がある。

人口の大きな変化がなければありえなかった歴史的な出来事はたくさんある。十九世紀の人口爆発がなければ、ブリテン人がオーストラリアを含め世界中の広大な領地に定住することもなく、英語が通じる土地の多さや自由貿易の規範など、現在〝グローバル〟とみなされているものの多くを生みだすこともなかった。二十世紀初頭にロシアの乳児死亡率が劇的に低下していなければ、波のように押し寄せるロシア兵が立ち向かうことなく、一九四一年にヒトラーがモスクワを占領していたかもしれない。アメリカ合衆国が毎年のように何百万人もの移民を受け入れ、一九五〇年代から人口が二倍になるという事実がなければ、経済は中国に凌駕(りょうが)されていたかもしれない。半世紀にわたる日本の出生率低下がどこかで止まっていれば、四半世紀にも及ぶ経済停滞を経験せずに済んだかもしれない。シリアの平均年齢がイエメンよりスイスに近ければ、内戦に突入しなかったかもしれないし、過去四十年でレバノンの高齢化が急激に進まなければ、再び内戦になだれ込んでいたかもしれない。

人類が今後、特に戦争、伝染病、飢饉など、人口を減らす自然の力から免れるという保証はない。実のところ核時代の始まりから、世界の人口を激減させる戦争が起こる可能性は、かつてないほど高くなっている。そしてジェットエンジンの発明により、多数の人間が短時間で大陸間を移動できるようになり、病気が一気に広まる機会も増えた。環境災害がさらに悪い運命へと向かうかもしれない。人間は過去二百年で、それまで人口爆発を防いでいた自然の力から少しずつ解放されてきたと論じるのと、将来もそれが続くということは違う。

人間の数と軍隊の力

人類の歴史の中で、人数の重要性を伝える最もわかりやすい例は軍隊である。小さい国や部隊が大きな軍隊に勝つことが強い印象を残すのは、個人でも集団のレベルでも、大人数の軍隊のほうが有利であるという原則に反しているからだ。原則に沿った戦いは、「イヌが人間をかんだ」という新聞の見出しと同じくらい面白みがない。大国や大きな軍隊が小さなものを粉砕したことは、だいたい忘れられる。あるいは歴史的にはささいな出来事とみなされる。

古代、軍事衝突が起きたとき何より重要なのは、多くの人間をうまく使える能力だった。こと人数に関しては昔の記録は当てにならないので、グラニコス川の戦いで、一万七千人のマケドニアの軍が六十万人のペルシャ軍と戦ったというのは本当ではないかもしれない。しかしアレキサンダー大王がアジアで初勝利をあげたとき、兵士の数では圧倒的に不利な状況だったのは間違いない(3)。こんにち見られる中世の記述も、古代についてのものと同じように誇張が含まれることが多いため、ある程度疑ってかかる必要はあるが、アジャンクールの戦いで勝利したイングランド軍の兵士の数は、フランス軍の六分の一だった(4)。

　しかしこれらの戦いが記憶に残るのは、数がものを言うという原則に反しているからだ。戦争の歴史では、数が決定要因になった例のほうがはるかに多く、どんな場合でも数は重要視されていた。実際は特に軍隊の質に大きな違いがなく、戦略的にも優劣つけがたいとき、わずかな差が重要とみなされることが多かった。ワーテルローの戦い以前、ウェリントンはナポレオンから主導権を奪うと考えることすらできなかった。彼の部隊が六万七千人に対し、ナポレオン軍は七万四千人を擁していたからだ[5]。第一次世界大戦では激しい塹壕（ざんごう）戦が予想され、両陣営の戦略的優位性、武器、教育、モチベーションに大きな違いがなかったため、数が重要になった。一九一七年と一八年、アメリカで召集された二百八十万人もの兵士が投入され、西部戦線で疲弊していた部隊に送られてくるという予測に、ドイツは自暴自棄になり、やがて無益な戦いへと走った[6]。

　前線の兵士の数の背後には、その社会全体を構成する人の数がある。一八〇〇年のフランスの人口は、ヨーロッパ全体の五分の一弱で、フランスは大陸全体の支配を目指すことができた。一九〇〇年のフランスの人口はヨーロッパ全体の十分の一未満だったが、世界第二位の大国になろうとしていた。有史以前に部族や民族が角突き合わせていたころから、ほとんどの場合、出生率と人口規模が戦いの勝敗を決めていた。戦場に行く兵士の数は、その二、三十年前に生まれた赤ん坊の数で決まる。特に大衆動員、群民蜂起、全面戦争の時代はそうだ。

　兵力動員をうまくできる社会もあるが、動員力が高くても、人数の不足を補うことはできない。銃後の人々はたいてい戦争を支えるのに必要な活動に駆り出される。近代では多くの女性の存在が、前線に送る兵器生産工場における大きな戦力となった。通常は人口構成上の優位性を持つ国、あるいは国家同盟――簡単に言ってしまうと人口が多く、特に戦闘能力の高い年齢の男性が多い――のほうが戦いで有利である。人口が軍事的な強みへと転換されていくうちに、人口動向が世界の歴史に大きな影響を与えるようになった。

ナポレオンいわく、いちばん愛する女性は「いちばん多く生む女」

歴史を語るときにはあまり言及されないが、国際問題の中では、人口の重要性が認知されていることが多い。昔から愛国的な傾向を持つ人々による多産奨励の思考や書物があったのはそのためだ。ローマ時代の歴史家で政治家であるタキトゥスは、ローマ人の子どもの数が少ないのは、多産のゲルマン人との比較を考えると好ましくないと述べている。中世のアラブの歴史家イブン・ハルドゥーンは、人口減少を文明の荒廃と逆行に関連づけている。[7] ルイ十四世に信頼されていた軍人で建築技術者のヴォーバンは、最終的に力を発揮するものについて現実的な意見を述べている。建物がどれほど革新的で大きな防衛力を備えていても、「国王の偉大さは……臣下の数で決まる」と。

ナポレオン時代に生きたプロイセンの戦闘理論研究家のクラウゼヴィッツは、数字上の優位性が「勝利するための最も大きな原則」としている。そして神は大きな軍隊の側につくと主張したのはヴォルテールだった。アダム・スミスは「国を問わず、最も明確な繁栄のしるしは住んでいる人間の数が増えることである」と断言している。(8) いちばん愛する女性は誰かと聞かれて、ナポレオンは「いちばん多く子を生む女」と答えたと伝えられている。(9)

もちろんテクノロジー上の優位性が、戦局を左右するのは間違いない。しかしマクシム機関銃であろうと原子爆弾であろうと、いずれは敵も手に入れるので、優位性をいつまでも保つことはできない。そのとき鍵になるのは人の数である。ここ何十年かのイラクとアフガニスタンの闘士たちは、先進国からの侵入軍に備えて攻撃力の高い武器を配置することができた。一九八〇年代にアフガニスタンを支配しようとしたロシア、そして二十一世紀初頭にイラクとアフガニスタンの両方を支配しようとしたアメリカの試みがくじけたのは、主にアフガニスタンとイラクの平均年齢が二十歳以下である一方、ロシアとアメリカのそれが三十歳をゆうに超えていたからだ。結局のところ、ロシアとアメリカに足りなかったのは数ではなく意志の力だと主張することはできる。それでもやはり人口構成が何らかの役割を果たしている。(合計特殊)出生率が二以下の国は、七以上、あるいは五に近い国(二〇〇二年、二〇〇三年の侵攻の時期のアフガニスタンとイラクのそれぞれの出生率)に比べて、文化的に一般市民や軍人の犠牲を受け入れない傾向が強い。出生率が低い国は、単純に戦争に行く息子の数が少ない。多くの子どもを生んだ母親のほうが、子どもを失うことに平気でいられると思うのは無神経だが、子どもの数が少ない社会のほうが戦いを好まないことは証明されている。[10]

人間の数と経済力

軍事力以外で、一国の力を決める最も重大な要因は経済規模である。経済規模が大きければ、大規模な軍を維持し産業規模で兵器を供給できるため、それ自体が軍事力につながる。軍事力を支援することで間接的に国家の力を高めるだけでなく、大規模経済はそれ自体が国力を高めるのに重要なのである。世界市場で商品やサービスの売り手及び買い手として、また他の国の商品の市場として影響力を持つ。これもまた昔から認識されていた。フリードリッヒ大王は「人の数が国の富を築く」と明言していた。[11]

大多数の人が最低生活水準以上の生活をおくれる世界では、経済規模と人口は密接に関連している。ほぼすべての人がだいたい同じ収入であれば、国家経済は個人の収入の総計であり、国家間の経済規模は、純粋に人口の違いによって変わる。しかし各国の平均収入が違っていると、これが当てはまらなくなる。一人当たり収入にばらつきがあると、比較的人口は少ないが経済はきわめて大規模な国や、人口が多くても貧しくて経済規模が小さな国が現れることがある。

それが顕著だったのが産業革命の時期で、まずブリテン、やがて西洋と北米の経済が大きく変わり始め、一人当たり収入が長期にわたって増加し続けた。一八〇〇年前後の西洋とアメリカの東海岸地域の一人当たり収入は、中国沿岸地域とほぼ同じだった。それが百年後には、おそらく十倍の規模になっていた。[12] つまりブリテンの人口は中国よりはるかに少ないのに、経済は何倍も大きかったのだ。一部の国の経済が急激に発達して他の国が取り残されると、人口規模と経済規模が一致しなくなる。

しかし工業化は広がっていく性質がある。近年、それが最も劇的に起こったのは中国である。経済成長を後押しするテクノロジーはさらに速いスピードで拡散するため、近年、発展途上国の経済が先進国よりも速く成長しているのは自然なことだ。これはどこでも同じペースで起こるということではないが、一人当たり収入については、貧しかった国々の多くが近年急速に豊かになり、伸び悩んでいる富裕国を追い上げている。工業化以前の世界では、個人の収入は国内で大きく違うことがなかったため、経済規模は主に人口の規模で決まった。同じようにこんにちの世界でも、経済が大幅に近代化して、人口規模が再び経済規模を左右するようになっている。

しかし近代化と人口動向との関係は単純なものではない。[13] 大半の女性が教育を受けられる国、ほとんどの人が都市や街に住み、比較的高水準の生活をしている国――つまり〝近代的〟という言葉の定義に当てはまる国――はほぼすべて出生率は三以下、そして平均寿命は七十歳を超える。近代化とは、出生率低下と平均寿命の延びという人口転換を経験する、あるいは通過するための十分条件である。近代化するだけで人口転換は起こる。一般的に、大学を卒業した女性が子どもを七人生むことはないだろう。下水道設備の整った家に住み車を買えるオフィスワーカーは、畑で骨折って働き、移動は徒歩に頼っていた（運がよければ靴を履いて）祖先よりも、長く生きるだろう。

人口転換が経済の先回りをすることも

しかし完全な近代化は、人口転換のための必要条件ではない。二十世紀に入って社会が進歩すると、収入や教育のレベルが低い農村地帯でも、出生率が下がり平均寿命が延びることはあった。政府が出資し国際的な支援を得ることが多い家族計画や、やはり国際的に支援される基本的な公衆衛生と医療施設の導入により、近代化より先に人口転換が起こることがあった。二〇〇九年でも女性の半分が読み書きできなかったモロッコのような国で、女性一人が持つ子どもの数が二・五人というレベルにまで低下したのは、そのような政策のおかげだ。一人当たり収入がアメリカの五分の一から六分の一というベトナムのような国でも、平均寿命がアメリカよりほんの数年短いだけということもありうるのだ。(14) 安価なテクノロジーと私的公的な慈善活動のおかげで、いわば人口転換が経済の先回りをすることがある。

膨大な数の人間集団が近代性を獲得する、あるいは急速にそこに向かい、一人当たり収入が増加すると、中国、インド、インドネシアのような人口が多い国の経済が比較的小さいということも起こりうる。そうなるとUKやドイツのように人口が比較的少ない国にとっては、絶対的な経済規模のリストの上位を占め続けることが難しくなる。たとえばインドネシアの人口がドイツの三倍だとすると、平均的なドイツ人がインドネシア人の三倍豊かであれば、ドイツ経済はインドネシア経済より大きい規模を維持できる。しかし平均的なドイツ人の豊かさが三倍未満になったら――今はまだ遠い先のことに思えるが、以前考えられていたよりは近づいている――平均的なドイツ人が平均的なインドネシア人よりもはるかに豊かだとしても、経済規模はインドネシアの方が大きくなる。またいまや工業と商業のテクノロジーが広く普及して優位性を確立し維持するのが難しくなったため、ふたたび人口規模が経済の相対的規模を決定する要因に影響を与え始めている。

人間の数はソフトパワーへも影響する

この見解は、経済の全体的な規模に注目するという大雑把なもので、一人当たり収入の重要性を無視していると批判されるかもしれない。そのような批判に対する答えは二つある。第一に、人口増加自体が、一人当たり収入の増加に寄与する。若年層が増加すると労働人口が増えて国内市場が拡大する。人口が多くなると国内市場も大きくなる可能性が生まれるが、それはその国の市場が閉じているとき特に重要である。そのような例は歴史を通してよく見られる。第二に、個人の幸福度ではなく、国力と歴史を動かす力に関して重要なのは、全体的な経済の規模である。オランダの繁栄は十八世紀も十九世紀も続いたが、人口はそれほど多くなかったため、十七世紀に比べると、世界の舞台での存在感を失った。十九世紀末、ブリテンはアメリカ合衆国に人口で抜かれ、アメリ力に対する優位性を失った。ルクセンブルクは現在のヨーロッパで最も繁栄している国の一つだが、重要性はとても低い。国民は豊かだが、数が少ないため経済的にはずっと小さな存在だ。対照的に、中国はまもなく世界最大の経済大国になると思われる（見方によってはすでになっている）が、それは平均的な人々の生活レベルは貧しくても、膨大な数の力を持っているためだ。そのために中国は売り手としても買い手としても世界経済で大きな力を持つことになった。またそれで軍事大国となるのに必要な資金も手に入れやすくなった。

〝ソフトパワー〟の問題は、もっととらえにくく、おそらく数の影響はそこまで強く受けないだろう。それでも人口が多い国のほうが、文化面で大きな役割を担える可能性が高い。インドの膨大な人口のおかげでボリウッド映画は世界的現象になっているが、アルバニア映画はそうなっていない。その違いは一部には映画の質、少なくとも製品の全般的な魅力のためでもあるが、それぞれの国の人口規模にも原因がありそうだ。現在一億を超える日本の人口がもし一千万人未満だったら、日本製のデザインが世界にあれほど大きな影響を与えたとは考えにくい。ソフトパワーも軍事力や経済力と同じように、人口ですべてが決まるわけではないが、数の力が重要なのはたしかである。常にある程度の影響力を持ち、かなりな力を持つことも多い。

オバマ、そしてトランプを選んだのは誰か

国家間で起きることだけでなく国内で起きることにとっても、人口は重要である。二〇〇八年のアメリカが五十年前と同じような〝白人〟国家だったら、バラク・オバマは大統領になっていなかっただろう。オバマは白人票の四十三パーセント（マケインが五十五パーセント）、そして圧倒的多数の非白人票を獲得した。アメリカは白人票がオバマの選出を妨げない程度には、〝非ヨーロッパ化〟していたのだ。逆に、予測されている二〇四〇年のアメリカの民族構成からすると、ドナルド・トランプのような、白人ブルーカラー労働者擁護を主張する候補者が勝つ可能性はほとんどない。ワイオミングやノースダコタなど、人口の大半を白人が占める（どちらも住人の約九十パーセントが白人）小さな地方の州が、不釣り合いに力を持つ選挙人団システムをもってしてもだ。

二〇一六年、非ヒスパニック系白人と自認する人がアメリカの人口の五分の三、有権者の七十一パーセント以上を占めていた。二〇一六年の選挙で、ドナルド・トランプは白人票で大きくリードしていた。〝白人〟を自認する人の五十八パーセントが彼に投票している（ヒラリー・クリントンに投票したのはたった三十七パーセント）。いまだ多数派である白人票の力がドナルド・トランプをホワイトハウスに送り込んだ。しかし今世紀の半ばには、アメリカの白人は全人口の五十パーセント未満となり、白人層での人気が非白人層での不人気を埋め合わせることは難しくなるだろう。アメリカ最大の問題は格差だと考えるアメリカ人は、移民を最大の問題と考えるアメリカ人とは違い、トランプには投票しなかった。これは二〇一六年の大統領選挙の核心に急速な人口構成の変化への不安があったことの証拠だ。

移民人口の急増とブレグジット

イングランドとウェールズでは、ホワイト・ブリティッシュではない人口が、一九六〇年代の二パーセントから、一九九〇年代には七パーセント、二〇一一年にはほぼ二十パーセントに達している。ブリテンの欧州連合離脱の是非を問う国民投票の動向の予測で、〝離脱〟支持と最も強い関連があると考えられたのは（ヨーロッパ統合によりブリテンの主権が失われることへの不安に次いで）、移民に対する考え方だ。投票データを分析したところ、リンカンシャーのボストン、スタッフォードシャーのストークオントレントなど、二〇〇五年から二〇一五年に移民人口が急増した地域では離脱に投票した人が多く（ただ興味深いことに、外国生まれの住民の率が最も高いロンドンには当てはまらない）、投票行動を決めるのに、外国人の人口比の変化に関連するアイデンティティの問題がきわめて重要であるという見解を支持している[15]。

フランス国内のイスラム教徒が約五百万人ではなく、数百人あるいは数千人だったら、イスラム教徒のための水着であるブルキニが禁止されることはなかっただろう。ケベック州の人口の大多数を占めるフランス語を話すカトリックの人々が、一九六〇年代のきわめて高い出生率を維持していたら（当時の工業国の中では最高）、おそらくカナダからの独立は否決されなかっただろう。フランス語を話す人がもう少し多ければ、一九九五年の独立を問う国民投票の結果は逆だったかもしれない。結果は反対派が勝利したが、票数の差はわずか五万四千票と、一パーセント・ポイントにも満たなかった。

チェチェン族やアルバニア人、出生率の高さゆえ支配層へ異議も

国の民族構成の変化は先進国や選挙政治に影響を与えるだけではなく、国内の争いとも関わってくる。[16]人口構成は近年、特に国家内部の争いの要因として、以前より重要度が増している。[17]人口構成の変化の規模が大きくなり加速していること――人口変化の嵐――が理由の一つだ。出生率が未曾有のレベルに高まり、死亡率が急激に下がると、人口は一気に増加する。その例の一つが十九世紀のイングランドである。事実そのような変化を経験した地域では、のちに十九世紀のUKをはるかにしのぐ人口増加が起こっている。社会的、宗教的な習慣の違い、あるいは社会経済発展のレベルの違いによって、増加の影響を受けるのが一つの民族集団だけということも多い。民族や社会集団の間の人口構成上の強みが歴史的に前例のないスピードで変化して、社会の混乱や迷走を引き起こす可能性がある。

そのような変化が国家間の現象として起こることもあるが、国内のレベルで起こることもある。ほとんどの国に少数民族がいて、その民族の人口動向が、多数民族とはまったく違うことが多いからだ。ロシアのチェチェン族、セルビア（あるいはかつてのセルビア）のアルバニア人、北アイルランドのカトリック教徒などがすぐ頭に浮かぶ。これ

らは少数民族の出生率のほうが高いため、支配力の構造の変化あるいはそれに対する異議が起こった例である。南アフリカの白人、マレーシアの中国人のように、出生率が低い少数民族が国内の政治を動かしていることもある。

デモグラフィック・エンジニアリング

人口構成が昔より現在のほうが重視されるのは、特にフランス革命以降、政治の性質がしだいに民族に関わるものになっているからだ。イングランドのノルマン人であれ、南アフリカの白人であれ、シリアのアラウィー派であれ、一つの民族のエリートが多数派を支配するという時代は終わりに近づいているようだ。民主化が進んでいる状況では数が力となるため、政治と民族の関わりが強くなると、人口の民族比がきわめて重要になる。

近代に入ってから国家間の対立がしだいに減り、民族集団間対立（多くは同じ国内でのもの）が増加している。人口構成が重要になっているのは、民族集団によって人口学的な特徴がまったく違うからだ。[18] 対立している民族や国家の集団において数が重要だとすれば、自分たちの集団の人口構成上の強みを高めるか、ライバルの強みを奪うか、その両方の戦略をとることが考えられる。そのような戦略はまとめてデモグラフィック・エンジニアリングと呼ばれるが、〝ハード〟なものと〝ソフト〟なものに分けられる。ハードなデモグラフィック・エンジニアリングには、多産への選択的動機付け、大量殺戮、特定の地域での人口の流入あるいは流出の促進といった政策を通じて、人間を生ませる、破壊する、移動させることを含む。そのような例は悲しくなるほどたくさんある。一九二〇年代のアメリカの移民政策は、〝アングロ・サクソン〟的な性質を保つために、南と東ヨーロッパからのさらなる侵入をあからさまに阻止しようとしていた。二十世紀半ば、北アイルランドのプロテスタントの指導者が暗にカトリックの国外移住を奨励していた。カトリックは多産を是としていたが、それは一部には自分たちの数を増やすためでもあった。シンハラ人が支配していたスリランカ政府は、比較的最近の南インド出身のタミール人を追放し、国のシンハラ色を強めようとした。ルーマニアではハンガリー人が避妊や中絶を受けやすくして、ドイツ人やユダヤ人には国を出るよう促した。これらはすべて、国のルーマニア人的な性質を強化するという名目で行なわれた[19]。

ソフトなデモグラフィック・エンジニアリングは、一つの集団の数を他より多くすることを目的とした政策に関わるのは同じにしても、国境線の引き直し、アイデンティティの変更、人口調査や調査カテゴリーの操作といった手を使う。たとえばスリランカにおいて、キャンディの高地に住む人々と、低地に住む人々を、言語や文化が違うにもかかわらずシンハラ人として統合することや、トルコでクルド人を〝山岳トルコ人〟と定義しようとすることなどがあげられる[20]。これらは人口構成で国の運命を左右しようとする例である。

一九五〇年代の世界の紛争は、国家間と国内のものが半々だったとされているが、一九九〇年代は国内紛争が国家間紛争の数を六対一で上回っている。一九四五年から二〇〇八年の期間で、〝民族〟紛争は五十七パーセントだったが、二〇〇〇年から二〇一〇年ではすべての紛争にそのレッテルを貼ることができる。[21]かつてレバノンではキリスト教徒が多数派だったが、長期間にわたって高い出生率を保ち、国を出ないイスラム教徒に押されている。こんにちレバノンでの権力を争っているのはイスラム教とキリスト教ではなく、スンニ派とシーア派である。内戦であれ国民投票であれ、国外だけでなく国内での優劣や勝敗を左右するのは数の力だ。出生率がきわめて高い、あるいは大挙してやってくる集団がある一方、家族の人数が少ない、あるいは移動が多い集団があるとき、誰がコミュニティや地域や国を左右するかは人口構成で決まる。

ここで国家と民族集団は現実のものであり、今も昔も重要であることを詳しく説明しておく価値はあるだろう。人間は単独行動ではなく集団で生活する生物だ。最初に生まれる忠誠心は、群れや部族に対するものだ。同じ祖先、言語、習慣を共有しているという感覚を持つのは、狩猟採集社会ではふつうのことだった。そのような感情が複雑で近代的な社会でどのように変化するか、よく議論されているが、それが存在するのは間違いない。この同じ集団に所属するという親近感で、世界がどう動くか、そして紛争や選挙結果を含め、最近の世界がどう動いているかを説明できる。

政治は民族意識ときわめて強く関わっているが、多くの人はそうした政治の性質を見ようとせず、他人の愛国主義や民族中心主義を無視していれば、自分たちの国際人的な姿勢がふつうになると考えたがる。しかし世界の多くの場所で、民族性は政治的に重要な意味を持つ。そして少なくとも最近までは、たいていの場所でそれらが重要な問題だった。真の意味でポスト民族的な多文化社会が、西欧の大都市や国際的な地域（アメリカの沿岸部やロンドン）で現れ始めているかもしれないが、そのような場所でも大衆主義の反動が起こっている。イギリスのEU離脱やトランプの大統領就任は、そのような反動の一部として理解することができる。

人口学の基本は、出生数、死亡数、移民

人口動向が歴史をどう動かしてきたか理解するには、まずどの時代にも共通する三つの基本を押さえておく必要がある。幸いなことに、それらはごくシンプルだ。地域や国の人口を変えられるものは三つしかない。第一が出生数で、これは人口を増やすものだ。第二は死亡数で、人口を減らすもの。第三は移民で、その土地に出入りする人の動きだ。

〝粗出生率〟は、一定人口に対する出生数である。〝粗死亡率〟は一定人口における死亡数。たとえば二〇一四年のイングランドとウェールズでは、人口五千八百万人に対し約七十万人が生まれたので、粗出生率は千人当たり十二である[22]（人口統計学のデータは百人当たり［パーセント］ではなく〝千人当たり〟で示されることが多い）。同じ年、イングランドとウェールズでは約五十万人が死んだ。その粗死亡率は千人当たり約八・五である。そして移民や国外移住がまったくなければ、イングランドとウェールズの人口増

加率は千人当たり三・五（十二－八・五）、〇・三五パーセントである。これは出生数と死亡数の差で、約二十万人となる。アメリカの粗出生率は千人当たり約十二・五、粗死亡率は千人当たり八を少し超える程度なので、人口は（移民を除いて）年間ほぼ百五十万人増加する。何年も人口減少が続いているドイツの粗出生率は千人当たり約八で、粗死亡率は千人当たり十一を少し下回る。移民を除くとドイツの人口は年間ほぼ二十五万人減ることになる。

発展途上国の多く（他にも当てはまる国はあるが）、特にアフリカでは出生率がとても高く、死亡率は大幅に低下している。ごく初歩的なレベルであっても医療や栄養状態がよくなれば、乳児死亡率は向上し、平均寿命が延びて死亡率はかなり低下する。サハラ以南アフリカ全体の粗出生率は千人当たり三十八、それに比べるとヨーロッパは十一と低めである。二十世紀半ば、アフリカの粗死亡率は三十近かったが、いまでは十まで下がっている。イラクとアフガニスタンはどちらも出生率が高く（千人当たり三十五くらい）、どちらも破壊的な事件が多いにもかかわらず、死亡率を下げることに成功している。一九九〇年代後半から二〇一〇～一五年の間に、アフガニスタンの死亡率は千人当たり十三を超えていたのが八未満まで減少している。イラクはもともと低かったが、五・七から五・三に下がっている。イラクの死亡率がＵＫの死亡率より低いと聞けば、ほとんどの人が驚くだろう。これはイラクの人口が全体的に若いこと、そしてテレビ画面で見る暴力が何万人、ときに何十万人にも関わる一方、栄養状態と医療の進歩は、何百万人にも影響するという事実を裏付ける証拠である。一九二〇年代、ヨーロッパが第一次世界大戦に突入し、ひどいインフルエンザが流行したときでも、大陸の人口が増加を続けたのもそのためだ。

一人の女性が生涯で生む数＝合計特殊出生率

粗出生率と死亡率の利点は、シンプルで人口がどのくらいの速さで増加あるいは減少しているかわかることだ。欠点――出生率と死亡率に〝粗〟がつく理由――は、一国の年齢構成を考慮していないことだ。平均年齢が比較的低いアイルランドよりも、老人が多い日本のような国のほうが死ぬ人が多いと考えるのがふつうである。同じように、人口に対して出産可能な女性が日本より多いアイルランドのほうが、一人の女性が生む人数も多いと考えられる。これを調整するために、人口統計学者は合計特殊出生率（total fertility rate）と平均余命を調べる。これらの指標は、平均的な女性が生むと予測される子どもの数――一定の人口に対して若い女性が何人いるかにかかわらず――と、平均的な人があと何年くらい生きられるか――人口全体の年齢は関係なく――を示す（ここで〝fertility〟という言葉は、子どもを生む生物学的な能力ではなく、実際の出産数を意味する。出産可能、つまり子どもを生む能力を持っていても、さまざまな理由で一人も生まない人もいる。人口統計学でfertilityと言えば、それは実際に生まれた子どものことだ）。こうした予測は、実際の女性の出産と、さまざまな年齢の人々の実際の死に基づいている

（さらに詳しい情報は巻末の付録を参照）。

合計特殊出生率が常に〝一人の女性が生む〟数とされるのには多くの理由がある。第一に、子どもが生まれるとき、母親が誰かはほぼはっきりしている。父親が誰かはそこまで明確ではない。一人の父親が持つ子どもを数えようとすると、だぶったり抜けたりする可能性がある。第二に、一人の女性が生む可能性のある子の数は、ゼロから多くても十五人で、それを超えることはほとんどない。男性ではゼロから（少なくとも理論的には）数千まで可能なので、女性一人当たりにしたほうが数字として使いやすい。第三に、男性に比べて女性のほうが、子どもを持つ可能性のある群（層）がはるかに明確である。統計上は四十五歳を超えた女性の出産率は基本的に無視する。年配になっても子どもを生む女性はいるが、統計的に意味を持つだけの数にはならない。対照的に男性は、少なくとも理論的には死ぬまで子どもをつくることができる。そのため人口統計学では、どうしても女性を基準にすることになる。特に少なくとも出生に関しては、女性が何人の子を生むかにしか注目しない傾向がある。出産については、場所や時代による違いを比較し、どのように変化しているかを調べて、統計的に評価する必要がある。ただその ような変化がなぜ起きたのか、一人の女性の生活や選択を通して考え、彼女たちの希望や不安、自らの決定についての声に耳を傾ければ、もっと多くの見識が得られるかもしれない。それは単にデータを示すことではない。過去二百年の人口変化の背景として、女性がどんどん自分の体や意志をコントロールできるようになったことが重要だったと示すことである。

合計特殊出生率と粗出生率、南アとイスラエルの場合

粗出生率と合計特殊出生率の違いは、南アフリカとイスラエルを比較するとわかりやすいかもしれない。南アフリカは女性の教育向上、都会化が進み、政府も産児制限を推し進め、結果的に出生率が大幅に低下した。これについては他のサハラ以南アフリカのはるか先を行っている。しかしつい最近まで出生率が高かったため、全人口に対して若い世代の占める割合が高い。これは前の世代が子どもを多く生んだことを反映している。対照的にイスラエルは珍しいケースだ。先進国でありながら、この二十～三十年で一人の女性が生む子の数は増加している。粗出生率は南アフリカが千人当たり二十二に対し、イスラエルが二十一と、南アフリカのほうがわずかに高い。しかしそれは南アフリカの女性の方が多く子を生むということではない。むしろ出産可能な年齢の女性の数が多いということだ。イスラエルでは一人の女性が平均三人以上の子を生む。南アフリカの出生率がわずかに高いのは、近年の合計特殊出生率が高かったためだ（ただし今はもうそれほど高くない）。一九七〇年代後半でも、一人の女性が五人の子を生んでいた。そのおかげで若者、子どもを生める年齢層の女性は増えたが、そのころ生まれた女性たちは、現在、あまり多くの子を生もうとしない。逆にイスラエルの一九七〇年代後半の合計特殊出生率は、南アフリカより一・五少なかった。つまり現在、イスラエルの全人口に対

して、出産可能年齢の女性の数は少ない。しかしそれぞれが生む子の数が多いので、イスラエルの合計特殊出生率（一人の女性が生む子どもの数の平均）は高い。けれども粗出生率（人口全体に対する出生数）はそれほど高くない。

合計特殊出生率はある瞬間の状況を示すのによい指標であり、特定の時期の出生率に何が起こっているかを知ることができる。最も信頼できる指標はある集団、あるいは世代の完結出生児数であるが、これがわかるのは集団の女性すべてが出産可能年齢を過ぎてからだ。ドイツで一八七〇年代に生まれた女性の出産数と、一八九〇年代に生まれた女性の出産数を比較することはできる。その人たちは、それ以上、子どもを生むことはない。しかし一九七〇年代、そして一九九〇年代に生まれたドイツの女性が生む子どもの数を比較するのはとても難しい。どちらの集団もまだ出産可能年齢を過ぎておらず、この先に出産する可能性もあるからだ。それでも合計特殊出生率は、いま出生率がどのような状況にあるのかを判断するのに最も適した指標である。

粗死亡率と同じく、粗出生率は人口全体についての生の情報である。一方、合計特殊出生率は平均寿命と同じように、人口の特定の構造を知るための尺度である。日本と西アフリカのギニアを例にとってみよう。どちらの国も粗死亡率は千人当たり十である。しかし数字は同じでも、そこにはこれ以上ないほど大きな違いがある。日本は老いた国で、ギニアはとても若い国だ。平均寿命が同じなら、若者が多いギニアでは死ぬ人が少ないため、死亡率は老人が多い日本よりはるかに低いはずだ。この二国の粗死亡率は同じで、平均年齢はギニアのほうがはるかに低いとすれば、ギニア人は日本人より若くして死んでいるということだ。日本人は八十代半ばまで生きると考えられる。ギニアではたいていの人がそれより三十年早く死ぬ。それぞれ千人が暮らす寄宿学校と老人ホームを考えてみよう。ある年、両方の施設で二十人が死んだとすると粗死亡率はどちらも千人当たり二十だが、平均すれば老人ホームの住人のほうが寄宿学校の住人より長い人生を生きている。

人口の年齢構成は、子どもと六十五歳を超える人々の割合を調べることでも分析できる。ごく単純な方法は、年齢の中央値を調べることだ。人口をすべて年齢順に並べたとき、真ん中に来るのは何歳か。ギニアの年齢中央値は十九歳未満、日本では四十六歳を超える。

人口データの読み解き方

これらすべてを調べ理解するには、データが頼りだ。データは確かに一様ではないし、いつでもどこのデータでも正確というわけではない。一般的にデータが新しく先進国のものであるほど信頼性は高い[23]。十九世紀初期に始まったブリテンの人口調査は、全体的な人口規模に関しては信頼がおける。生命保険産業が生まれたということは——人がある年齢で死ぬ確率を計算しなければならないので——死亡率と平均余命について、十八世紀までさかのぼるかなり正確なデータがあることを意味する。場所によってはその土地の記録（だいたいは教区のもの）を人口学者が念入りに分析して、大きな社会の状況を推定する。大昔から人口調査が行なわれている国もある。人口調査は国家が誕生した直後から行なわれていて、国が本来的に住民についての情報を欲しがることを証明している。それは主に軍事的理由であったり、税金徴収のためだったりする。何千年も前の古代エジプトや中国にも人口調査があり、聖書でも古代イスラエルの人口調査に言及されている――中国と同じように、ローマ人の調査も主に軍隊の規模を決めるためのものだった。オスマントルコも同じ理由で人口調査が行なわれていたが、少なくとも歴史研究家の目から見ると、そこには欠陥があった。オスマントルコの軍隊には一定年齢のイスラム教徒しか入隊できなかったので、人口調査の役人はその層にしか興味を持っていなかった。さまざまな時代の全人口の規模を調べるには、データの分析とそこから推定することが必要である。人口調査は今でもほとんどの先進国で行なわれている。それを終わらせようという最近の提案――今では別のデータが入手できるし、高度な統計テクニックを使えばサンプリングだけで十分であり、コストも削減できる――は、激しい反対にあい採用されることはなかった。

こんにち人口学者はさまざまなところから、よくまとまった資料を入手することができる。とりわけ国際連合のものは、国と大陸ごとの出生率、死亡率、合計特殊出生率、平均余命、年齢中央値などのデータを一九五〇年分から公表し、それは二十一世紀末まで続けられる見込みである。完璧なデータというものはないが、国連のものは質が高いとされているので、本書でもこのあと大いに利用する。データの信頼性と質に疑問の余地があれば、私は入手できるものでいちばん精度が高いものを使っているとだけ言っておく。

データとはどのようなものかを理解するのに、次の表は、こんにちのUKではどの数値が高く、どの数値が低く、そこで何が起こっているかを伝える有用な手引きである。

社会を読み、変化を説明し、個人を物語る

人口統計学がなぜおもしろく、世界をよりよく理解するためのツールとしての力を持っているのかと言えば、これらの数字を三つの面から見ることができるからだ。第一は、それ自体が社会についての意味深い何かを伝えている。たとえば、UAEの死亡率の低さは、最近の人口急増（老人が人口に占める割合がきわめて低い。UAEで六十歳を超える人は人口の二パーセントだが、世界全体では十二パーセント、ドイツでは二十七パーセント）と平均寿命の長さ（アメリカよりほんの二、三年短いだけ）を証明するものだ。これらは世界レベルの医療と公衆衛生、そして膨大な数の移民人口（全体の九十パーセント）のおかげだ。移民はいずれ南アジアやヨーロッパに戻る可能性が高いので、UAE内では死なない。一つのデータの意味を読み解くだけで、現在のUAEについて多くのことが明らかになる。

第二に、これらを連続するものの一部ととらえると、特別な変化を説明できる。一九

人口データ（各数値の高低比較）

出生率（1000人当たり）

高	51.8	アフガニスタン, 1965–70
UK　2010–15	12.4	
低	9.0	香港, 2005–10

合計特殊出生率（女性1人当たり）

高	9	イスラエルとアラブ, 1960s
UK　2010–15	1.9	
低	1.4	日本, 2010–15

死亡率（1000人当たり）

高	37.3	南スーダン, 1950–55
UK　2010–15	9.0	
低	1.5	UAE, 2010–15

平均寿命（年）

短	24	ロシア, 1750s
UK　2010–15	81.0	
長	83.3	日本, 2010–15

年間人口増加率（%）

高	3.9	ケニア, 1982
ヨーロッパ	0.20	1000–1800
世界	0.06	AD1–1750

八二年のデータでは、ケニアの人口は年間四パーセント近く増加していたが、二〇〇〇年には二・五パーセントに減少している。これは合計特殊出生率が七から五に減少したためだ（それ以降、人口増加率は横ばいの状態だ。つまりケニアの人口が急激に増加しているのは変わらないが、そのスピードは一九八〇年代より落ちているということだ）。

第三に、データは何百万人もの個人の物語の集まりだ。誰も想像しなかったほど長く生きた親、生死の境をさまよう赤ん坊、新しい土地で新しい命を生むという選択。個々の物語がデータを説明するものであり、データもまた個々の物語を説明する。家族の運命をもっと大きな社会や人類全体の状況として見せているのだ。

希望、愛、恐怖が数字にはつまっている

人口の潮流は、どんな説明がなされようと、この先も動き続ける。私の書くものは評価ではなく、基本的にその歴史を語るものだ。起こるべきことではなく、起こっていること、そしてそれがよいことなのか悪いことなのかを説明する。それでもこの段階で、人口学に関する私自身の見解を明確にしておいたほうがいいだろう。述べておく必要があるのは二つだけだ。

第一に、人間の命は本質的に善である。命を救って寿命を延ばそうとすることには価値がある。一人の子の命を救うのがよいことなら、何百万人もの子の命を救うのはなおよいことだ。それが可能になると乳児死亡率が下がる。健康で文化的で長い人生は、不

健康で暴力にまみれた短い人生よりはるかにいい。暴力や悲惨な大量死は、根本的に悪である。一人の人間の命が失われたことを悔やむなら、何人もの命が失われたら、もっと悔やむべきだ。自分の家族や友人に起きて欲しくないことは、他人にも起きてほしくないと思うべきである。平等や環境主義、その他の抽象的な目標の名を借りなくても、それ自体に価値がある。

第二に、女性が自分の妊娠についてコントロールできれば、集団として賢明な決定が行なわれる。女性が教育を受けて避妊ができるようになれば、養える以上の子どもを生まなくなり、経済で見えざる手が働くように、人口にも見えざる手が働くようになると思われる。強制的な産児制限は間違っているだけでなく、そもそも不必要なのだ。人口問題も、他の多くのことと同じように、教育と技術のツールが与えられていれば、ふつうの人々が、社会や世界全体のためにはいちばん望ましい決定を行なうはずなのだ。

人口の問題は生活に根付いていて、ある意味それこそが生活である。誕生、引っ越し、結婚、そして死は、人生の大きな節目である。人口学ではこうした問題を全体として見るが、それは対象となる個人の人生や経験の価値、あるいは神聖さを損なうものではないし、損なうものであってはならない。人口学者と歴史学者は一般化するのが仕事ではあるが、この視点を失ってはいけない。ものごとを総合し一般化する特権を持つ学者は、自分たちが扱っている数字は、あらゆる人々の希望、愛、恐怖の総和に他ならないと胸に刻んでおく責任がある。

第三章

英国帝国主義は人口が武器となった

人口増が土地の生産力を上まわると悲惨なことに——そんな〝マルサスの罠〟から抜け出した英国（ブリテン）。農業・産業革命で人口大国となり、新大陸、豪州、ＮＺへ次々移民、帝国主義をひた走る。

The Triumph of the Anglo-Saxons

サンフランシスコ市長がアイルランドで生まれたとき、サンフランシスコは存在しなかった

第十二代サンフランシスコ市長のフランク・マッコピンは、一八三四年にアイルランド中央部のロングフォード郡で生まれた。地球のほぼ反対側で、メキシコ領だった北部カリフォルニアがアメリカに征服されたのは一八四六年。のちにサンフランシスコとなる町の住民の数は五百人にも満たなかった。マッコピンが死んだ一八九七年には、その町の住民は約三十万人になっていた。マッコピンがいずれ、彼が生まれたときには存在していなかった市の市長になり、一八四八年にようやくアメリカ合衆国の支配下に置かれた州の上院議員になるとは、誰も想像していなかっただろう。十九世紀末、北米の西端に生まれた小さいが活気のある都市に、主にブリテンとアイルランドからやってきた人々が住んでいるのは、現在と同じく、ごくふつうのことだと思われていた。マッコピンのような話はいくらでもあった。ブリテン諸島の小さな町から遠い土地へと向かい、そこで富をなして新しい社会の代表となる。（オーストラリアの）アデレードからオレゴン、（南アフリカの）ケープタウンからシカゴにやってくる人もいた。そしてそれらはすべて人口の爆発的増加から生じ、現在の世界をつくりあげたのだ。

イングランドが先陣を切る

工業生産の急激な発展が先か、人口増加の大波が先か、そしてどちらがどちらを引き

起こしたのか、専門家は議論を戦わせる。人口増加が産業発展を刺激したのか、産業が発展したために人口増加が可能になったのか。いずれにしても一つ確かなことがある。膨大な数の工場労働者がいなければ産業の発展や世界規模の生産は不可能だが、大量生産と輸出が可能だったからこそ、増え続けていた人口を養うことができたのだ。ブリテンで始まったことが、全世界を巻き込んで国から国へ、大陸から大陸へと広がってその土地の根底を揺るがせた。人口爆発によって、まずブリテンから移り住んだ人々、そしてもっと広範囲のヨーロッパからの移民が世界を支配するようになった。やがて彼らがその土地から撤退を強いられたときも、人口爆発が大きな役割を果たしている。それが人口の潮流の物語である。この章ではのちに世界的な現象になることが、最初どのようにして起きたかを解説する。それはまずブリテン諸島の人々と、その姉妹のような、当時〝アングロ・サクソン〟と呼ばれていた人々の間で起きた。

ブリテン諸島は、人口学上の革命が始まった場所だ。なぜそれが革命的で、それまでに起こったこととはどう違っているのか、ある程度知っておくことが重要である。人口が急増したことは前にもあった。しかし十八世紀にイングランドから始まり十九世紀を通じて進んだ人口拡大は、工業化と都市化と同時に起きたという点で前例のないことだった。十九世紀前半に始まったことは、単に数字が上がったり下がったりする長い歴史の中の一つの出来事ではなく、長期にわたる急激な変革パターンの一部であり、やがてそれが世界に広がった。つまりそれは時間と場所の両方に関して革命的だったのだ。時間については、急というだけでなく長期にわたって人口が増え続けた。場所については、全世界に展開するパターンを示した（一つ注意しておくと、イングランド、あるいはイングランドとウェールズについてのデータは、スコットランドを含むグレート・ブリテンのデータとも、当時アイルランド全土も含んでいたユナイテッド・キングダム（ＵＫ）のデータとも違っている。もっとも入手しやすいデータはイングランドのものだ）。

イングランドの人口増加について考えるならば、エリザベス一世の治世とシェークスピアの時代が終焉に近づいていた時代まで、数百年さかのぼる必要がある。スペインの無敵艦隊が航海し――大敗北を喫し――芸術の黄金世紀を迎えていたころ、イングランドには四百万人の人々がいた。父のヘンリー八世の時代の人口は三百万人であり、そのときからそれほど長い時間は経っていない。半世紀で約三十三パーセントの増加は（年間約〇・五パーセント増加）、歴史的な基準から見ても速い。チューダー朝のイングランドはだいたい平和で繁栄し、政治状況も比較的安定しており――宗教論争はあったが――国内およびヨーロッパとの商取引が拡大していた。さらにイングランドはまだ黒死病、薔薇戦争後の荒廃など、中世紀末の災難による喪失から回復しようとしているさいちゅうだった。人口減少の原因となっていた災いが収まり、ある程度の安定が戻ってきて、多くの人が生活するのに十分な土地はあった。当時よく言われた〝喜ばしいイングランド〟は、ビクトリア時代を懐かしむ商人たちの戯言（ざれごと）であるとは言えない。人口の増加は通常、生活環境の向上を意味する。そして十六世紀のチューダー朝とエリザベス一世の時代は、少なくともその直前の状況とその後に起きたことを比較すれば、まさに喜ばしいイングランドであった。

十七世紀には内戦とペストの流行が再び起こり、人口は増加速度が落ち、やがて緩やかに減少したが、十八世紀初頭にはまた増加に転じた。[1] 十八世紀前半の年間増加率は〇・三三パーセント前後だったが、後半は〇・五パーセントに近くなった。まずまずというところだが、歴史的にはごくふつうと言える。しかしこの時点から永遠の変化が始まり、人口の潮流がそれまでとまったく違う方向へと進み始めた。十九世紀に入るとイングランドにおける人口増加率は加速して、大規模な海外移住があったにもかかわらず、年間平均一・三三パーセントを超えた。海外移住の影響を除外した自然増加のピークは、一八一一年から一八二五年の一・七パーセント超である。[2] これは他のどんな時期（黒死病以前の中世や、チューダー朝の喜ばしいイングランド）と比べても、はるかに速いペースであり、イングランドの人口はかつてなかったレベルにまで増えた。人口が（それ以外の何であっても）年間一・三三パーセントずつ増加すると、約五十年で倍増し、次の五十年でさらに倍になる。これが十九世紀のイングランドで起きたことだ。

マルサスの『人口論』（人口増加＞土地の能力、で悲惨に）

この大変革が起きているとき、その舞台であった〝旧体制〟については、少なくともトマス・マルサスによって明らかにされている。マルサスはイングランドの豊かな地方サリー州の田舎の牧師であり、歴史の鉄則と思しきものを突き止めた。有名な『人口論』は、一七九八年から一八三〇年の間に着々と版を重ねた。人口増加はそれを養う土地の能力をいつか必ず追い越し、そうなれば悲惨な状況と大量の死が待っているというのが、彼の主張だった。そのような状況に至ると、戦争や飢饉や病気によって、その土地が養えるレベルにまで人口が減少する。限られた資源を分ける人間の数が減れば、生き残った少数の人々の分け前が増え、その人たちは前より少しよい生活ができ、寿命も延び、もっと子孫を増やすことができる。しかしそうなると人口はまた増加し、自然の限界に達し、〝悪徳〟（産児制限）か〝抑制〟（晩婚化や禁欲）がなければ、全体的に悲惨な状況がまた戻ってくる。マルサスが述べたように「人口増加の力は土地の生産力をはるかに上回っているので、早死や他の厄災に人類が襲われるのは避けられない[3]」。

マルサスはしかし、農業革命を目撃していなかった

マルサスの言葉は人類の発展についての重大な見識だったが、彼がそれを書いている間にも世界は変化していた。彼が生まれたブリテンでは農業革命に次いで産業革命が起こり、食物生産と商取引が大きく変わり、以前の制約を超える人口増加が可能になった[4]。地元で生産されるものの量によってのみ、人口が左右されることはなくなった。工業化が進んだ国は生産品を世界市場で売り、世界中から食物を買えるようになった。たとえば十八世紀には、新しい播種と輪作の技術により生産量が一気に増え、十九世紀には農

業がしだいに機械化された。十九世紀前半に一エーカー当たりの生産量は約五十パーセント増え、後半にはカナダ、アメリカ、オーストラリアの新たな広大な農地にヨーロッパの農業技術が伝えられ、そこで収穫されたものがヨーロッパで買えるようになった。

新たな土地に人々が入植したとき、先住民が排除されたり、虐殺されたりすることがしばしばあった。しかし近代的な農業技術がその土地に導入され、ブリテンや他のヨーロッパの土地に生産物を売るための輸送手段が出現したことで、何百万エーカーもの土地を農地として使えるようになり、増え続ける人口への食物の供給が可能になった。事実上、ブリテンが広大な新しい土地を開き、そこで農業に最新技術を導入して、人口増加を加速させたのだ。ただマルサスの時代は、このような効率的で生産性の高い新しい世界が出現してまだ間がなかった。もしマルサスが産業革命の中心地だったマンチェスターに住んで牧師をやっていたら、あるいはアメリカ大陸へ移住して地域社会で生きていたら、人類の新たな未来が見えたかもしれない。しかし地方のサリー州に住んでいた彼は、それを見ることができなかった。

当時のインテリは、人口増加を嫌悪

人口増加を国家にとっての恵みととらえない人もいた。インテリ層――保守反動と片付けられる人だけでなく――は、人が拡散して大衆的な文明と環境が生まれたことに、嫌悪をあらわにする傾向があった。『ザ・タイムズ』紙は南ロンドン郊外について「ぞっとするような単調さ、醜悪さ、退屈な地区」を生みだしていると嘆いた。H・G・ウェルズも「いまやイングランドの半分は、あちこちにある田舎の村と変わらない」と落胆を隠さず、道路や個性がなくて見分けのつかない家が、「がんが増殖するように」どんどんつくられていると述べた。D・H・ロレンスは大衆の大量殺人に触れている。「自分の好きにできるなら、私は水晶宮と同じくらい大きな人殺しのための部屋をつくるだろう……そして裏道やメインストリートへ行き、病人や不具者を集めてそこに送り込む」

下層階級への蔑視は、少なくとも古代ギリシャからあったが、ここで表明されている醜悪で不快な感情は、かつてなかった規模の人口増加に対するものと解釈できる。それについて誰よりも乱暴で物騒な発言をしているのは、ドイツの哲学者ニーチェである。「人間の大半は存在についての権利を持たず、高尚な人間にとっての災いである」(5)人口が少なく、せいぜいわずかに増加している程度で、貧しい人がほとんど飢えかけている状況では、このような感情は聞こえてこないはずだ。

人口増加の離陸期をどう説明するか

なぜ人口の増加が起こったのか。とりわけなぜそれがイングランドから始まったのだろうか？　ある程度までは、幸運に恵まれたからであることは間違いない。シェークスピアが「王権に統べられたこの島」と書いたイングランドは、その後も内戦に見舞われたが、十八世紀には比較的安全な場所になっていた。大陸の大半とは対照的に、少なくとも一七四五年から四六年のジャコバイト蜂起以降は、軍隊による略奪もなかった。ペストや他の伝染病の広範囲にわたる流行も減ったが、それはおそらく衛生や栄養状態が向上しつつあったからだ。健康状態がよくなった要因の一つとして、お茶の消費量の増加をあげる人もいた。(6)

人口が増えるときには、次の二つのうちどちらか（あるいは両方）が起こっているはずだ。第一は、出生数が死亡数を上回っていること。第二は、その国に入ってくる移民が、出て行く移民より多いということ。十九世紀のイングランドの場合、第二の理由はすぐに退けられる。イングランドは常に移民が入ってくる土地とよくいわれるが、それは本当ではない。一八〇〇年から一九〇〇年の間の人口増加は、移民の流入とはまったく関係ない。それどころか、この時期のブリテンとアイルランドは膨大な数の人を海外へ送り出し、カナダ、オーストラリア、ニュージーランドの広大な土地を植民地化していた。またこの期間のほぼずっと、アメリカ合衆国への最大の移民集団を形成していた。イングランドにはスコットランドと特にアイルランドから（当時はどちらもＵＫの一部だった）、そして十九世紀の末には東ヨーロッパからのユダヤ人の移民が多かったのは確かだが、植民地やアメリカ合衆国へ向かう人の数に比べたら、はるかに少ない。推定値にはばらつきがあり（記録がきちんと管理されていない）、そして当然、多くの人が戻っていることで調査が複雑になっているが、一八五〇年代だけで百万人以上がイングランドを離れているという推定がある。[7] 逆に第一次世界大戦前の百年で移民の数が最高だった年に、UK以外の国からの移民はたった一万二千人だった。[8]

イングランドから多数の移民が海外へ出て行き、それでも人口が百年で四倍になったことを考えると、人口が増加した理由は、死亡数より出生数の方がはるかに多かったからに他ならない。それが国内の人口を大幅に押し上げただけでなく、国外へ向かう移民を増やした。十八世紀末のロンドンのイーストエンドの貧しく狭い通りにはユダヤ人がたくさん住んでいて、大勢の移民が入ってきたことが示唆されるが、それもブリテンからの移民が流れ込んだカナダ、アメリカ、オーストラリア、ニュージーランドなどの広大な土地に比べたら何ということもない。出生数が死亡数を超えた分は、海外への移民で相殺され、国内の人口増加にはほとんど寄与していない。これがまさにイングランドで起きていたことだ。

女性の結婚年齢が早まり、下水道、鉄道などインフラも整う

ブリテンでの人口の大変化が始まって、最初に変わったことの一つが結婚する平均年齢である。十八世紀初頭から十九世紀半ばまでの間に、女性の場合、二十六歳から二十三歳になった。[9] つまり女性が（たいてい清らかなまま）結婚を遅らせずに子どもを生もうとする、特に出産しやすい期間が三年延びたということだ。[10] 同時にビクトリア時代の道徳意識の高まりにより婚外子の数が減った。全体としてみると、その減少分を補って

あまりあるほど、婚姻内で生まれる子が増えたわけだ。十八世紀初めには婚姻の内外を問わず、合計特殊出生率は四から五とかなり低いレベルにあったが、十九世紀初頭には六前後となっている。このようなイングランドの人口増加の離陸期は、あとに続く多くの国とはやや違っている。ほとんどの場合、出生率は高いレベルを維持するが上昇はせず、死亡率が下がる。それがイングランドの場合、むしろ出生率が上昇したのだ。[11]

さらに結婚年齢が早くなって生まれる子の数が増えた上に、人々が長く生きるようになった。つまり毎年死ぬ人の数が減ったのだ。十七世紀後半は伝染病が珍しくなく、生活環境はきわめて不衛生で、平均寿命は三十歳を少し超えるくらいだった。十九世紀初頭になると、まだ健康的に生きられるとはいかなかったが、状況はよくなりつつあり、平均寿命は四十歳を超えた。[12] この死亡率の着実な低下が何よりも重要で、長期にわたり人口増加を支える要因であり続けた。ただしその始まりは出生率の増加にあった。そして死亡率が低下したことで、生活水準の変化も起きた。今の感覚からすれば大きなものではないが、それ以前の時代から比べたら劇的な変化である。それが可能になったのは技術が進歩して、衛生的な服や食物が安価につくれるようになったおかげである。

現在の目で見れば、ビクトリア時代の都市は荒れ果てた場所かもしれない。しかし昔の貧しい村の生活、そして言うまでもなくジョージ王朝時代の、死の落とし穴のようなロンドンに比べれば、このころは偉大なる〝進歩〟の時代で、それが人口爆発にひと役買っていた。イングランドではヨーロッパのどこよりも早くペストが根絶され、コレラが流行したときもそこまで深刻な影響はなかった。[13]下水道も敷設された。特に有名なのが、ジョセフ・バザルジェットが設計したロンドンのものである。基本的な医療をより多くの人が受けられるようになった。鉄道が初めて現れたのもこの時代だ。イザムバード・キングダム・ブルネルのような先駆者たちが設置した鉄道が、ブリテンのすべての地域をつなぎ、その後継者たちのおかげで、数十年で他の国や大陸まで広がった。蒸気船が航海するようになり、道路も整備された。つまり速くて安い輸送手段が生まれ、それが農業のイノベーションと組み合わされて、前より安く大量に食物が出回るようになったのだ。食物が簡単に外から持ち込めるようになれば、局地的な食糧不足で飢饉が起こる可能性は低くなる。

穀物法を廃止して世界に向けて市場を開いたことで、さまざまな土地から運ばれる食物でブリテンの人々を養えるようになった。そして輸送技術の進歩により、食物を調達する範囲がどんどん広くなっていった。ブリテンがアメリカから購入していた綿花と同じ量の羊毛を生産しようとしたら、ブリテンのほぼすべての牧草地を使う必要があり、肉を生産するための土地は残らなかっただろう。年間の石炭生産量に相当するエネルギーを得るためには、ブリテンの森林地帯の総計の七倍の面積の森林を——毎年——伐採しなければならなかった。[14]公衆衛生、個人の健康状態、そして食生活の変化で死亡率が大幅に下がり、人口全体の規模が急成長した。

じつは乳児死亡率はそれほど下がっていない

イングランドのあとを世界の他の地域が追いかけるというパターンができたが、すでに述べたように、イングランドの場合、死亡率が下がるだけでなく、最初のうちわずかながら出生率も上昇していたという点が、他とは違っていた[15]。イングランドの人口転換のもう一つの特徴は、乳児死亡率が大きく低下したわけではなかったということだ。他の土地では、死亡率がいち早く低下したのは、か弱い赤ん坊や幼児だった。たとえばイエメンでは、一歳未満の子の死亡数が一九五〇年以降、四人に一人から二十人に一人になった。その時期の同国の人口が五百万未満から二千五百万を超えるまでに増えたのは、それが大きな理由の一つだった（少なくとも最近の内戦勃発まではそれが当てはまる）[16]。イングランドの乳児死亡率は、十九世紀中は千人当たり百五十くらいから大きく下がることはなかった。それが一気に下がり始めたのは、一九〇〇年以降である[17]。人は幼年期の危険な数年を乗り越えれば長く生きられるので、死亡率は低下して人口は増加する。現在でも幼年期が危険であることに変わりはない。

十九世紀のイングランドにおける子どもの生存率は、田舎でも都会や町でもあまり変わらなかった。これは現在の経済発展理論から見ても不思議なことだ。たとえば現在ジャカルタに住む家族は、インドネシアの辺鄙（へんぴ）な島に住む家族より、進んだ医療と優れた施設の恩恵を受けやすい。それで都会の乳児死亡率が地方よりも低くなるのがふつうである。ところが十八世紀には、少なくともイングランドでは事情は逆だった。特にロンドンは幼い子どもにとって、田舎よりもはるかに健康に悪い土地だった。十九世紀、町や都市の状況はよくなっていたとはいえ、田舎に比べれば不健康だった。そうなると田舎から町へと人が動くということは、乳児死亡率が低いところから高いところへと動くことであり、それでイングランドの乳児死亡率の低下速度は遅くなった。[18] 一方、現在都市化が進んでいる国では、乳児死亡率が急激に低下するのがふつうである。

しかし一般的に、十八世紀のイングランドで見られたパターンは、大きな変化のさなかにある社会独特の特徴となり、〝人口転換〟と呼ばれるようになった。生活環境が向上すると人は長生きになる。しかし子どもの数はあまり変わらず六人か七人という状況が続く。その後しばらくしてようやく、子どもの数が減り始める。

人口で後れをとるヨーロッパ大陸、避妊法を知っていたフランスの農民

そのころ英仏海峡の反対側のヨーロッパ大陸では何が起こっていただろうか。伝統的にブリテンの最大のライバルと見なされていたフランスは、面積が大きいだけでなく、人口も多かった。エリザベス一世の時代、イングランドの人口はフランスの五分の一だった。[19] 一八〇〇年、ナポレオンが権力を握って皇帝になろうとしていたころ、フランスの人口はイングランドの四倍近かった。前世紀にブリテンがフランスに対して勝利を収め、世界におけるブリテンの優位性を確立したのは、ブリテンの人口規模が大

きかったからではない。人口が少なかったにもかかわらず成し遂げたことなのだ。しかし十九世紀の間にフランスは産業と軍事だけでなく、人口に関しても遅れをとるようになった。一八〇〇年にはフランスの人口はイングランドの四倍だったが、一九〇〇年にはその差は二十五パーセント程度に（そしてUK全体より少なく）[20]なっていた。

さらにイングランドが大量の移民を外国に送り出していた期間、フランスから出る人はほとんどいなかった事実を考えると、これはさらに驚くべきことだ。一八七一年にフランスがアルザス＝ロレーヌ地方を失ったという事情はあるが、それは小さなことだ。あまり知られていないが、フランスはイングランドよりも、一人の女性が生む子どもの数が少なかった。これについてはいくつもの説明がなされている。フランスの相続法の問題。子どもを持たない司祭、尼僧、修道士を使う教会の役割。そして何より興味深いのは、フランスの農民たちが避妊の方法を知っていたことだ。これは海を越えて広まらなかった。原因がなんであれ、少なくとも人口に関して、フランスは十九世紀に行き詰まりの状態だったのだ。ブリテンでは、人口が増加するのにともない都市化と工業化も起きた。フランスでは人口増加速度が遅かったため工業化も限定的で、田舎の生活が続いたところが多かった。十九世紀半ばには、イングランドでは人口の半分が町や都市に住むという一線を越えた。フランスがその一線を越えたのは、二十世紀半ばだった。実はこれがフランスの人口への執着と、数で劣ると、従属することはなくても、下の地位に甘んじることになるのではないかという恐怖の始まりだった。

イングランドと同じくらい、あるいはそれに近い速度で人口が増加していたのは、デンマークとスコットランドである。しかしデンマークはまだ国際的な舞台で重視されておらず、スコットランドはUKの中でイングランドと運命をともにし、同じ工業化と都市化の離陸期を経験して、同じくらい多くの人口を外国に送り出していた。

〝ドイツ〟が統合されたのは一八七一年なので、十九世紀全期間、それを単独の存在として比較することはできない。しかしやがてビスマルクの帝国になる土地として考えると、イングランドをはじめとするUKのほうが相対的に進歩していた。十九世紀前半、グレート・ブリテン（イングランド、ウェールズ、スコットランド。アイルランドは除く）の人口は、のちのドイツになる土地の人口の四十パーセント未満から、約六十パーセントにまで増加した。ドイツはまだイングランドに遅れをとっていて、死亡率の下落と人口増加の要因となる、基本的な変革が起こっていなかった。ヨーロッパの他の場所、たとえばスペインやイタリア、オーストリア＝ハンガリーはさらに遅れていて、まだゆるやかな人口増加さえ起こっていなかった。

イングランドの人口がこれほど速く増えていたことはとても重要な意味を持つ。人が多ければ大きな軍隊をつくれ、経済規模も大きくなり、より多くの資源を吸い込んでより多くを生み出せる。十九世紀にブリテンが強大になった大きな要因は、イングランド（もっと大きくはグレート・ブリテン）の人口が急増したことだ。同じころ、ヨーロッパ以外の土地に移住したブリテン出身の人々の隆盛も、強大国ブリテンの出現に不可欠なした。

ものだった。しかしイングランドの人口の大変化が世界に与えた影響を検証する前に、アイルランドに目を向ける必要がある。そこでは人口に関してまったく違う物語が展開した。

新大陸からのジャガイモで人口が跳ね上がったアイルランド

十九世紀におけるイングランドの人口増加は例外的な出来事だったが、アイルランドにおける人口減少は、その例外の中の例外だった。

アイルランドは農業国で、気候と土壌はジャガイモ栽培によく合っていた。しかしジャガイモがアイルランドに入ってきたのはエリザベス一世の時代で、入ってきたあと、人口に大きな影響を与えた。マルサスが指摘したように、土地が養える人間の数には限りがある。しかしごくまれに、土地の能力を大幅に増強する特別な事件が起こるときがあり、それがアイルランドの場合、新世界からジャガイモが持ち込まれたことだった。ウォルター・ローリーがアメリカから持ち帰ったジャガイモが、アイルランドの運命を変えたのだ。この作物が人口に影響を与えるようになるまでしばらく時間がかかったが、一六〇〇年には二百万人程度だったアイルランドの人口が（昔のデータはどれもそうだが正確さには議論の余地はある）、一八四〇年には八百万人に跳ね上がっている。[21]しかもそれまでの数十年間で、アルスター地方のプロテスタント人口のかなりの数がアメリカへと移住していたにもかかわらずだ。彼らはアパラチア山脈の奥地に定住し、アメリカで〝スコティッシュ・アイリッシュ〟と呼ばれるようになった。

ジャガイモに依存していたアイルランドの農民の生活は、物質的には貧しかったかもしれないが、その数は急増し、その後まさにマルサスの指摘していたことが起こった。どこかで抑制されなければ、社会は困窮へと向かう。輸出用の製品を生み出す先進的な産業が存在しなかったアイルランドでは、じめじめした気候の中で、小麦や大麦でも支えきれなかった人口を養えるだけの力を持ったジャガイモがなければ、人口がそこまで増えることはなかっただろう。

だが、ジャガイモが疫病に襲われ、飢饉へ

そして一八四五年、ジャガイモが疫病に襲われた。アイルランドのジャガイモ飢饉が衝撃的だったのは――歴史上最大のものでも、いちばん最近のものでもないのに、ヨーロッパで最も記憶されている――ブリテン諸島のほとんどが、容赦ないマルサスの罠(わな)を乗り越えようとしていたときに起きたからだ。イングランドが近代に向かおうとしているとき、アイルランドは中世の悪夢に向かっていた。アイルランドが飢饉に直面したときのブリテンの役人の冷たい態度は、マルサスの考え方に影響を受けた上、現代の視点では到底理解できないほどの人種差別が加わっていた。飢えた大衆に食べ物を与えれば、さらに多数の子を生んで土地を疲弊させるだけだと。これは地獄の反慈善的(あるいは人間嫌い)な思考である。貧困をなくすために、貧乏人とその胸くそ悪い子どもたちに

食べさせたり世話をしたりすれば、さらに生き残る貧乏人を増やし、限られた資源を消費し尽くして、もっと悲惨な状況を招くという理屈だ（これはビクトリア時代の考え方で、チャールズ・ディケンズの『オリヴァー・ツイスト』や『荒涼館』でおなじみの光景である）。そのため小麦と大麦の商業的輸出は続いていたにもかかわらず、それが国民の口に入ることはなかった。

『水の子どもたち』の著者で、女王の個人的な牧師だったチャールズ・キングズリーは、アイルランド人を〝白いチンパンジー〟と呼んでいる。当時の評論家の中にも、もう少し同情的な声はあった。たとえば一八四七年二月の『イラストレイテッド・ロンドン・ニュース』紙には、コーク州について次のような記事がある。

> 私は死にかけた人、生きている人と死んでいる人が分け隔てなく、同じ床に寝ているのを見た。床との間には何も敷かれておらず、何枚かボロボロの布が上にかけてあった……五百軒の家のうち、死人や熱病のない家は一軒としてない。死者が生きている人間の横で、三日から四日、ひどいときには六日も、埋葬されずに寝かされている家も何軒かあった。[22]

飢饉はアイルランドに壊滅的な打撃を与えた。一八四五年から一八五二年の七年間で、約百万人が飢えて死に、百万人が危険な状態、ときには瀕死の状態で国外へ移住した。

さらにその後の数十年で何千何万もの人々が国を出て、アメリカの北東部の大都市を大きく変えた。以前、アルスターからやってきたプロテスタントたちがアパラチア地域を大きく変えたように。現在、アメリカ合衆国にはアイルランド系を自認する人が、アイルランド（南北合わせて）のアイルランド系住民の七倍もいる。何万もの人がイングランドやスコットランド、そして多くはリバプール、グラスゴー、バーミンガムなど、大きくて成長中の大都市圏へと流出した。

ビクトリア女王の治世でブリテンによる支配が決定的になった要因は、飢饉と移民の流出だった。一八三七年から一九〇一年までで、アイルランドの人口は八百万から四百万まで減り、ＵＫの人口に占める割合はほぼ三分の一だったのが、ブリテン諸島全人口の十分の一以下にまで減少した。これは他の地域の人口が増加したためでもある。[23]これは長期的に、特にブリテンの政治に大きな影響を及ぼした。十九世紀にブリテンはカトリックに与えていた特権を、労働者階級、そして農業従事者まで広げた。世紀末にはアイルランドのカトリック男性の小作人（人口が減り始めた状況に比して議員が過剰だったことに助けられ）は、かなりの数の議員を選出して、議会を動かすことができた。もし新たな民主主義の時代に、アイルランドが全人口の十分の一ではなく三分の一を代表する議員を送り出せていたら、ビクトリア朝末期からエドワード朝で議論されていたアイルランド自治法問題は、さらに重大な位置を占めていただろう。アイルランド人の愛国者の要求には抵抗できず、完全な独立ではなくても、自治法はもっと早く実施され、分離は実行可能な選択肢ではなかったかもしれない。

しかしアイルランドがＵＫ内の例外なら、アルスター地方はアイルランド内の例外だった。アルスターは北部の地方で、他が田舎の農耕社会のままだった間も、工業化と都市化が進んでいた。ベルファストの造船やロンドンデリーのシャツ製造などで景気がよく、ブリテンだけでなく帝国経済に組み込まれていた。しかしアルスターでプロテスタントが多数派になると、後に北アイルランド州を形成する六つの郡、そして伝統的にその地域を形成していた九つの郡で、もっと都市から遠く離れたカトリック地区は、アルスターの都市部よりも他の地域に近いという運命に苦しむことになった。当時、好景気にわいていたベルファストは、〝工業化の進んだプロテスタントの北アイルランド〟のシンボルとなり、ブリテンとその帝国とも密接なつながりを保っていた。そしてその人口は二万人から三十五万人まで増えていた(24)。

人口増＋産業隆盛でブリテンは〝世界の工場〟へ

十九世紀におけるブリテンの帝国主義的拡張は、世界のワークショップとなったことと密接に結びついている。それは最初の卓越した工業国として、生地の生産、鉄鋼の製造、鉄道の敷設などの道を開いた。ハンフリー・デイヴィのような化学者が新しい化学的発明をして鉱山の安全性を高め、ヘンリー・ベッセマーのような発明家が鋼鉄の製造法を変えて、以前よりはるかに広く使われる材料ができた。こうした偉人やその発明、そのおかげで起きた変化が重要なのは間違いない。しかしこれらのイノベーションのおかげでブリテンが世界最初かつ最大の工業国となったのは、人口の急増という背景があったからこそだ。工業化によって仕事が生まれ、また貿易を通じて食料が行きわたり人口増加が可能になったが、人口増加によって輸送インフラを製造するための労働力、工場労働者、店で働く人々が確保されて工業化がさらに進んだという面もある。

人口の少ない国が豊かになり、人口の多い国が貧しくなることはある。ブリテンが世界のワークショップ、そして当時の経済大国になった要因は人口が大きく膨らんだからと言うのは単純化がすぎる。人口が急増しても貧しいままの国はたくさんあるし、人口の増加速度が落ちて豊かになった国もある。しかしブリテンの人口増加と産業の隆盛という、二つの出来事の関係を無視することはできない。国の人口規模が国の経済力に影響を与えるには、二つの道筋がある。第一に、単純に数の力。ルクセンブルクは豊かな国で、国民はある面ではアメリカ人の二倍裕福だが、経済面ではインドや中国のような主要国とは言えない。ルクセンブルクは単独ではうまくいっていて、豊かで幸福な国を築いてきたが、経済大国でないのは人口が少ないからだ。インドや中国の人口がきわめて多くても、貧しいために世界経済の舞台で、まったく重視されない国になる可能性もあった。どちらの国も二十世紀前半はそのような状態だった。しかし何千万、何億人もの人口を持つ国がひとたび動き出せば、平均的な国民が極度な貧困状態から少し浮上するだけで、数の効果が発揮され始める。アメリカが世界最大の経済大国なのは、国民がヨーロッパの国々や日本の国民よりもはるかに裕福だからではない。国民の数が多いからだ。

第二に、ルクセンブルクの規模の国がこんにち繁栄できるのは、自由貿易圏で生きていて、欧州連合、そして世界貿易機関を通じて広く世界とつながっているからだ。ルクセンブルク人は付加価値の高いサービスに特化できたので、必需品やぜいたく品を世界中の他の国から買えるようになった。自国内で抑えつけられていたら、国民は最低生活水準の生活を送るしかなかっただろう。人口が数十万人の集団が世界貿易から切り離されたら、そうなるしかない。現在は小さな国でも自由貿易のルールと規制のおかげで生き残ることができる。十九世紀にブリテンの人口が増え始めたとき、世界経済はまだそれほど開けていなかった。今ほど自由でなかった貿易環境では、人口が多い国では工場で働く人が多く確保できるだけでなく、消費者の数も多く市場も大きくなる。需要と供給の両面から経済を築き上げることができるのだ。生産と製造をある程度の規模にまで育てるには、大きな世界市場へのアクセスか、少なくとも自国のかなり大きな市場とのつながりが必要だ。

ブリテンとフランスの人口と経済を比較してみると、いろいろなことがわかる。経済の規模に関するデータは、人口に関するデータよりも正確さに疑問があるが、入手可能な最良のデータを見ると、一七〇〇年代にはフランスの三分の一以下だったUKの経済は、第一次世界大戦勃発時にはフランスの一・三三倍以上になっていた[25]。つまりフランスの経済と比べると、ブリテンの経済は四倍に成長した。同じ時期、UKの人口はフランスの半分以下から、フランスの一・一五倍になっている。つまりフランスと比較した時のブリテンの経済成長のかなりの部分は、相対的な人口増加に起因しているはずだ。

十九世紀の大幅な人口増加がなければ、ブリテンは十九世紀前半に世界のワークショップにも、そして後半に世界の金融大国になることもなかっただろう。人口増加でどのくらい市場が拡大し、国民が豊かになるかはわからないが、人口増加でどのくらい経済が成長したかを検討すると、経済成長の約半分は純粋な人口増加の影響だったことがわかる。大きな富を手に入れたブリテンはさらに公衆衛生にお金をかけられるようになり、カナダの草原やオーストラリアの奥地に住む兄弟姉妹との取引のおかげで、国民の食生活は向上した。ブリテンは人口増加によって世界の工場となり、そこで築いた富をもとに、世界の資本家となった。人口の急増がなければ、経済で主導的な役割を担うことも、強大な支配権を持つこともなかっただろう。

女王と母国のために——帝国各地に人を送る

偉大な文化史研究家のフェルナン・ブローデルは、スペイン人は中南米を征服はしたが掌握することはできなかったと述べた[26]。スペインは書類上は広大な帝国を手に入れたが、ほとんど影響を与えることも、支配することもできなかった。それは主に、征服した土地に定住してそこを変えるだけのスペイン人がいなかったからだ。彼らはただ——

意図的にせよそうでないにせよ——先住民の集団を壊滅させせただけだった。アメリカ合衆国が一八四八年にメキシコの北半分（現在のカリフォルニア、アリゾナ、ニューメキシコを含む）を簡単に併合できたのは、そこにスペイン人やメキシコ人がほとんどいなかったからだ。これとは対照的に、ブリテンの人々は征服した土地に住み着いた。そこでは当然ながら定住者が必要だったのだ。そしてブリテンにはあり余るほどの人がいた。この点に関してスペインとブリテンとの違いは、当時のブリテンが人口急増のさなかにあり、国内での人口が一気に増えて、植民地や他の土地に何百万人も送り出していたということだ。スペインにはそれができなかった。

ブリテン諸島からの移民の波がカナダ、オーストラリア、ニュージーランドに定住し、その人たちが持ち込んだ病気によって先住民が大きな打撃を受けた。この二世紀から三世紀前のラテン・アメリカでのスペイン人のように、ブリテン人の数は急速に増えた。オーストラリアほどの大きさの大陸を、ほんの五十年で移住者が支配したことは驚くべきことに思えるかもしれないが、先住民の数が比較的少なかったこと、ヨーロッパ人の病気と暴力に直面して数が減ったこと、そして移住者がいなくても世代ごとに数を倍増させていたヨーロッパ人の頑丈さと生命力を考えれば、それほど驚くようなことではない。定住して農業に従事する人口が、狩猟・採集を行なう人々に取って代わるとき、そのプロセスは前者の出生率の高さと死亡率の低さ（新たな農地にすぐ移れ、マルサス理論の制約を一時的にでも免れる）と、後者の高い死亡率（虐殺の結果であることもあるが、新来者が持ち込む病気によることが多かった）によって後押しされる。

移住を促す動機――プッシュ要因、プル要因――は複雑で、場合によって違っている。植民地への移住は人口爆発の二百年前からあったのは確かだが、十九世紀に起こった規模の移住は、ブリテンの人口が急増しているさいちゅうでなければ、間違いなくブリテンの人口減少を引き起こしていただろう。ある程度人口が過剰になると、自然に外へ向かう圧力が生まれる。植民地は遠く、移住は困難で危険をともなうが、そこにはチャンスと可能性があった。移住者が外国で失敗して戻ってくることも多く、行ったことを後悔する人もいたが、成功物語もたくさんあった。男性が女性より多い植民地には、女性に行きたいと思わせるところもあった。一八五三年にオーストラリアに移住したエレン・クランシーは、何年もたってから故国へ次のような手紙を送っている。

> 適切な保護があり、健康に恵まれて、特に選り好みせず、〝女らしさ〟にこだわらなければ、牛乳をしぼったり、バターを攪拌（かくはん）したりすることができる……覚悟しなければならない最悪のリスクは、結婚してイングランドでの二十倍もの敬意と配慮をもって扱われることだ。

彼女はまた、男性に比べて数が少ないため、女性は「かなり好きなことができるのはたしか」と書いている。[27]

大陸を先住民から奪い取れた理由

ブリテンがライバル国と比べてどのぐらい有利なスタートが切れたかについては、いくら強調しても足りないだろう。ブリテンからの移民が定住した土地には先住民がいたが、彼らはまだマルサス理論による人口増減パターンに従っていたため、すぐに数で追い越され、土地や水を求めていた新参者の軍隊によって、ときには暴力的なやり方で追い出された。マルサスの制約を免れたブリテンの力こそが、大陸の領地を先住民から奪い取った秘密である。ブリテン人とその子孫が、自分たちの言語、文化、政治制度を世界標準にできたのは、数の力——それと新たなテクノロジーとの組み合わせ——のおかげなのだ。

人口増加の先頭を走ったのはイングランドだが、スコットランドも近いところにいた。ウェールズはイングランドのデータに入れられることが多いが、アイルランドは違っていた。これらの違いと類似に気づくと、イングランドだけでなくブリテン全体を包括する人口爆発について語ることができる。ブリティッシュ・エンパイアについて重要なのは、スコットランドとアイルランドがヨーロッパ以外の土地への移住者を送り出すうえで、人口と比べて不釣り合いなほど大きな役割を担っていたからだ。世界の大国としてのブリテンの勃興を支えたのは、本国での人口急増だけでなく、遠い外国へ行き広大な大陸を支配した人々である。歴史家のティモシー・スナイダーが論じたように、一九四〇年代後半から一九四一年前半に、ソビエト連邦とナチスドイツはヨーロッパをつくりかえたが「グレート・ブリテンは世界をつくった」。それは人間を送り出すことによってなしえたことだ[28]。

ブリテン人が影響力を持っていた三つの地域を区別しておくのは大切だろう。第一に、ブリテンの人々が流れ込んで先住民を圧倒し、その土地に強制的に新しい社会をつくった植民地がある。第二がアメリカ。これはもうブリテンの支配下ではなくブリテン出身の人々によって築かれた国であり、十九世紀も引き続き、主にブリテン諸島から移民が押し寄せていた。第三はインド、そして広大なアフリカである。植民者が多く定住することはなかったが、ブリテンは人口の増加（地上軍の数が多い）と工業化（特に軍事面）によって支配を進めた。つまり故国にいながら、膨大な数の植民地の人々を支配し、コントロールすることができたのだ。

カナダへの移民、フランス系カナダ人の〝ゆりかごの復讐〟にめげず

まず世界第二位の面積を持つカナダから始めよう。その大半は人の住めない荒地だが、人が住めるところも多く、農地への集中的な移住には適していた。この広大な土地の人口は、十九世紀半ばには二百五十万人に満たなかったが、第一次世界大戦が勃発したときにはほぼ三倍の七百万人超となっていた。これほどの増加をしたのは移民のおかげで、

そのほとんどはイングランド、スコットランド、アイルランドからやってきた。一九一四年には、カナダの人口の半分以上がブリテン諸島からの、直接的な移民かその子孫だった。ケベックに集中していたフランス系カナダ人の割合は全体の三分の一だったのが、四分の一にまで低下した。フランス系カナダ人は出生率が高いことで知られていて――〝ゆりかごの復讐〟、つまりカナダでブリテンに負けた仇討ちだという人もいる――、ブリテン諸島からの移民、そして彼らがやがてケベック州になる土地での多数派であり続けることに対抗していた。しかし十九世紀に多くがアメリカ合衆国へと移ったものの、フランスからそれを埋め合わせるだけの移民がやってくることはなかった。(29)

ブリテンとアイルランドからの移民は、一八六七年の自治領（州が正式に統合されてカナダという名の国になった）制定の前も後も流れ込んできて、そのうちにカナダの先住民は三十人に一人未満にまで減少した。アイルランド人の中にはブリテンへの敵対心を持ち続けている者もいたが、この広大な領土にはブリテンの印がしっかりと刻まれた。たとえば言語、土地の名前、憲法や政治などだ。これは故国にも大きな影響を与えた。カナダはUKへの食物の主要輸出国の一つとなり、自由貿易の全盛期にブリテンの農家への脅威を与えたが、実際は安くて大量の食物が流通し、第一次世界大戦の前の二、三十年、労働者階級の生活水準が目に見えて向上した。大戦中、カナダからの食物がブリテンの生命線となる一方、カナダの男たちは、まだ母国という思いが強かった国の兵士に志願した。

オーストラリア、ニュージーランドへ進出

オーストラリアでも同様だった。第一次世界大戦勃発までの百年間で、オーストラリアにおけるヨーロッパ人の数は、一万人未満から四百万人を超えるまでになった。これも圧倒的にブリテン諸島からの移民が多い。[30] 一八八〇年代には二十万人がやってきて、一八九〇年代にはその数が倍になった。これは主に若い世代で（移民はたいてい若い）、安い土地に惹かれて、領地を〝開く〟という気持ちでやってきた人々だ。そのため当然だが、（若い世代の常で）出生率が高く死亡率は低くなり、人口はさらに膨らんだ。ここでもカナダと同じように、もともとそれほど数が多くなかった先住民は、統計的に取るに足らない立場となった。一九二〇年代初頭には、特にブリテンからの移民が多く住む地域（ビクトリア、サウス・オーストラリア、ニュー・サウス・ウェールズ）に住む先住民はかろうじて三千人ほどだった。オーストラリア全体では、少なくとも百年少し前に大陸を独占していた人々の数は、人口の二パーセントにすぎなかった。

それとは対照的に、外国生まれの住民の八十パーセントはブリテン生まれで、オーストラリア生まれの人の圧倒的多数は、親か祖父母がブリテンからの移民だった。[31]

ニュージーランドの人口は第一次世界大戦までの五十年で、十倍の百万人まで増えた。マオリ族はカナダやオーストラリアの先住民よりも数を維持できていたが（人口全体に占める割合はかなり上昇している）、それでも二十世紀前半には人口に占める割合は五パ

ーセントに過ぎなかった[32]。カナダと同じように、オーストラリアとニュージーランドは、ブリテンの文化や規範が刻みこまれた巨大な領地だけでなく、平和時には大量の食料を、さらに戦時には母国からの呼びかけに応じて塹壕で戦う気満々の兵士たちを提供した。

ブリテンは名目上は北米を十七世紀前半から、そしてオーストラリアは十八世紀から植民地化していたが、本当の意味でこれらの領土がブリテンの支配下に置かれたのは、母国で人口が急増し、大量の移民を送り出せるようになってからだ。人口急増がなければ、大量の移民が定住することもなく、そして定住者が少なければ、これらの領土の支配は、スペインやほとんどのラテン・アメリカと同じように、実質をともなわないままだったかもしれない。同じように、これらの土地が肉をはじめ、新たに工業化されたブリテンを中心とする世界貿易システムの必需品を提供する、巨大な穀倉となることもなかっただろう。

南アでマンデラ大統領が生まれた理由

アイルランドがブリテン諸島の例外の中の例外だったように、南アフリカも例外だった。その例外によってブリティッシュ・エンパイアのルールが明らかになったと言える。アフリカ大陸の大半はヨーロッパ人の移住先としては向かないと考えられていた。健康的でない気候、マラリアがはびこり、奥地への輸送は難しい。しかし南アフリカは気候がまだ御しやすかったため、ブリテン人にとっては移住可能な土地とみなされた。人々はまたダイヤモンドと金の魅力に惹かれた。カナダと同じように、その結論に達した最初のヨーロッパ人は、ブリテン諸島出身の人々ではない。そして南アフリカにおけるブリテンの歴史は、アフリカ人だけでなく、オランダからの移民に取って代わることだった。しかし問題はブリテン人とオランダ人との関係の裏表やボーア戦争ではなく、むしろこちらだ。ヨーロッパ人が先住民を数で圧倒できない土地では、その支配の足場は不安定で、いずれ維持できなくなる。現在のカナダ、ニュージーランド、オーストラリアでのブリテン人（ヨーロッパ出身者）の人口は減っている。世界各地からの移民に扉を大きく開いているからだ。しかし新たにやってくる移民も、いまだ事実上ブリテンから持ち込まれた社会習慣に従う。英語は今でも主要言語である（カナダではフランス語も）。政治制度は故国の色がにじみ出ている。それは国旗のような重要なシンボル（オーストラリアとニュージーランド）にも見られるし、元首（三つの国すべて）もそうだ。言い換えると、これらの国はいまだ〝白人〟が主流の国なのだ。

対照的に、南アフリカでは、ヨーロッパ人の存在がアフリカ人（厳密な意味での〝先住民〟であれ、もっと新しいリンポポ川の北部の近隣地域からやってきた人々であれ）に対して優勢になったことはない。そのためヨーロッパ色はそこまで色濃く残っていない。彼がネルソン・マンデラが生まれた年、南アフリカ人の五人に一人以上が白人だった。彼が死んだ年は十人に一人未満になっていた。この流れが逆だったら、マンデラが大統領になれたとは思えないし、おそらく白人がもっと長く権力を独占し続けただろう。しかしマンデラが大統領になるはるか以前から、数が減ったことにより、白人支配には陰りが見え始めていた。

ブリテン人が一八一四年にケープ州に着いたときからずっと、彼らの一番の目標は、アフリカ人よりも、すでに定住していたオランダ系アフリカーナー（ボーア人）に対する優位性を確立することだった。やがてオランダ人は内陸部へと移動し領地をつくったが、ブリテン人はそれをさらなるアフリカでの拡大の障壁になると考えるようになった。その行き着いた先がボーア戦争である。オランダとブリテンの移民の規模は、たとえば北米に比べればはるかに小さかった。一八七〇年、約二十五万人のヨーロッパ人が南アフリカに移住したが、それは北米の植民地（面積ははるかに大きいが）への移民の百分の一にも満たない[33]。世紀の変わり目には、ゴールドラッシュで人が増えたとは言え、一九〇四年の時点で、南アフリカの白人（オランダ系、ブリテン系、その他）はせいぜい五人に一人だった。同時期のオーストラリア、ニュージーランド、カナダとははっきりした対照をなしていた。

南アフリカの白人の割合は、一九六〇年代もだいたい同じだった。移民はさらにやってきて自然に人口が増加していたが、人口の増大を引き起こした近代化は、アフリカ人の間で起こっていた。アフリカ人はヨーロッパ人より家族の数が多く、当時は乳児死亡率低下の恩恵も受けて、人口が急増していた。一方で白人の人口は出生率低下のパターンをたどり、増加率もゆるやかだった。当時すでにそれがヨーロッパ出身の人々にとってのふつうになっていた。アパルトヘイトは白人が避けられない運命を先延ばしにして、数で劣る弱みを乗り越え、支配力を維持しようとする試みと考えることもできるが、結局は人口がものを言った。アパルトヘイトが廃止された時期（一九九〇年代前半）、南アフリカの人口に白人が占める割合は約十三パーセント[34]で、黒人を支配し、いつまでも権利を奪っておくには、単純に数が足りなかった。二十年後、新生南アフリカでの白人の割合は人口の十パーセントを切っていた。

アメリカのアングロ・サクソン

〝アングロ・サクソン〟という言葉は、アメリカ合衆国を語ろうとすると奇異に響く。少なくともUKにおいて、それはドイツとスカンジナビアからの移民を指す名称と考えられるようになっている。彼らはクリストファー・コロンブスが大西洋横断を考える千年以上前、あるいはアメリカ独立宣言の千三百年前に、イングランドにやってきた。アメリカ合衆国は世界中から移民がやってくる、巨大なるつぼと考えられていた。その中にはネイティブ・アメリカン、大陸からやってきたヨーロッパ人、アフリカ起源の人々がいて、しだいにラテン・アメリカやアジアからもやってくる人々が増えた。そのためは、十九世紀にアメリカ人が自分たちはアングロ・サクソンとふつうに考えていたというのは、ちょっとした驚きである。トマス・ジェファーソンはサクソン人の長であるヘンギストとホルサを、のちに圧政を敷いたノルマン人とは違う真の自由の国の祖先として、合衆国の紋章に使いたいと考えていた。

〝アングロ・サクソン〟という名称も、ある程度は便利なレッテルである。一方で、独立戦争と共和制国家の樹立を経たあとで、アメリカ人は自分たちを民族学的に〝イングランド人〟と説明することは望んでいなかった。おそらく頭の中では、民族上だけでなく精神的にも、自分たちは七百年前にノルマン人の容赦ない支配を受けた〝自由人〟の後継者だと考えている人もいただろう（ジョージ三世は遠い祖先であり外国の迫害者であるウィリアム征服王の写しとして描かれていた）。またアメリカのすべての白人がイングランドにルーツを持っていたわけではない。独立した時期でさえ、かなりの数がドイツの血筋で（のちにもっと多くのドイツ人がやってきた）、他のヨーロッパの国に起源を持つ人もいた。そしてもちろんアフリカ系アメリカ人もいたが、圧倒的に奴隷が多く、当時は国民とは認められていなかった。しだいに合衆国にはブリテン諸島からイングランド人ではない（つまりスコットランド、アイルランドからの）移民が集まり始めた。彼らをアングロ・サクソンと呼ぶのは正確ではないが、イングランド人と呼ぶよりはましに思えた。そのためその言葉がそのまま使われるようになった。現代でも頭字語〝Ｗａｓｐ〟（白人、アングロ・サクソン、プロテスタント）という言葉に残されている。

十九世紀のアメリカでの〝アングロ・サクソン〟という言葉の使い方にはあやしげなところもあるが、独立当時のアメリカ合衆国では、特に政府のエリートは圧倒的にイングランド、少なくともブリテンに起源を持つ人々だった。その後の何十年かで、アメリカはもともとの領地だった東海岸の土地から北米大陸の隅々へと広がっていく。アパラチア地方を併合し、広大な中西部の土地をフランスから買収（ルイジアナ買収）、そしてさらに広い地域をUKとの間に結ばれたオレゴン条約の一環として、または旧スペイン領メキシコから獲得し、太平洋岸までたどりついた。人口の後押しがなければ、これは不可能であり、重要な出来事にもならなかっただろう。アメリカ合衆国が一八〇三年にルイジアナ買収を行なったとき、その人口は買収の対象になった土地に住むフランス人男女の数の百倍だった。[35] ナポレオンはフランスに強大な力がなければ、押し寄せるアングロ・サクソンに立ち向かって領土を維持することはできないと知っていた。人口の潮流は西へと突き進むが、当時のそれは英語を話す人々の群れだった。一八二〇年のアメリカ合衆国の人口は一千万人で、その数は新たな移民――まだ主にブリテン諸島からの――と高い出生率のおかげで増え続けていた。このころアメリカ人女性は七人の子を生んでいた。人口の大半はブリテン人で、その活力と、フランスやスペインの入植者だけでなくアメリカ先住民まで蹴散らす力には、人口が多いという強みが不可欠だった。マルサスはアメリカの状況、特に新しい農地がどんどん開かれる土地では、人口が一世代で倍になることに気づいていた。アメリカ建国の父トマス・ジェファーソンはマルサスの存在を知っていてその業績を賞賛している。

アメリカ合衆国の土地が広がるにつれて人口も増加し、一八五〇年には二千三百万人、一九〇〇年には七千六百万人に達し、ブリテンをはるかに超えた。一八四八年以降、アメリカがいかにメキシコの北半分を容易に吸収していったかに、その力がよく表れている。これらの広大な土地に住んでいた先住民やヒスパニック／メキシコ人の人口は、せいぜい十万人だった。併合から数年で、カリフォルニア州だけでその三倍の数の白人がいた。[36]

奴隷制度の暗黒面

当初、アメリカ合衆国のその地域に流れ込んだ人口が急増したのは、ブリテン諸島からの移民、そして規模は小さいがドイツからの移民が引き続き多くやって来ていたためだ。彼らの勢いを支えていたのは高い出生率と、比較的低い死亡率だった。彼らは常に数で負けている先住民を圧倒した——連邦議会報告書によると、先住民の数は一八三〇年に独立十三州でわずか六千人（実際はもう少し多いだろう）、病気や先祖伝来の土地を奪われたことで命を落とした者も多かった。[37]アフリカ系アメリカ人の数は、奴隷貿易が廃止されたあと、アフリカから新たにやってこなくなってからも増え続けた。しかし二十世紀初め、アフリカ系住民は合衆国の全人口の十二パーセントを占めるに過ぎなかった。これは独立時の割合よりも小さい（現在はこの割合に近い）。スペイン人やメキシコ人が多いルイジアナ地域では、フランス人移住者はきわめて少なかった。

アフリカ系アメリカ人の体験、特に奴隷制度の残したものは、この話の暗黒面の一つである。もう一つは先住民の排斥、ときに大虐殺である。奴隷制度がほぼすべての社会の一部に存在したのは本当であり、大西洋の奴隷貿易を廃止した先駆者がブリテン人であったのも本当だ。アラブの奴隷貿易はヨーロッパが行なう以前からあり、さらに長く続いたことも本当だ。しかしアメリカばかりではなくカリブ海やブラジルも含め、大西洋奴隷貿易の商業的規模は、現在の基準からしても恐ろしいレベルだ。奴隷船で運ばれた人々の命は無情にも軽く扱われ、アメリカの奴隷制度は一八六五年まで続いた。その三十年後でも、アラバマの黒人労働者は必要な栄養の六十パーセントしか摂取していなかった。[38] その名残はいまでも見られ、アメリカにおける人種間対立や、つい最近まで続いたアフリカ系人口の少なさなどに表れていたが、それがいま急速に逆転しつつある。

十九世紀の間もヨーロッパ人はアメリカ合衆国に押し寄せていたが、しだいに大陸のさまざまな土地へと広がった。厳しい入国管理が始まった一九二〇年までの数百年間で、ブリテンとアイルランドから八百万人、ドイツから五百万〜六百万人、イタリアとオーストリア＝ハンガリーからそれぞれ四百万人、ロシアから三百万人以上、スカンジナビアから二百万人が移住したと推定されている。[39] アメリカ合衆国のような広大な土地に定住して、二十世紀に世界最大の経済大国、軍事大国を築き上げるという壮大な偉業は、多産なブリテン諸島からの移民にとってさえも大きすぎて、とうてい彼らだけではなしえなかったことだ。しかし他のどの集団よりも、国に定住者を増やすことに寄与したのは確かである。最も早い時期に移住した最も数の多い移民として、彼らは自分たちの言語と幅広い文化を持ち込んだため、他の移民はそれらを学び、融和する必要があった。ブリティッシュ・エンパイアとして残っている領土と同じように、アメリカ合衆国は建国から現在まで、〝アングロ・サクソン〟の色が濃く刻まれている。それができたのは、アメリカの広範囲にわたる土地に、イースト・アングリア（イングランド）、パース（スコットランド）、アントリム（北アイルランド）、ケリー（アイルランド）からの移民が定住したからだ。これらの人々は西洋を手に入れた。それは当時、数を急速に増やしたからだ。

アングロ・サクソンの傲慢

一九〇〇年の世界は一八〇〇年の世界とは大きく違っていた。それはどの百年にも言えるが、十九世紀には本当に想像もつかない大きな変化があった。まず主にイングランドで、そしてもっと広くはブリテン諸島で起こった。この百年で製造業は家業のレベルから、何百万人もの労働者を雇って行なう規模の産業へと成長した。また主要な大陸に新たな移民が入植し、外国との貿易が急発展した。何百万人もの人が住む都市がヨーロッパと北米のあちこちに生まれ、アングロ・サクソン社会と他のヨーロッパの国は、しだいに都会的になった。それらすべての中心にあったのが人口の急増である。そのような経済的変化と発展がなければ、イングランドの、そこから生まれたアメリカ合衆国の人口が増え続けることはなかった。同じように人口の急増がなければ、経済、社会、政治的な変化も起こらなかったはずだ。

一八四八年、アメリカが獲得したばかりのメキシコをどうするか話し合っていたとき、北部だけでなく国全体を併合しようと主張する人もいた。そこの人々は若いアメリカにとっては間違いなく受け入れにくい層だが、いずれ〝レッド・インディアン〟のように溶け込むだろうと考えられていた。アングロ・サクソンがいずれ世界を支配すると考えていた人は多かった。イギリスの歴史学者ジョン・ロバート・シーリー（彼の論文をまとめたものが『英国膨張史』という有名な本になった）は、海の向こうの一千万人のイングランド人は賞賛するべきだが、「これから……起こることに比べたら、何ほどのこともない」と言い切っている(40)。アフリカの植民地政治家として有名な（悪名高きと言うべきか）イギリス人、セシル・ローズもアングロ人の領土を拡大し続けるべしという考えを持ち、しかもそれは神の御業であると信じていた。「私は残りの人生を神の意思に捧げる。そして世界をイングランドのものにするために主に手を貸す」と述べている(41)。

こうした傲慢さは、人口の競争でアングロ・サクソンが優位を占めていたからこそ生じた姿勢である。最初にマルサスの罠を抜け出した強みは、永遠に続くと思えた。領土獲得にせよ経済的な面にせよ、世界的優位性を確立するうえで、どのくらい人口拡大という土台が重要であるかを、彼らが十分に認識していたわけではない。またブリテン諸島からの移民と、植民地やアメリカに住むその子孫の人口増加を引き起こした力は独り占めできるものではなく、逆に制限されるものでもなかったため、しかるべき時が来て、イングランド人でなくてもその力を享受できるようになった。事実、彼らはすぐ近くまで来ていた。人口を増加させる習慣とテクノロジーはアングロ・サクソンの専売特許ではなく、アングロ・サクソンは、世界をつくることになったが、その支配権を独占していたわけではなかった。

第四章

猛追するドイツとロシア

人口トップのアングロ・サクソンに続けとばかり、ドイツは詩人の国から血と鉄の国へ変貌。同じくロシアも大膨張をはじめる。人口脅威が、各国を戦争へと駆り立てる。ゆりかごが世界を揺らすのだ。

The German and Russian Challenges

西部戦線に異状が起きたのはなぜか

多数の死者を出した第一次世界大戦のさなか、兵士たちがあとからあとから押し寄せて衝突した西部戦線では、結局のところ重要なのは勇気でもテクノロジーでも戦略でもなく、純粋に数の力だった。最後に勝ったのは、兵士を前線に送り続けて攻撃できる側だった。両陣営が互いに限界まで殺し合いを続けていたとき、勝負を決したのは、アメリカ合衆国から果てがないと思えるほどの数の新兵が到着した――少なくともその見込みがあった――ことだった。

数の重要性は以前から認識されていた。一九一四年以前から、対抗する国は互いの人口を比較して、自国と相手国の出生率を気にしていた。まるでその後に起きる大戦の大量殺戮とそれによる人口の減少を予測していたかのようだ。『デイリー・メール』紙は一九〇三年の時点で、ブリテンの出生率低下が「我々民族の優位性を脅かしつつある」と書いた。フランスでは『ドイツ膨張史』(おそらくシーリーの『英国膨張史』を意識している)という著作が大戦前夜に出版され、そこでは「人を増やす力はドイツ民族の永遠の特徴」であり「ドイツの人口が増加すれば、それにともなって軍事力も増強される」という懸念が示されている。[1]それと同じころ、ドイツの著名な歴史学者フリードリッヒ・マイネッケが「スラブ民族は全体として見ると、いくらでも子を生む傾向がある」と懸念を示した。[2]第一次世界大戦勃発時にドイツ首相だったベートマン・ホルヴェークはロシアについて「人口がどんどん増えて、かつてないほどの悪夢のようにのしかかっている」と不安を表明している。ホルヴェークのこの重苦しい考えが、その後ドイツを戦争へと突き進ませた一か八かの賭けに影響しているのは間違いない(3)。第一次世界大戦前の何年かのヨーロッパ――そしてヨーロッパ人が移住している国、たとえばアメリカ合衆国、カナダ、オーストラリア、ニュージーランド――の人口の大きな変化は、戦争を引き起こした原因の一部であり、その結果にも影響を与えた。

セシル・ローズの異様な見解、つまり全世界が〝イングランド色に染められる〟という予測は実現しなかった。アングロ・サクソン至上主義者が抱いていた、他の人々はそこに〝溶け込む〟という予測も実現しなかった。こんにちの世界を築いたのが、近代的で長期的な、工業化を基礎とする人口爆発を最初に経験した民族／国家集団、具体的にはブリテン諸島出身の人々であるのは確かだ。彼らの言語は、メディア、国際的なビジネス、外交、学術分野で最もよく使われている。彼らが築いた国々は、いまだ強大国である。集団としてはまだ世界一裕福であり、最も大きな経済力を持っている。しかし今では多くの分野で後退している（たとえば急成長中の中国に押されて）。特に自分たちの国の中の民族集団として、かなり後退しているのだ。アメリカ、カナダ、オーストラリア、UK、これらの国では、（十九世紀と二十世紀の言葉でまとめると）〝アングロ・サクソン系〟、あるいはもっと広い意味でブリテン諸島出身と分類できる人の数は、しだいに減っている。

人口競争における唯一の必勝法は、ほんの少し早くスタートを切ることのようだ。他の集団が、アングロ・サクソンをトップに押し上げる要因になった技術を用いるようになり、少なくとも人口という見地からは、追いついてそれに取って代わり、パワーバランスと歴史の成り行きに大きな影響を与えた。近年の約七十年間、人口に関して主導権を握ってきたのはヨーロッパと北米以外の国の人々だったが、アングロ・サクソン支配への暗雲は、まずそれらの国のすぐ近くから生じた。当然のことながら、ブリテンとアメリカの先行を支えた技術を最初にコピーしたのは、文化的にも地理的にも彼らにいちばん近い人々、つまり他のヨーロッパ人だった。何か新しいものが流行すると、その発祥地にいちばん近いところで流行する傾向がある。

人口競争でトップを走るアングロ・サクソンを最初に激しく追い上げたのは、ドイツ人とロシア人だった。ここから先は、それがなぜ、正確にはいつ起こったのか、そして他のやや後れを取ったヨーロッパの大国について見ていく(ここでロシア人はヨーロッパ人とみなす。十九世紀後半にロシアの知識人たちが繰り返した、自分たちは果たしてヨーロッパ人なのか否かという不毛な議論を蒸し返すことはしない)。またこれらのことがなぜ重要なのか、それがなぜ第一次世界大戦の開始、そして結果さえ左右した可能性があるのかを考える。

イングランドの失速

人口は国家間で争うスポーツではない。最高の出生率と最低の死亡率を達成して、世界最大の人口を目指すという政治目標が掲げられることはめったにないが、出生率が低下すれば（生存率の向上をともなわない限り）、未来の兵士、そしてやがては生産者（そして消費者）が減少し、軍事力と経済力に影響することはどの国でも認識されている。

これまで述べてきたように、十九世紀前半のイングランド、そしてもっと広くはブリテンと海外の関連国における出生率はまだ高く、しかもさらに上昇していた。その一方で死亡率は着実に低下していたため、人口規模は急速に拡大した。しかし十九世紀後半になると、いくつもの変化が起こり始めた。その中で最も重要なのは、女性が生む子どもの数が減ったことだ。十九世紀前半には一人の女性が平均五人か六人の子を生んでいた。いまではアフリカの後発発展途上国でしか見られない数字だ。ビクトリア時代の小説を読むと、この時代の雰囲気を感じ取ることができる。また年配者なら、自分の家族についてそのような記憶がある人もいるかもしれない。ビクトリア女王が政治に取り組みながら、九人の子を生んだのは有名な話だ。しかもその全員が彼女の治世の初期に生まれている。ビクトリア時代は堅固（けんご）であまり変化がなかったと思われがちだが、実はビクトリア女王がその地位に就いた一八三七年から崩御した一九〇一年までの期間で、状況は劇的に変化しているのだ。ビクトリア女王の治世の半ば、彼女の息子でのちのエドワード七世は、妻のアレクサンドラとの間に五人の子（五人とも一八六〇年代生まれ）をもうけた（六番目の子は生後一日で死んだ）。母親よりも生む子の数が少ないのは、当時の国全体の傾向と一致している。あとの世代ではさらに少なくなる。もちろんブリテンの王室はＵＫの典型ではない。王室は一般庶民のように経済的な制約にしばられていない。しかしおおざっぱに言ってしまうと、国の人口全体に起きていたことがここに表れている。イングランドの平均的な女性は五人前後の子を生んでいたが、十九世紀半ばから明らかな減少傾向が見られた。第一次世界大戦が始まると、それが三人になった。粗出生率（千人当たりの出生数）は一八七六年から一九一四年の間に、三分の二（三十六から二十四）にまで減った。一八六〇年代に結婚した女性は、それぞれ六人以上の子を生んでいた。しかし一八九〇年代に結婚した女性は四人強。そして一九一五年に結婚した女性が生む子の数は二・五人未満だった。[4]

それがどのように実現したかを説明するより、なぜこのような状況になったのかを判断するほうが容易である。ビクトリア朝末期からエドワード朝のイングランド（より広くはＵＫ全体）で起こっていたのは近代化のプロセスであり、都市に住む人がどんどん増え、また子どもを労働力や自分が老いたときの保険と見るのではなく、子ども本人のために（出世のためには教育が必要になった）お金をかけてやりたいと思う人も増加していた。また幼児期を生き延びる子が増えれば、幼い子に死なれる可能性が低くなるので、親はたくさんの子を生む必要はないと考えるようになる。

ディケンズの世界から、清潔な世界へ

どの国、どの大陸でも、乳児死亡率が下がると、あるいは乳児死亡率が下がったあと、出生率も下がる。これが人口の潮流の基本的なパターンである。乳児死亡率の低下が出生率の低下に反映されるまでにかかる時間は場所によって異なり、ルールには例外が存在する。人口の変動パターンは物理学ではない。それを支配する鉄則があるわけではないし、法則があるとしてもわずかなものだ。しかしそれでも一般的なパターンは明確になるだろう。十九世紀の間にディケンズ的と考えられていた状況——下水溝、工場で働いたり煙突掃除をしたりする子どもたち——が変わり始めた。一九一四年には、公衆衛生も大きく向上し、清潔な水と基本的な社会保障までが提供された。一八五八年に起きた大悪臭（耐えがたい臭気が汚染されたテムズ川から漂ってきて、ブリテン議会が避難しなければならなくなった）と、それに先立つコレラの流行のような事態は、下水道と公衆衛生が確立された五十年後のロンドンでは想像もできなくなった。

一八七〇年以降、少なくとも基礎的な教育は誰もが受けられるようになり、教育を受けた人々は自分や子どもの世話のしかたをよく理解できるようになるため、ほぼ間違いなく寿命が延びる。そして状況がよくなったのはイングランドだけではない。北米の草原地帯の空地、鉄道の広がり、蒸気で動く甲鉄艦の導入、冷凍技術のおかげで、食品はどんどん安く豊富になった。ふつうの人がより健康的な環境で生活できるようになり、食生活も向上した。一八七〇年から第一次世界大戦の勃発までの間に、平均寿命は四十歳から五十代半ばまで延びた。八十歳過ぎまで生きる人も多い現代の基準では決して長くはないが、当時としては画期的だった。

さらに乳児死亡率がようやく低下し始め、十九世紀末には千人当たり百五十を超えていたのが、一九一四年には千人当たり百程度になった。パストゥール、コッホ、リスターらによる研究、病気についてや食事を用意するときや医療行為を行なうときは特に清潔さが必要であると理解することは、死亡率を低下させる役に立ち、特に若い人の命を救うという恩恵をもたらす。このときから、乳児死亡率は、千人に百人が一歳の誕生日を迎えられない状況から、二十世紀半ばには千人当たり三十人、そして現在は千人当たり四人にまで下がった。さらに子を生める年齢の若い女性が前よりも多くなったこと（過去の人口増加の結果）、そして前よりも多くの子が生き延びられるようになったためにこの傾向はさらに強まり、人口が以前よりゆっくりであるにせよ増え続けていた。

避妊の歴史

乳児死亡率が低下し、平均寿命が長くなると、次はだいたい女性が生む子どもの数が減るという現象が起こる。しかしそのためにどのような方法がとられていたのだろうか。このころ効果的な避妊具は出回っておらず、全体として安く手に入るものではなかった。簡単で便利な経口避妊薬（ピル）の登場は数十年後で、そのころ入手できるものは高価で面倒で、見つけるのも難しかった。

何らかの形の避妊法は、少なくとも古代エジプトでも存在していたことがわかっている。そして産児制限の一方法である中断性交（膣外射精）は、聖書にも記されている。授乳中は妊娠しにくくなるので、結果的に生む子の数が減ることを、古代エジプト人が知っていたことを示す証拠がある。古代エジプトでは年間の人口増加率が平均わずか〇・一パーセント前後だった要因の一つもそこにあると思われる。[5] スパルタ人が嬰児殺しを行なっていたのは有名な話だが、それはおそらく多くの社会で行なわれていたことだろう。ただし中絶と同じく、最近まではっきりしたことはわからなかった。十一世紀のペルシャの思想家イブン・スィーナーは、殺精子剤、性欲抑制剤、そして今で言うリズム法を勧めた。十三世紀のカトリック教会はそのような薬に反対し（性交のタイミングを調整することには反対しなかった）、出産奨励主義を打ち出した。教会はいまだ公式にそれを廃止していない（ただしデータを見ると、現在ほとんどのカトリック教徒は無視しているようだ）。遅くとも十八世紀には、ヨーロッパの大都市ではコンドームが（違法であることも多かったとはいえ）公然と販売されていた。避妊の他に性病の感染予防という目的もあった。[6] 多くの土地で、離乳を遅らせると次の妊娠を遅らせることができると理解されていた。

自然な方法で家族計画を行ないたいと思う人々にとって邪魔になっていたのは、法的な規制だった。アメリカ人医師のチャールズ・ノウルトンは、一八三〇年代に『哲学の成果　若い夫婦の秘密の友』という本を出版したかどで告発され、罰金を科され、重労働の刑を宣告された。その本は一八七〇年代にブリテンで、チャールズ・ブラッドローと同志であったアニー・ベサント（聖職者と結婚していたこともあり、マッチ工場で働く女性たちのストライキのオーガナイザーとなり、のちにインド国民会議を創設した）の手によって出版された。ブラッドローとベサントも訴えられたが、国の思惑とは逆に、基本的な避妊具の使用が、お金を出せる層の間に広がる結果となった。

　避妊を公にすることへの反感は激しかったが、他の意見もしだいに目立つようになった。マルサスは禁欲と晩婚を勧めたが、労働者階級に産児制限を浸透させたリチャード・カーライルはそれをよく思っておらず「二十五歳くらいで一度も性交渉を持ったことのない女性は……顔色が悪く無気力となり……神経質そうにそわそわする」[7]と述べている。当時医者はほとんど男――たいてい想像力に乏しい――だったので、性についてのあらゆる珍妙な説が生まれた。性の不満についての著述家として有名な十九世紀の作家ウィリアム・アクトンは「つつましい女性は、自分から性的な満足を求めることはほとんどない。夫の抱擁に身を任せるのは夫を満足させるためで、子どもを生みたいという欲望がなければ、夫の目から解放されることを望むだろう」[8]。出生率が低下したのは、ある程度までは、晩婚化のおかげだ。多くの女性が結婚を遅らせるようになった理由の一つはおそらく、女性のための〝中産階級〟の仕事の出現にある（タイプライターが一八六八年に発明され、その後数十年で普及し、タイピストと秘書の需要が生まれた。それは女性向きの〝堅気〟の仕事とみなされた）。一八七〇年代には、結婚式の日に三十歳を超えている花嫁は、せいぜい十人に一人くらいだった。しかしエドワード朝になると（特に一九〇六年から一一年）、その割合は二倍になった。

つまり結婚する出産可能年齢の女性が減り、出産可能期間の少なくとも一部を、結婚せずに過ごす女性が多くなったのだ。当時は世間体を重視する風潮が広まり、婚姻外の出産はほとんどなかった。そして長く独身でいる（そして婚姻外で子を生もうとしない）女性が増えただけでなく、結婚している夫婦の間でも出生率は下がっていた。一九〇五年、医学雑誌の『ランセット』の計算によると、結婚している夫婦の間に毎年生まれる子の数は、出生率が一八七〇年代と同じレベルだった場合よりも三十万人少ない。

「もう私は欲しくありません」

これが果たして禁欲あるいは適切なタイミング法（性行為そのもの、あるいは月経周期に合わせた）、あるいは両方をそれなりに行なった結果なのかはわからない。曾々祖父母の寝室で正確には何が起こっていたかは謎のままだ。しかしいくつか興味深い手がかりがある。第一次世界大戦直後、上流階級でもトップクラスの貴婦人だったマーゴット・アスキス（ヘンリー・アスキス元首相の妻）は、ブリテンの政治家オズワルド・モズレーの最初の妻シンシア（ジョージ・カーゾン卿の娘で労働党女性下院議員）が第一子を生んだあと、次の子をあわてててつくるべきではないと助言したと伝えられている。「ヘンリーはいつも、ちょうどいいところで身を引いてくれるの。とても上品な人だわ」[9]。それを聞くと、アスキスは自分が仕える君主の父であり、ビクトリア女王の夫であったアルバートよりも器用だった、あるいは気遣いができるタイプだったのは明らかだ。ビクトリア女王はアルバートについて「ああ！　あの身勝手な男たちが、貧しい奴隷がどんな経験をしてきたか知っていたら！　あの惨状の原因となったのはあの人たちなのに。そして貧しい女性たちの傷つきやすい心をどれだけ踏みにじったか……特に傲慢な医者たちが」と不平をこぼしている。[10]

社会の底辺に近いところでは、アスキスが実践していた方法とそれほど違わないと考えられるが、イングランド東部の田舎町フェンズに住んでいたアイーダ・ヘイホーの回想録では代わりの方法として、こんな話が語られている。「夫が寝たあともずっと起きています。夫に『こっちに来ないか？』と呼ばれたら『寝る前にこれを繕わなくてはいけないの。朝に取りに来るから。あなたは先に寝てて。これは今夜中にやってしまわないと』」。ヘイホー夫人の言い分はよくわかる。「もう三人の子がいます。もう私は欲しくありません。母は十四人の子を生みましたが、私はそんなのはいやです。だから起きて繕い物をしています。私がベッドに入るころには夫は寝ています。簡単でしょう？」[11]

産児制限の受容と大衆化への戦いは続いていたが、賛成派の中に新たな一派が現れた。それは優生学者で、あつかましくも自分たちで国の人間の〝血統（stock）〟と呼ぶものの質を重視して、管理しようとしていた。

子どもの数が減少する傾向が他の国にも及ぶと、急速に核家族化した都市部の近代化された人々と、田舎に住み続け、子どもを多くつくる小作人と農業従事者との間にはっきりした格差が生じるようになった。しかしイングランドはそれに当てはまらなかった。国の大きさを考えると、イングランドの郊外の居住地は、都市に近いためどうしてもその影響を受ける。手ごろな大きさの町はほぼ、いちばん遠い居住地でも鉄道なら短時間で行ける距離にあった。ラ・フランス・プロフォンデのような、近代の影響から離れた桃源郷や、アメリカの奥地、いちばん近い道路からでも歩いて丸一日かかるロシアの森林の奥深くの土地に匹敵するものはなかった。そのためたとえ片田舎であっても、イングランド人は町の近代的な生活習慣をとりいれ、あっというまに子どもの数が減った。

イングランドの人口増加速度が落ち始める

十九世紀後半、五百万から七百万人がＵＫ（アイルランドを含む）から出て行った。大量の移住者がイタリアやロシアのユダヤ人特別強制居住区域ペールなど、遠く貧しい地域からアメリカ合衆国を目指し始めると、ブリテン諸島からの移民はしだいにアメリカを避けて、植民地（たいていはカナダ、オーストラリアなど）へと向かった。それだけの数の移民が流出したため、自国の人口は減った。その一方で、これまで見てきたとおり、海外へと移住した人々の多くはその土地で農業に従事したため、彼らがつくった安い食物によって労働者階級の生活水準が向上し、人々の寿命が延び、ＵＫの人口増加へとつながった。

人口に関するデータ量が増えると、人口増加を左右する三つの要因が浮かび上がってきた。第一に、女性が生む子どもの数は減るが（晩婚や産児制限の知識の普及や避妊具が入手しやすくなったことで）、過去の人口増加によって以前より出産可能な若い女性の数が多くなっているため出産数も多い。第二に、毎年の死亡数、特に少なくとも二十世紀初めからは乳幼児の死亡数の減少。第三に、大規模な数の人が国を出る一方で、国内に移住してくる移民の数はまだ限られていた（例外はロシアからのユダヤ人の移住で、ほぼ一八八〇年から一九〇五年に集中していたが、どの一年をとっても一万人を超えたことはなく、ユダヤ系イギリス人が全人口の一パーセントを超えたこともないので、全体的な規模に影響を及ぼすほど多くはなかった）[12]。これら三つの要因が重なり、最終的に人口は増え続けたが、その増加率は二十世紀前半には年間一・三五パーセントだったのが、後半には一パーセント強にまで下がった。それだけ長期にわたって増加速度が落ちたために、二十世紀末の人口は、同じ速度で増加し続けた場合よりはるかに少なくなった。同じ時期、北海の向こう側でも同じような話が進んでいた。ＵＫと似たことが、二、三十年遅れで起こっていたのだ。そしてイングランドの人口増加速度が落ち始めたころに、ドイツはようやく調子が上がり始めていた。

詩人の国から、血と鉄の国へ——目覚めたドイツ

二十世紀前半は、ブリテンとドイツの世界的な対立の時代だったとよく言われる。しかし十九世紀初めなら、それは驚くべきことだっただろう。学校で教わるような歴史は、

ドイツの兵器の効率性――そして最終的には大量殺戮を行なう冷酷さ――、工業や経済の規模や力に注目する。ドイツは一九一四年には、ブリティッシュ・エンパイア、ロシア、アメリカ合衆国を合わせた勢力に、勝つことはできなくても、対抗できたということは広く知られている。しかし十九世紀初期、ブリテンが産業革命のまっさいちゅうに、ドイツは政治的に何十もの小国に分かれていただけでなく経済面ではかなり後退し、むしろ詩人や思想家の国、小君主と小さな公国、近代というよりは中世の趣(おもむき)で、高炉よりはおとぎ話のお城が似合う国とみなされていたことは忘れられていることが多い。

それはゲーテやシラー、ベートーベンやシューベルト、カントやヘーゲルのドイツで、思想、芸術、創造力は豊かだが、制度や地域は分断された農業国という認識だった。勢いのあるロンドンやパリ、そして好景気にわくマンチェスターと比べて、十九世紀の都会的進歩の最先端とは言えなかった。ドイツが急成長して世界の最強国に肩を並べようとする挑戦者として注目されるようになったことには、政治、産業、経済、軍事を含めいくつもの面があるが、人口学的な面は無視されることが多い。ドイツは血と鉄の上に築かれている。ビスマルクはそう言った。私たちも鉄のことはよく考える。大きな武器をつくるための工業力だ。しかし血のことは――国のために死ぬことを受け入れる若いドイツ男性の質だけでなく数も――めったに考えない。

数字の上では、ドイツの人口（ビスマルクの統合戦争のあと、一八七一年にようやく一つの帝国となった）は常にＵＫを上回っていた。しかし十九世紀の間にその比率が変わってきた。一八〇〇年のUKの人口はドイツの半分未満だったが、近代化へのレースで一歩先んじたため、一九〇〇年には三分の二（六十六パーセント）まで上昇した。しかしその時点で勢いは急速に衰え始めていて、出生率が下がり国外への移住者が増えたこともあり、一九一三年には再び六十二パーセントにまで後退した[13]。

ブリテンばかりでなくフランスと比較しても、人口に関してドイツの成長が見て取れる。第一次世界大戦勃発の百年前、ナポレオン統治下の時代には、フランスの人口はのちのドイツの人口を約十パーセント上回っていた。しかし一九一四年にはフランスの人口はドイツの六十パーセント未満に落ち込んだ。ドイツはブリテンを追ってうまく工業化、都市化の進んだポスト・マルサスの世界に加わり、高い出生率を（しばらく）維持しつつ、死亡率は急低下していた。フランスは人口に関しては、まったく違う道筋をたどっていた。その特徴は、出生率も人口増加率も低く、外国へ移住する人も少なかったことだ。ドイツの相対的な人口増加を見て、ブリテンは大きな不安を抱き、フランスではある種のパラノイアが生じた。フランスでは一八七〇年にプロイセンに敗れてパリを占領され、それが一年後のドイツ統一につながったときの記憶がまだ生々しく残っていた。

ドイツの発展には二重の影響があった。もしドイツが分断された寄せ集め国家のままだったら、人口の増加もそれほど問題にはならなかっただろう。また統一されても、人口の増加がそれほど大きくなければ、隣国がそれほど警戒することもなかったはずだ。

ドイツが主要国になったのは、政治的統一と人口増加の両方があったからだ。それでもドイツがのちに追求することになったヨーロッパあるいは世界的支配を果たすには足りなかった。

UKによって舗装された道を、速いスピードで後追いする

ドイツで起こっていたことは、だいたいUKですでに起きたことの再現だった。一八〇〇年には二千五百万人だったドイツの人口は、一八七〇年には四千万人に（年間増加率は約〇・六七パーセント）、一九一三年には六千七百万人（年間増加率はほぼ二倍）になった。[14] 十九世紀半ばには、詩人と思想家の土地は血と鉄の土地に変わっていた。そして鉄鋼と石炭の土地になっていたのは言うまでもない。ブリテンにやってきていた工業化の波がドイツにも訪れ、ブリテンが得たのと同じ多くの恩恵をもたらした。たとえば堅実で、ある程度読み書きのできる勤勉な人々、そして不可欠な材料を入手するルート。一八八〇年から一九一三年の間に、ドイツの製造業はブリテンの三分の一のレベルから肩を並べるまでになった。[15]

工業化が始まったばかりのドイツの状況は、ブリテンがそうであったように過酷なものだったが、やはりブリテンと同じように時間をかけて発展し、やがて都市の労働者とその家族の生活水準は、農民だった祖先が望むべくもない高いレベルに到達した。つまり子どものうちに死ぬことが減り、寿命が延びる一方で、まだ出生率も高いままだった

ため人口が急激に増加した。ブリテンと同じく、ドイツもマルサスの罠を抜け出しつつあったのだ。ただしブリテンは先頭を走っていたため大きな苦労がともなったが、ドイツはすでに舗装された道を追っていたため、もっと速く走ることができた。工業化の後発国は、すみやかにそれを取り入れられるため、すばやい社会変革も可能になり、人口増加の初期スピードも速くなる。

十九世紀末にはドイツ女性の生む子の数が減ったが、乳児死亡率も低下していたので、人口は増え続けた。ブリテンと同じく、ドイツもヨーロッパ以外の国（ロシアも）からの安い食物の恩恵を受けたが、それだけでなく耕作地の増加とテクノロジーの向上で自国の農産物生産量も増加した。農業機械はより効率的になり、肥料も広く使われるようになっていた。そしてドイツ政府も支援を熱心に行ない、関税を通じて農業従事者を保護していた。ということは、国民は国外からの安い食物の恩恵を完全に受けていたわけではないということになる。またドイツは巨大な帝国ではなかったので、小さな植民地を持っていただけでも、安い食物と健康的な都市から受ける恩恵はかなり大きかった。新たに統合された国は教育と社会保障制度に力を入れた。それは社会の底辺に生きる人々が、それまでの乳児死亡率が高く、幼児期を無事に過ごしても若くして死ぬ人が多い生活から抜け出す助けとなった。ビスマルクが国を統一したとき、平均的なドイツ人は四十歳まで生きられるとは思っていなかった。第一次世界大戦が始まったときには、五十歳近くまで生きられるようになっていた。この点でドイツはまだブリテンに遅れを取っていたが、急速に追いつこうとしていたのは明らかだ。[16]

田舎、下層階級では大家族が続いた

水面下をのぞいてみると、国内の状況、そして場所によってどれくらい違うか、いくらかの見識を得ることができるだろう。ブリテンと違って、都市と田舎では、女性が生む子どもの数に大きな差があった。ドイツの田舎ではまだ大家族が多かったが、都市では子どもの数が減っていた。それはブリテンとは違うパターンだが、それ以降に発展した国では共通している（これはのちに健康で多産な農民が、都市の生活に毒されず、支配民族のために子どもを生み続けるというナチスの考え方にも見られるようになった。対して町の住民は不健康で退廃的で、物質的な快楽の追求にばかり熱心で、子を生むという祖国の義務を果たさないとされた）。国家レベルでそれが重要なのは、町や都市で暮らす人がどんどん増えていて、国全体が田舎ではなく都市の様式を反映するようになっていたからだ。ドイツの人口がふくれあがるにつれ、都市化も進んだ。たとえばベルリンの人口は、一八〇〇年から一九一〇年の間で、二十万人未満から二百万人を超えるまでになった。

都市と田舎の違いの他に階級による格差もあり、それはブリテンに近かった。一般的に貧しい家族ほど大家族になる。従来は貧困層の乳児死亡率が高く、富裕層ほど大家族だったが、避妊が社会の最上層から普及し、なかなか下層階級まで行き渡らず、全体的に生存率が上昇したため、そのパターンが逆転した。都市部と地方の格差が世界中で見られるパターンとなったように、階級格差も一つのパターンとなった。大家族は貧乏、無学、粗野を連想させるようになった。子どもが一人か二人、せいぜい三人の核家族が、豊かで都会的な人々の特徴となった。彼らはそれぞれの子が人生で有利なスタートを切れるよう、子どもの数を制限することを選んだ。そしてどんな手段であれ、何らかの形の産児制限を実践する財力と知識を持っていた。ドイツでもＵＫと同じように、晩婚化が出生率低下の一つの要因だった。

さらにドイツのデータを細かく調べたところ、カトリックとプロテスタントの間にも格差のようなものがあることがわかった。前者は大家族主義で、人工的な産児制限を受け入れる時期が遅かった。[17] この差はどこの国の内部（ドイツ、ＵＳ、カナダの仏語圏と英語圏）でも、国ごとに比較したときでも（イタリアとスウェーデン、アイルランドとブリテン）、二十世紀後半まではふつうに見られたが、その後、産児制限を否定する教会に信者が従わなくなると格差も減る。

国外へ送り出すブリテン、国内にとどまるドイツ

簡単に言ってしまうと、ドイツでは第一次世界大戦が始まるころには家族の人数が減っていたが、ブリテンに比べればまだ大家族だった。そして死亡率は急速に低下していた。これら二つの要因で、一九一四年までの約五十年で、人口が大幅に増加した。それに加えて、当時ドイツの人口増加を促した大きな要因がもう一つある。それはブリテン

とは逆に、国外への移住者が減少したことである。[18] もともとブリテンのほうが国外への移住者は多かった。たとえば一八八〇年代、ブリテンの国外移住者はドイツの二倍だった。しかし一九一四年直前の時期には九倍になっていた。

十九世紀にはよりよい生活を求めて国外に移住したドイツ人も多かった。行き先は主にアメリカ合衆国で、そこで人口の大きな割合を占めた。アイゼンハワー大統領の家族はドイツ西部のザールラント州の出身で、ドナルド・トランプの父親の家族は、やはりドイツ南西部のカールスシュタットからの移民だ。しかし工業化が進み始めると、特に統一後は、ドイツ国内で多くのチャンスが得られるようになった。英語を話せる広大な世界はブリテン人にとっては家族の絆やなじみのある言語や政治システムが備わってい て魅力的だった。しかしドイツが小国の寄せ集めから、統一された国家として急成長を始めると、ドイツ人にとってなじみのないアングロ世界へ移住することの魅力は減ってしまった。これまであまり言及されてこなかったが、UKとドイツという二つの大国の移住パターンは、ある意味、二十世紀の両国の戦略に反映されている。人口が急増していたドイツは、やがて両大戦の東部戦線と西部戦線に大軍を送り込んだ。国外に移住する者が多かったブリテンは自国でそこまで大きな軍を召集することはできなかったが、戦時中、世界中に広がるネットワークに、食料、装備、人的な支援を要請することができた。

膨張するロシア、二十世紀初めの人口はUKの三倍に

十九世紀も終わりに近くになると、ブリテンは未来が自分と植民地の子孫たちの手にあるという自信を失いかけていた。セシル・ローズのような高慢な態度は少なくなり、代わりにラドヤード・キプリングが一八九七年に書いた『後退（Recessional）』という詩のような声が聞こえるようになった。

はるか遠くで、我々の海軍は消え失せ
砂丘と岬で火は消える
見よ、きのうまでの華やかさ
ニネヴェやティルスのように

ブリテン人の脳裏につきまとったのは、聖書のニネヴェとティルスの崩壊よりもローマ帝国の凋落（ちょうらく）のイメージだった。どこで人口が増えているかを見れば、ブリティッシュ・エンパイアを失墜させるのは誰かがわかる。アメリカ合衆国は勢いよく疾走中で、十九世紀末には人口でUKをはるかに上回り、その規模を維持する力もはるかに大きかった。しかしこの時点でブリテンはまだ、アメリカは遠く離れているし、なんといっても姉妹国であると自らを慰めることができた。このころ〝（英米は）特別な関係〟（訳

注・チャーチルのスピーチで使われて以来、伝統的に英米の関係を指す）という言い方はしなかったかもしれないが、その関係を築くための種はすでにまかれていた一方、強い競争意識と猜疑心があったのは間違いない。フランスは人口に関してはまだ規模が大きかったが、人口学的にも工業的にも、ブリテンと同じように成長は停滞していた。ドイツが成長中だったのは現在でも知られているとおりで、のちにそれがブリテンにとっての主な不安の源となる。日本は地理的に離れていて、特に一九〇五年の日露戦争以前はまだ人種差別が激しく、深刻に受け取られておらず、帝国の脅威になるとは思われていなかった。工業と人口の両方に成長が見られ、脅威になりそうな国はロシアだけだった。

世界の舞台に立つには工業の発展と人口増加の両方が必要であることを考えると、十九世紀のロシアはアンバランスな状態にあった。工業発展のレベルは低く、まだほぼ農業国であり、農民が農奴という立場から解放されたのは一八六〇年代だった。工業化は限定的で、大きな町や都市はほとんどなかった。政府は工業化と都市化が進めば、政情不安で革命に向かう力が生まれ帝政の体制が脅かされると恐れていたのだが、それは正しかった。一方、少なくとも鉄道と兵器製造工場の発展が遅れたロシアが戦場で負けるのは決まったようなもので、それはクリミア戦争で実証された。

『アンナ・カレーニナ』のヒロインは、列車＝機械に殺された

一方、ロシアはブリテンほど工業が強くなくても、膨大な人口の力によって西、東、

そして南の隣国を飲み込んでいき、世界最大の地続きの政治的統一体を築くことができた。それはいまだに続いている。しかし同国の人口の大半が読み書きのできない農奴で、他と比べて遅れた国のままでは、人口で優位に立ててもその先は限界があった。そこでロシアはどこへ向かうべきかが問題となった。ロシアは今後もずっと、農民のルーツである正教会に忠実であり続けるべきか、変化するべきか。変化するなら西洋のパターンを追うか、独自の特別な道を見つけて進むべきか。これらはゲルツェンからトルストイまで、十九世紀後半のロシアの思想や文学によく見られたテーマである。トルストイの小説『アンナ・カレーニナ』のヒロインが、最後に列車の前に身を投げて死ぬのは、偶然ではないだろう。伝統的なロシアの妻の役割を捨て、変化を象徴する機械の怪物に滅ぼされることを選んだのだ。結局のところ、急速な人口増加を含めて、近代化の力には逆らえないことが明らかになった。しかし工業化においてロシアはとても低いところからスタートしたが、人口規模についてのスタート地点はとても高かった。二十世紀初め、ロシアの人口はＵＫの三倍であり、さらに増え続けていた。[19]

ロシアの人口増大の規模を把握するには、三つのデータを理解するだけでいい。第一に、ロシアの人口は十九世紀の間に四倍以上になり、世紀末にはさらに増加が加速した。つまりブリテンが減速し始めたとき、ロシアは逆にペースを上げていたのだ。第二に、第一次世界大戦が始まるころ、ロシアの人口は年間一・五パーセント成長していた。ブリテンより、そしてドイツよりも速い。そのスピードだと、人口は二世代でほぼ倍になる。第三に、一九一四年にはロシアの人口は一億三千二百万人、ヨーロッパの国としてはかつてない大きな規模だった。[20] しかしロシアの状況はきわめて過酷で、工業従事者も例外ではなく、農民ならなおさらだった。トルストイの弟子の一人が、一八九一年の飢饉の救済運動を手伝っていたとき、絶望してこう嘆いている。

日がたつごとに農民の生活は貧しさと悲惨さが増していた。飢えている姿は悲痛であり、その苦しみや死の中に、広大で美しく設備の整った荘園が見えることに、なおさら心をかきむしられる。そして地主たちは陽気に狩猟と舞踏会、宴会、演奏会を楽しむ、古き良き生活を続けている。[21]

それでも長期的な視点に立つと、農民の生活が悪化していたわけではない。ふつうのロシア人は物質的には貧しく、金持ちと貧乏人の格差が怒りをかきたて、それがやがて革命で爆発したとも考えられるが、状況はよくなっていた。悪くなっていたということはない。ここでも鉄道が敷かれ、新しい技術の導入によって食料が以前より多く出回るようになり、ごく基本的とはいえ公衆衛生活動も行なわれていた。不作になることも減った。こんにちの基準からすると、あるいは当時のブリテンやドイツを基準にしたときでさえ、ロシアは貧しく未開の土地に見えた。それでも人々は自分と子供たちの生活を最優先に考えれば、（物質的環境は向上していたため）生命を維持することに資源を注ぎ込むことになる。そのような環境では、生存率や死亡率が改善し、人口規模は大きく変わる可能性がある。さらにロシアでは、家族の数は多いままだった。十九世紀にロシア女性は平均七人の子を生んでいた。早く結婚して多くの子を生むのがふつうだったが、それが第一次世界大戦のころになると、減り始めた。しかし生き残る子も前より増えていたため、人口は増加していた。

新たな移民——イタリア人、ユダヤ人などがアメリカへ

人口競争において最初に一頭地を抜いたのはブリテンで、僅差でドイツとロシアが追っていた。フランスは驚くほどおとなしく、スタート地点のそばでうろうろしていた。他のヨーロッパの国も動き始めたものの、まだずっと遅れていた。ヨーロッパにはブリテンを追って人口が増え始めたところもあったが、十九世紀の間はその数は少なかった。イタリア、スペイン、オーストリア＝ハンガリーは、まだ農民が主流の、大家族でありながら乳児死亡率も高いという苦しい生活から抜け出せずにいた。たとえば一九〇〇年のイングランドの平均寿命は四十八歳を超えていたが、スペインは三十五歳に達していなかった。オーストリア＝ハンガリーの一部では、十九世紀後半から二十世紀初頭にかけて進歩が見られ、ブリテンに差を広げられる速度は遅くなった。スペインとイタリアはそこまで行っていなかった。無敵艦隊の時代、スペインの人口はブリテンの二倍だったが、三百年後には半分になっていた。その間にスペインに対するブリテンの見方は、

危険なライバルかつ実際の脅威から、警戒に値しない国へと変わっていた。当然ながら、これはスペインの帝国消滅と国内の経済的衰退、ごくわずかな領域以外で近代化と工業化が進まなかったことと強く関わっているが、それだけでなく人口バランスの相対的な変化とも関係があった。ビクトリア女王時代のブリテンにとってスペインは、エリザベス一世時代のイングランドのときほど恐るべき相手ではなかった。スペインはすでに大きな世界的脅威ではなく、暑くて汚い、時代に取り残された国にすぎなかった。そのような変化の理由のほとんどは、人口で説明することができる。

十九世紀後半になると、イタリアとオーストリア＝ハンガリー帝国からヨーロッパ以外の国に人々が移住し始めた。これはブリテンでは数百年前から起こっていたことだ。二十世紀の初めにアメリカの大都市が、シチリアの農民やハプスブルク領の各地（加えてロシアのユダヤ人居住区域）からやってきたユダヤ人でいっぱいでなければ、その分母国に残った人の数はもっと多かっただろう。たとえば一八五〇年から一九一三年の間に、イタリアの死亡率は年間千人あたり三十人だったのが、二十人強まで減少する一方で、出生率の低下速度はもっと遅かったため、この期間の人口の自然増加率は年間千人あたり八から十三へと上昇した。鉄道の登場で安い食料と近代的な生活様式がヨーロッパ大陸の奥深くまで浸透し、より多くの子どもが生き残れるようになった。その子どもを連れて新世界へとわたる人が増えたため、元の国での人口増加が抑制された。

第一次世界大戦が始まる三十五年前に、四百万人のイタリア人がアメリカへと移住し、さらに多くの人が他の土地、たとえばアルゼンチンへと向かった。これらの国への移住はアメリカにとっては朗報だった。アメリカでは第一次大戦前に多数の移民が押し寄せて、人口がふくれあがっていたのだ。一八八六年に自由の女神が寄贈されて以降、それまで移民を多く送り出していた国――ブリテン諸島とドイツ――から女神の松明に迎えられる移民の数は減り、ヨーロッパよりも遠い国からの人々が増えた。これらの人々は故国での貧困や（ユダヤ人の場合は）迫害に苦しんでいたが、独特な人口増加も経験していた。これら身を寄せ合って生きる大衆とその子孫たちはまもなくアメリカ人となり、新たな祖国に人口上の優位性をもたらして世界の主導者たる地位へ押し上げる一助となった。彼らの出生率は、新世界へ到着してまもなく低下し始めたが、しばらくは高いレベルを維持したため、到着してから数十年、人口は膨らみ続けた。アメリカ合衆国に住む六百万人のユダヤ人は、圧倒的にこの十九世紀末から二十世紀初頭の人口移動の産物だ。こんにちアルゼンチン人の六十パーセントがイタリア系を自認しているのも同じ理由である。

移民の状況と生存率は時間がたつにつれて向上し、犠牲も小さくなったが、二十世紀初めになっても、南欧、東欧からエリス島へと移動した大集団が、愉快な経験をしたとは想像すらするべきではない。アメリカに入ってくる移民の状況を調べるため、あるアメリカ政府の検査官が、身分を隠して送り込まれた。その検査官は報告書にこう綴っている。「三等船室に滞在していた十二日間の生活は無秩序で、まわりのあらゆるものが感覚を逆なでした。胸が悪くなるほどの悪臭を耐えられたのは、海からの風のおかげだった」。肉と魚からはいやなにおいがして、野菜は「ぐちゃぐちゃで何かわからないもののごたまぜ」だった。この時代に東欧から移住した少年は「ぼくらは三等船室で、まさに家畜のように身を寄せ合っていた」と述懐している。[22]

新たな移民はだいたい主流の文化に同化すると思われているが、彼らはアメリカを変えた。第一次世界大戦後、ウッドロー・ウィルソン大統領はブリテン人に、彼自身、あるいは彼と同郷の人々にひいきしてもらえると思うなと釘を刺した。「私たちは従兄弟として、ましてや兄弟としてここに来たと考えてはいけない。また私たちをアングロ・サクソンだと思ってもいけない。その言葉はアメリカ合衆国の国民を正しく表すものではなくなったのだ[23]」

〝反マルサス主義〟人口減少への懸念

二十世紀初頭、ブリテンの人口増加はいつ止まってもおかしくない状態だった。それまでに人口が急増し、多くの若者が子どもを生む一方で、老人の死も減った。それはつまり、一人の母親が生む子の数は少なくても、まだ死者の数を補えるほど多くの子が、毎年生まれていたということだ。これは粗出生率は高くても、合計特殊出生率が低下しているパターンである。しかしそのうち、一人の母親が生む子の数がどんどん減っていくと、人口は横ばいとなり、やがて減少へと転じる。当時の人口に関する研究は未熟だったので、それが完全に理解されているわけではなく、ほとんどの人は無関心だった。それでもこのころブリテンには、〝反マルサス主義〟と呼ばれるものの最初の徴候が見られた。これは人口が(マルサスが恐れたように)増えすぎるのではなく、減りすぎることへの懸念である。ある意味で、これは目新しいものではなかった。

人は自分たちの国の人口規模について、特にライバルである国と比較して心配することが多い。フランスは普仏戦争で完敗を喫してから、この問題に強くこだわるようになった。フランス第三共和政が成立したばかりのころ、ある評論家がこう不満を述べている。「フランス政府は人口が減少しつつある国を管理する独身者たちの集まりだ」。しかしブリテンではこのとき初めて、近代化の過程で起こった人口増加の減速に、国が気づいて反応をした。このときは〝民族自滅〟という話題があり、一九〇六年に英国婦人科学協会会長のジョン・テイラーが「わがままな夫婦が避妊を行ない、生命を維持しようとする医者の愛国的な努力に対抗していることに、大きな不満と嫌悪を抱く」と嘆き「ここに書かれていることはすべて、現在の世代の不道徳で不自然な習慣によって、排除されてしまう」と書き加えている。[24]

〝社会的ダーウィニズム〟、優生学者の出現

ブリテン人は数だけではなく質についても心配していて、これは優生学者の出現にも見られる。ボーア戦争中となる二十世紀初め、軍隊の新兵採用担当者が、スラム出身の

労働者階級の少年たちにくる病やぜんそくを持つ者が多く、その健康状態の悪さについて不満を述べていた。ブリテンはスラム街で軍隊には適さない民族を生んでいる、そしてボーア人を打ち負かすのに苦労したのは警鐘だったのではないかという懸念が生じていた。同時に、〝社会的ダーウィニズム〟と呼ばれるイデオロギーが広がっていた。動物種は常に生存競争をしているという、数十年前のダーウィンの著作に刺激され、多くの知識人が国家もそのような戦いを繰り広げていると考えるようになった。彼らはドイツ人が増えるだけでなく、ロンドンのイーストエンドやグラスゴーのスラム出身の少年たちより適応力が強くなるのではないかと心配し始めた。ロイド・ジョージや若かりしころのウィンストン・チャーチルの後押しによって、そのころつくられた初歩的な社会保障制度の背後には、そのような考えがあった。優生学運動に影響を受けた人々の中には、適応力のないものは治療するよりうち捨てるほうがいいと考える者もいた。優生学者のジョン・ベリー・ヘイクラフト医師は一八九五年の著書『ダーウィン主義と民族の進歩』で結核について触れ「伝染病が撲滅されたら、弱い人間を生きながらえさせることになる」と述べている。(25)

人口増加速度が落ちていたことへの不安は、メディアの話題にもなった。一九〇三年の『デイリー・メール』紙は出生率の停滞と結びつけて、「民族の衰退」への懸念を示している。勝利は「大きいほうの集団にある：新生児室を満たすことが国家と民族の優位につながる」と、彼らは信じていた。『ウェストミンスター・ガゼット』紙の記者

J・A・スペンダーは、一九〇七年に出生率の低下は一般的に〝衰退の兆し〟であると述べている。数の問題と質の問題が混同されるという心配は、ジェームズ・バークレイが一九〇六年に発表した、裕福な人ほど子どもが少なく、貧しい人は多く子を生むままであるという指摘によってさらに高まった。マルサスの時代、まだ生活がはるかに苦しかったときには、裕福な人は多くの子の生命を守ることができ、貧乏な人は子を失うことが多かった。すると貧乏人に比べて裕福な家族が自然に多くなる。経済的に大きな発展が少ない状況では、上層部にとどまれる人の数は限られているため、上の階層に生まれた人でも、その多くは序列が下がることになった。

しかし当時、このような状況は逆転していたようだ。金持ちが核家族を望み、貧乏な家でも子どもがより長く生きられるようになった。[26] 一九一一年のロンドンでは、裕福な町のハムステッドの粗出生率は千人当たり十七・五、貧しいイーストエンドのショーディッチではその二倍に近かった。[27] 人口問題に国が大いに関心を寄せていたことは、全国出生率委員会（National Birth Rate Commission）の設立にも表れている。設立したのは公的機関ではなく全国公共倫理委員会で、その一九一一年のマニフェストは、三人の下院議員、ケンブリッジ大学の二つのカレッジの校長、七人の主教、その他の指導者によって承認された。その中には救世軍の創始者ウィリアム・ブース将軍、フェビアン主義の先駆者ベアトリス・ウェブ、未来の労働党の首相ラムゼイ・マクドナルドなどが名を連ねていた。委員会の議長はボイド・カーペンターとディーン・インゲ、副議長は元法務次官のサー・ジョン・ゴーストだった。一九一三年に活動を始め、その結果が一九一六年に発表された。委員会の結論は、出生率低下の背後にあるのは食料や住居の不足ではなく、避妊具の使用であるということだった。出生率の低下は国力と威信の衰えを意味すると明言したわけではなく、また衰退はヨーロッパ北西部全体に見られるということに、ある程度の慰めを見いだしていた。しかしそれだけ関心を集めたということは、第一次世界大戦に突入したこの時期、これが国民にとって重要な話題であったことを示している。委員会は公式な組織ではなかったが熱心にマスコミに寄稿し、アスキス首相は全国委員会からの報告が出るまではこのテーマについて王立委員会は調査を行なわないと、下院で述べた(28)。

下層階級蔑視も人種差別も悪いこととはみなされなかったこの時代、このような議論から、国家の質が低下するのは不可避であると主張する一派が生まれた。上流階級が減る一方で大衆は子を生み続けるため、頭脳明晰な最良の〝血〟（現在なら〝遺伝子〟という言葉が使われるだろう）が、劣等な血に駆逐される。当時、それは階級だけでなく人種の問題でもあったように思える。一九〇六年、『ランセット』は、シドニー・ウェブ（のちのパスフィールド卿、フェビアン運動と労働党の創設者）の著作をとりあげ、毎年「生まれる〝ふつう〟の赤ん坊の五分の二」が失われることは由々しきことだとして、それは「われわれ民族の将来の安泰を大きく脅かす国家的災難である」と公然と述べている。問題は全体的な人口減少だけでなく民族構成だった。ウェブは人口の半分は子の数を制限しているのに、カトリックのアイルランド人と移民のユダヤ人の赤ん坊は「遠慮なく生まれている」と嘆いている。[29]

出生率の低下とその後の人口増加の停滞に懸念を示す声ばかりではなかった。マルサス主義者で自由主義経済学者であり下院議員でもあったマッキノン・ロバートソンは、「国家が衰退するだの、アングロ・サクソンが消滅に向かうだの、上流階級の力が落ちるだのといった大げさな文言」を批判した。こうした反対派は、家族の人数が減れば幸福度が上がり、それ自体が社会的進歩の証であるという事実を歓迎した。[30]子どもの数が減れば親の目がよく届くようになり、子どもの栄養状態もよくなるはずだと。

背景にはドイツの人口増加への対抗心が

人口増加の停滞に対するブリテン内での不安の声は、国内で起こっていることだけでなく、ドイツへの対抗意識の高まりによって大きくなっていた部分もある。ドイツは経済や成長中の国際貿易、あるいは植民地の拡大や海軍で張り合っているというだけでなく、人口増加においてもライバル、あるいは将来のライバルであるとみなされていた。人口はドイツからブリテンに突き付けられた難題の基盤だった。

一時期オーストリア＝ハンガリー帝国の国民だったエミール・ライヒが一九〇七年に出版した『ドイツ人の膨れた頭』が、一九一四年に再版された。そこではドイツの人口は一九六四年には一億四百万人、一九八〇年には一億五千万人、二〇〇〇年には二億人になると示唆されていた。エドワード七世はこのライヒの本を熱心に読んだらしい。このブリテンの君主はドイツ、特に甥にあたるヴィルヘルム二世を毛嫌いしていたことで知られる。王はこの本を軍隊の指導者ら、特にダーラム主教に読むよう勧めた[31]。

ドイツの人口増加を心配していたのはブリテン人だけではない（経済や海軍力の面でのドイツとの競争を心配するブリテン人も増えた）。ブリテンよりも人口に関しては弱くドイツに遅れていたフランスも、少なくとも普仏戦争、アルザス＝ロレーヌの喪失、その後のドイツ統一を経た一八七一年以降、出生率と徴兵率について懸念していた。実のところ、フランスの人口減少への懸念は、遅くとも十九世紀初めにまでさかのぼることができる。そして第一次世界大戦が勃発したときには、ドイツの人口増加のペースは明らかに落ちていた。一九一〇年の人口増加数は八十万だが、その五年前は八十五万人だった[32]。それでもそれは一時的な停滞なのではないかという心配はあった。ドイツはずっと子どもの数が多く、一九五〇年には人口が九千五百万人に達していた。何よりも、ドイツの人口が増え続けているということは、その後の五十年間、戦場で前線に大量の人を送り込めるということだ[33]。

アメリカは人口が急増していて、人口という面でドイツに負けるとは感じていなかっただろう。そのためフランスやブリテンが恐れたように、ドイツが人口を増やし軍事力を高めて、他国を侵略しようとするのではないかという、直接的な脅威はなかった。アメリカの心配はむしろ、アメリカ合衆国に住む多くのドイツ人だった。こうした懸念を表明していたのは、戦時中、連合国を維持していた人たちや、のちに〝第五列員〟（敵を支持する人）と呼ばれる者に対するアメリカの警戒を高めようとする人々だった。そのような不吉なことを予言した一人が、ハワード・ピッチャー・オウキで、一九一五年に『アメリカとドイツの危機』という著書で、こう指摘している。一九一〇年の調査によると、アメリカにドイツ生まれの男性が百三十三万七千七百七十五人いた。その四十パーセントは二十歳から四十歳で（そのためドイツでの軍役はすませていたと考えられる）、そしてアメリカに住む一千万人がドイツ生まれか両親がドイツ生まれだった。オウキはさらにニューヨークだけで、アメリカ常備軍全体の二倍のドイツ人男性がいると述べている。[34] 人口増加についてのドイツ人の見解は、そこまで明確ではなかった。彼らはそれを誇りに思っていたかもしれない。少なくともエミール・ライヒはそうだった（それでも前章で論じたような世界を支配するという傲慢なアングロ・サクソンと同じレベルには達していない）。バルト系の作家、評論家、そして大国ドイツ支持のポール・ローバッハは、ドイツの人口増加はその「自然で倫理的な強さ」の証拠と考えるべきだと述べている。[35] その一方で、ＵＫがそうだったように、第一次世界大戦前に、下層階級が上層階級より多く子どもをつくるという認識があり、それはやはりＵＫと同じように、社会的ダーウィン主義と優生学者の見解を背景にした理解だった。ドイツの人口過剰に警告を発していた社会評論家のフェルディナンド・ゴールドスタインは「プロレタリア階級が世界を手に入れ、それがこんにちのフランスのような、凡庸さの勝利へとつながる」ことを恐れていた。それに加えて、ドイツの人口増加のスピードがブリテンより速いといってもロシアよりは遅かったため、今度はそれがドイツ人の間に不安を生むことになった。(36)

一方、ドイツはロシアの人口増を懸念、第一次世界大戦へとつながる

ブリテン、さらにはフランスまでが、東に目を向けてドイツの人口増加を心配していたように、ドイツもまた東に目を向けて、ロシアの人口増加を心配していた。これは当時のドイツの学者やジャーナリストの著作に見ることができる。いまでは忘れられて久しいが、全盛期には影響力を持っていた人々で、第一次世界大戦が近づくにつれて、敵対心と外国嫌いのムードを生みだし、ある部分ではそれを引き起こす原因となった。フェルディナンド・ゴールドスタインは、間違った種類のドイツ人ばかりが増えて、正しい種類のドイツ人はあまり増えないことを苦々しく思っていた。それ以外にも「本当の危険はスラブ人が考えなしに子どもを生むことだけだ」とも言っている。フリードリッヒ・ロネは一九一七年に、ドイツの人口増加のスピードが落ちれば、軍事、経済における光は消え、「人口が増え続ける国々が世界経済でいまのわれわれの地位を奪うだろう。そしてドイツは光の中での居場所を失う」と論じている。(37)戦前には、避妊法が広がるのを抑える制度をつくるさまざまな取り組みがあったが、ほとんどうまくいかなかった。どのみちそれらの動機は大衆の道徳観念を守ることであり、カトリック中央党が先頭に

立って行なったもので、ドイツの軍事や経済力を心配してのことではなかった。戦後、ハンス・アルブレヒトは「結局のところ、ヴェルサイユ条約の軍事縮小条項など、ドイツに軍隊を維持できるほどの数の人間がいないという事実に比べれば、重要なことではなくなるだろう」という懸念を示している。

無限にも思えるロシアの人口増加は、ドイツの評論家にとって本当に不安の種であり、同じようにフランスの評論家にとっては、ドイツの多産能力とドイツ的なものが分かちがたく結びついていると思われた。人口の急増、産業と軍事力の増大によってロシアが台頭してきたことに対し、公然と懸念を口にする歴史学者フリードリッヒ・マイネッケのような著名人の意見は、ベートマン・ホルヴェーク首相が一九一四年に下した「いまやらずにいつやるのか」という戦争についての決断の後押しになっていたはずだ。ベートマンの秘書クルト・リーツラーは、戦争勃発の数年前に上司が「ロシアの増えていく要求と計り知れない爆発的な力が、数年後にもう抑えきれなくなる」と語ったことを記録している。(38)

人口転換を早く経験した国と遅く経験した国の間で、人口増加のスピードの差が（後者が上回る形で）広がっていただけでなく、誰もがその事実に気づき、評論し、心配するようになっていた。そしてこの心配が、一般的な国家間の敵対心と緊張ムードを高め、そしてその一部となった。そのムードこそが当時の世界情勢の特徴で、国家間の関係を損ない第一次世界大戦へとつながった。

しかし二つの前提条件を説明しておかなければならない。第一に、人口は問題の一部にすぎない。ブリテンには子どもの数や人口でドイツに負けていることよりも、製造でも貿易でも負けていることについての不安が大きかった。ドイツはロシアの軍事力増強について強い不安を抱いていたが、同時期の人口増加について認識してはいたものの、それ自体が大きな不安材料ではなかった。それは将来、問題となる可能性のあることで、当時は商業上の競争が問題を起こしていて、そちらのほうが差し迫った懸念だった。第二に、人口についての懸念は国際競争の話というだけではなかった。まだマルサス主義、そのころは新マルサス主義を標榜し、人口増加は問題だと考える人、さらに人口増加が世界的な人口規模や国際情勢に与える影響よりも、国内での影響（下層階級の子どもばかりが増える）を強く心配する人が、ブリテンにもドイツにもいた。

国家の人口に関する量的問題と質的問題を合わせて（後者は人種差別と優生学により関心が高まった）、第一次世界大戦後に現われたファシストが、第二次世界大戦を引き起こす基礎をつくったと言える。ただ戦前の国際的緊張の中で、人口はたしかに競争要因の一つであり、他の要因とも切り離すことはできなかった。そして人口増加のスピードの違いは注目され、重視されていた。

ゆりかごが、いかにして世界を揺らしたか

第一次世界大戦前の数十年で、ヨーロッパ主要国の人口とそれに対する見方が、二十

世紀最初の大災害の一要因となったのは間違いない。しかし戦争の結果そのものに、人口はどのような影響を与えたのだろうか。この答えには二つの面がある。第一は経済、産業、生産力に、第二は、戦場に軍隊を送る力に関わる。数の増加がブリテンを世界のワークショップへと押し上げ、世界経済の最前線に押し出すために不可欠な条件だったとすれば、ライバル国の人口増加も、その国に同じ効果をもたらす可能性がある。一方で、何億何千万もの人口を抱える中国は、産業が発展していなかったため経済的に停滞していた。他方、スカンジナビア諸国やのちに〝ベネルクス〟（訳注：ベルギー、オランダ、ルクセンブルクの三国の頭文字を組み合わせた呼称）と呼ばれるようになる国々が、工業も経済も発展していたのに経済大国にならなかったのは、単に人口が少なすぎて影響力を持てなかったからだ。経済大国になるためには相対的に人口が多く、かつ国全体が繁栄している、あるいはそうなりつつある必要があった。

一八二〇年から七〇年のブリテンを見ると、年間経済成長率（平均約二・五パーセント）の半分は人口の増加のおかげ、残りの半分は国民の富の増大のおかげと考えられる。一八七〇年以降、ドイツの経済は特に工業の成長速度がブリテンを抜いた。一九一四年のドイツの鉄鋼生産量は、ブリテンの半分だったが、一八七〇年はブリテン全体の四分の一にも満たなかった。[39] これは二国の若い男たちが戦っているとき重要な問題となった。大規模な人口増加がなければ、ドイツはブリテン及び連合国と対抗できる工業大国、経済大国にはなれなかっただろう。

人口増加がドイツの経済と工業の成長を支えていたように、ロシアの成長にもそれが必要だった。一八八五年から一九一三年でロシアの経済はなんと年間三・四パーセントも成長した。最初の基準がはるかに低かったとはいえ、これは平均するとドイツよりも速かった。この要因の一つはやはり人口増加、そしてもう一つは、個々のロシア人が仕事を持ち前より多く生産し消費するようになったことだ。[40]ロシアは広大で人がまばらな土地を求める声に応じて、一年間で七十五万人をシベリアに送るだけの余裕があった。ロシアの工業生産は、十九世紀最後の二十年で三倍になり、産業関連の雇用は、二十世紀最初の十三年でほぼ五十パーセント増になった。[41]これはロシアの武器生産も同じで、一九一三年までの五年間で二倍になった。

第一次世界大戦は数が物を言った

一九一四年に戦争が勃発したころ、ロシアはまだ生産量や景気で、ドイツやフランスにも遅れをとっていたが、その前年には差が急激に縮まっていた。それに不可欠だったのが、急増する人口だけでなく、大規模な都会化だった。ボルシェビキが一九一七年に政権を握り、マルクス理論にのっとって、工業労働者階級を代表していると主張していた。これはよく言われることだが、ロシアの工業労働者階級はごくわずかしかおらず、全体としては農民社会だった。それ以前には、工業労働者階級はそもそも存在しなかった。一九一四年に戦争が始まると、ロシア工業は軍隊への武器供給に苦労していたが、そのような状態でも三年以上持ちこたえた。人口増加と密接に関わる、前の数十年の急激な工業化がなければ、これも成し遂げられないことだった。このころ戦争で工業労働の需要が急に高まり、大変革を起こす可能性を持つプロレタリア階級を勢いづけた。そして農村から町や都市への輸送が混乱し、都市住民に食料を届けるのが難しくなった。[42] 食べ物もなく土地を追われた若者たちが、革命に向かう下地はじゅうぶんに整っていたのだ。

しかし人口増加と経済産業の成長の結びつきが戦時中の重要事項なら、もっと直接的なつながりがあるのは人口増加と軍隊の兵士の数だ。特に第一次世界大戦のような戦いは、天才的な発想の戦略のぶつかりあいというよりは、相手が疲れ切って倒れるまで互いに攻撃を繰り返すという過酷なプロセスだった。ヨーロッパの囲いの外では、ヨーロッパ帝国主義を代表する少数の人間が、社会や経済がはるかに遅れている土地の多数の人間をコントロールすることができた。ヨーロッパ内部でさえ、しっかり組織化され訓練されたドイツ軍は、敵のフランスとブリテンに対していくらか有利であり、少なくとも最初はロシアに対してはかなり優位に立っていた。しかし何よりも重要だったのは数だった。兵士を集める能力、そして戦場、特に西部戦線の動きのない塹壕戦に兵士を送り込み続ける力が重要なのだ。前線にいる兵士たちに、産業経済基盤から生みだされたものを提供し続ける能力も同じである。その基盤はかなりの程度、人口と結びついている。

ブリテンは海軍国としてユニークな立場にあったが、大規模な軍隊のための人員を召集できるようになったのは、第一次世界大戦がかなり進んでからだ。大規模な人間の労働力頼みではないブリテンの海軍が、連合国のために海上交通路を封鎖させずにいたおかげで、資源や人がヨーロッパ以外から届けられるようになった。そうしたプラスアルファのヨーロッパ人と資源を入手できたのは、それ以前にブリテンの人口が急増して、海外移住が推し進められていたからだ。フランス軍がドイツのしつこい攻撃と人海戦術に苦しめられていたとき、ブリテンが工場と前線に送り込んだ人的資源は、連合軍が西部で持ちこたえるうえで不可決だった。

当然ながら、人口と第一次世界大戦の結果の関連性を、数字ではっきりと示すことはできない。ドイツが勝利にかなり近づいたのは、ドイツの産業の力、兵士の勇敢さ、組織の優秀さを示す証（あかし）である。それでも最終的に高度な産業力が正面からぶつかり合ったときは数が物を言う。この点では連合国が圧倒的に有利だった。連合国は戦時中ほぼ四千六百万人を動員、それに対し同盟国は二千七百万人だった。アメリカ合衆国のマンパワーの影響が感じられるようになったのは、終戦に近づいた一九一八年十一月なのでここでは除外するが、大戦の期間を通じて両陣営が動員した兵士の数の比率（一・七五対一で連合国が多い）は、主要国の開戦時の人口比率とほぼ同じである（一・七三対一で連合国が多い）[43]。決定的だったのは一八八〇年代と九〇年代の出生数である。ブリテンの人口がドイツより少なくても、ブリテンはまだ大きかったロシアの軍隊や、帝国の子孫たる自治領や、最後には娘であるアメリカ合衆国の軍隊を活用して勝っていただろう。一九一八年の結果を左右した力のバランスは、これまで説明してきた人口の流れに大きな影響を受ける。ある一定の力バランスを超えると、戦争の性質は大規模工業だけでなく、これまで世界が見たことのない大規模軍隊によって形成される。そしてこれらの現象は、それ以前の人口急増がなければ起こることはなかった。

若い大国は好戦的である

人口は戦争の結果だけではなく、その原因にも影響を与えた。人口が増加していたということは、ヨーロッパの社会、特にドイツとロシアは若かったということだ。これらの国は若者層が多くなる〝ユースバルジ〟と呼ばれる現象を経験していたが、それは攻撃性と戦争に深い関わりを持つ。政治と外交を考えると、ブリテンは成長著しく人口増加中のドイツを恐れ、ドイツは成長著しく人口増加中のロシアを恐れて、そのために両国は一九一四年に性急に戦争に突入したとも言える。挑戦状を突きつけられているという感覚（ブリテンがドイツについて感じていた）と、破滅へ向かうという不安（ドイツがロシアについて感じていた）がなければ、あの夏、どの国ももっと頭を冷やして冷静でいられたかもしれない。

ロシアに関しては、一九一四年の時点で、ドイツやオーストリアとの戦争を続けられるほど発展をしていなかったことが明らかになった。それらの国から成る同盟国と第二戦線で戦っているときも、まだ進行中だったロシアの大幅な人口増加が、大国としてのロシアの台頭を下から支えていた。大戦後の世界では、ボルシェビキ政権下のロシアで多くの人命が奪われても、ドイツは果てがないと思えるほど膨大なロシアの人口に対抗できなくなるのは確実だった。ロシアの人口増大が経済と工業の成長と相まって、やがて二大超大国の一つが生まれ、最盛期には冷戦中の世界の広大な地域を支配することになる。人口はこれら重大な出来事すべてで原動力の一部であり、安定した秩序を乱し、対立の結果を左右した。

もう一つ関連するのが、人口が増えていたヨーロッパがとても若かったということだ。現在の平和で老いつつある大陸とはまったく違う。社会の若さと戦争へ向かう傾向には関連があることが証明されている(44)。好戦的な政治家を支持してそそのかすのは、数が多く若くて熱意あふれる層だ。進んで入隊し、多くの場合、自らの運命だけでなく大陸の運命まで決めていた。人口についての恐怖が衝突をあおる要因となったのだ。人口学的な事実がそれを決める助けとなっていた。

第五章 ヒトラーの優生学

「われわれを救うのは哺乳瓶だ」。人口が運命を決めると考えたヒトラー。ヨーロッパの人口増は減速、やがて〝血統〟の〝質〟を上げたい差別的風潮が起きる。優生学と人口増という、大いなる矛盾のゆくえ。

The Passing of the 'Great Race'

ヒトラーいわく「われわれを救うのは哺乳瓶だ」

一九四一年後半から一九四二年のソビエトへの軍事攻撃が始まって最初の数か月、本部の椅子にどっかりと座っていたヒトラーは、彼の軍隊が東側の広大な土地を守ることを確信していた。それは少なくとも二十年前からこだわり続けていた土地だ。社会的ダーウィン主義（それ自体がマルサス主義にルーツを持ち、民族憎悪とユダヤ人排斥主義という妄想の基礎の上に築かれた）を信奉していたヒトラーは、人生とは土地と生活手段をめぐる民族間の戦いとみなしていた。『ヒトラーのテーブル・トーク』でのモノローグ——とりとめのない話や物思いにふけっての談話——を読むと、民族の人口問題にとりつかれていることがわかる。

ヒトラーは世界の他の大国、特にアメリカと対抗するために、すみやかにドイツの人口を増やす必要があると感じていた。

　十年のうちにドイツ人が今より一千万から一千五百万人は増えていてほしい……将来のためには、多くの子が生まれることが不可欠だ……帝国に一億三千万人、ウクライナに九千万人。それに加えて他の新ヨーロッパの人口を合わせると、われわれは四億人になる。それに対してアメリカは一億三千万人だ。

アメリカ人の数を上回ることを望む以外にも、ヒトラーは世界的な非白人の増加を心配していた。

きょう読んだものに、インドの人口は現在三億八千三百万人とあった。つまり過去十年で五千五百万人も増えたということだ。これは恐ろしい。ロシアでも同じ現象が見られる。わが国の医師は何を考えているのか。ワクチンは白人に与えればじゅうぶんではないか。

最後には、人口こそが運命を決めると彼は考える。「出生率の低下、それがすべての根にある……われわれを救うのは哺乳瓶だ[1]」

第一次世界大戦を引き起こした原因の一つは、相互依存と人口に関わる競争に基づく恐怖心と疑念だった。ブリテンとフランスはドイツの成長を恐れ、ドイツはロシアの成長と、自国の食料供給をブリテンの善意に依存していることを恐れていた。第二次世界大戦は少なからず、ヒトラーのドイツ人の数に対する強迫的なこだわりの結果だが、彼のような思想は決して珍しいものではなかった。二つの大戦間の時期、ヨーロッパの人口増加は加速し、やがて減速した。そしてヨーロッパ人は相変わらず互いを怖がっていたが、世界での総体的な優位性は危うくはかないものだと感じ始めてもいた。

戦争、スペインかぜ、そして人口

大戦の結果として不可避なのは、ある世代の少年たちが命を落として故国に戻らないことだ。ブリテンではその数は七十万人（植民地は除く）、ドイツでは百七十五万人、ロシアではほぼ二百万人、オーストリア＝ハンガリーとフランスは、それぞれ百五十万人だった。全体で一千万人の男性が戦争で死んだ。それで必然的に夫となる男が不足し、婚外子が珍しかった時代、結婚しない女性はだいたい子どもを生まないままだった。しかしその影響は小さかった。女性が結婚する男性の年齢をあまり気にしなくなり、また国外移住する男性も減少していたからだ。(2) イギリス人経済学者ジョン・メイナード・ケインズは有名な『平和の経済的帰結』という本を書き、次に『戦争の人口学的帰結』という本を書こうと考えていた。結局その計画は頓挫したが、その帰結自体は、ケインズを大いに悩ませた賠償や貿易の問題が忘れられたあともずっと残っていた。

しかし人口問題は以前より注目されるようになっていた。一九一九年、ケインズは「歴史上の大きな事件は、人口増加とその他の根本的な経済的原因が、時間がたつにつれて変化することで起こる。その時代の観察者たちは、それらの要因に気づくことなく、愚かな政治家たちのせいにする」と述べた。ケインズは戦争を、ヨーロッパの経済が地元依存からグローバルになった時代の産物と見ていた。一九一四年、高度に工業化したドイツは市場、原材料、食料を、一八一四年とは違う形で、世界に依存していた。このような世界の相互依存は、人口急増の原因であり結果でもあり、そこから生じた危機感も、戦争の要因となった。ドイツは食料と工業物資の一部について、英国海軍の厚意に頼っていた。そして英国自由貿易政策のおかげで、ヨーロッパ以外の市場に参入することができた。その結果もたらされた緊張は、ケインズの見解によれば、当時の対立の全体的な性質を説明するのに最も重要な要因だった。

戦争での犠牲者に加えて、戦後にはスペインかぜの流行により、世界中で二千五百万人から五千万人が死んだ。近年のアラブの反乱で、現在では維持するのが不可能と思われる中東の国境についての取り決め、サイクス＝ピコ協定についての言及がよくなされている。この協定の名に冠されたブリテン側の代表であるサー・マーク・サイクスが、一九一九年に三十九歳の若さで、このかぜが原因で命を落としている。ウォルト・ディズニー（十六歳のとき罹患）とフランクリン・ルーズベルトは回復し、のちにそれぞれ別の道で名を成した。イギリスの作家アンソニー・バージェスは、一九一九年初めのことを「父がまだ復員していないころ、正規だったか臨時だったかは忘れたが、休暇で、［家のある］カリスブルック通りに戻ってきて、母と妹が死んでいるのを見た。スペインかぜが猛威をふるっていたんだ……ぼくは母と妹が死んで横たわっているのと同じ部屋のベッドで、声をたてて笑っていたらしい(3)」と語っている。この伝染病は世界中に広がった。遠く離れたカナダの奥地では、八歳の少女が両親と二人のきょうだいを失い、一人でクリスマスのろうそくを灯して雪を溶かして生きのびた。地元の牧師が彼女のところへやってきて、「ハスキー犬が死体を食べ始めている」と告げ、その子はその身の毛もよだつ出来事を目の当たりにした。(4)

それにもかかわらず、ヨーロッパ、北米、そして世界全体で人口は増え続けた。人口の潮流が最高潮に達する、つまり死亡率が下がって出生率が上昇したとき、人口増加の根底を支える力がとても強くなり、想像を超える大惨事以外での喪失を埋め合わせることができる。戦争の犠牲者数は一千万人にのぼるが、これは一九一四年に戦いが勃発したときのヨーロッパの人口の二パーセント強に過ぎない。戦前のロシアの人口増加のペースでいくと、人口の二パーセントを取り戻すのにかかる時間は十八か月と少し、一九九〇年代のイエメンのペースなら六か月かからない。

一方、ヨーロッパの人口は増え続けていたが、その速度はかなり落ちていたのだ。戦争が終わり〝通常〟の生活が戻ったとき、近代化が進んで、まずブリテンで死亡率が低下して寿命が延びた。その近代化の力が大陸中へと広がり続けた。しかし出産と人口増加を抑制する力も広がり始めた。そして一九三〇年代には、ヨーロッパの人口増加が緩やかになった。十九世紀前半、ヨーロッパの人口の増加率は年間〇・七パーセント弱で、これは長期的な視野で見るとかなり速かった。十九世紀の最後の三十年ではそれが〇・九パーセントまで加速し、第一次世界大戦直前には一パーセントを少し超えた（一パーセント超えを維持するのは、大陸レベルではもちろん国家レベルでも、歴史的に類を見ないことだったというのは、頭に留めておくべきだろう）。

一九一三年から二〇年の増加率は、戦争があったにもかかわらずまだマイナスにはなっていなかった。しかし以前の三分の一以下になっていた。第一次世界大戦とスペインかぜの流行をもってしても、人口の潮流を逆行させるには至らなかったが、それが増加率低下の原因になったのは間違いない。ヨーロッパの人口増加は一九二〇年代に回復した。それは戦争の期間を考えれば驚くにはあたらないが、それでも二十世紀初めのレベルより、〇・一パーセント以上低かった。一九三〇年代には、さらに減速した[5]。戦争のせいで、おそらくはヨーロッパ全体で、もっと緩やかに減速するはずだった流れが乱され、戦争の余韻が残る中で、その急なところからの流れが再開したのだ。大陸レベルで減速は緩やかだったが、急に進んだ国もあった。この人口増加傾向は、実のところ三つの要因によって生じたものだ。出生数の急激な減少、死亡数の大幅な減少、海外へ移住する人がほぼいなくなったこと。死亡数と海外移住者の減少で、出生数の減少を補って余りあったのだ。人口の規模がこれら三つの要因（出生数、死亡者数、移住者の出入り）だけで決まるとすれば、先の二つの〝自然〟な変化が、のちに両大戦間のヨーロッパとして知られるようになる時代に、正確にはどのように展開したのだろうか。

ヨーロッパの大減速

十九世紀末から二十世紀初頭にブリテンを襲った人口動向の大変化は、ドイツ、ロシア、そしてその他の国へと範囲を広げていった。ブリテンで潮が引き始めても、ドイツではまだ満ちていた。このような波は、あとから来るものほど大きくなる。ドイツの人口増加のペースはブリテンより速かったが、落ちるのも速かった。ロシアはドイツより速かったが、落ちるのはもっと速かった。[6] なぜそうなるかははっきりしている。先駆者はでこぼこの道を慎重に進む。そのようにして踏み固められた道を、あとに続くものは楽に走ることができる。公衆衛生や医療技術の理解が進み、何度も試行、検証されたあとで、すぐに取り入れることができるのだ。そうなれば人口増加の主要な要因の一つである死亡率が急激に低下する。この意味で、人口学は経済学のようなものだ。十九世紀のブリテンにおける産業発展は以前の基準からすれば速かったが、新しい道を開拓せず、すでに他で試され検証された方法や技術を取り入れることができる、後発組の基準からすると遅かった。

ブリテンはずっとトップを走っていて、近代の爆発的な人口増加を最初に経験し、出生率の低下と人口増加の減速も最初に目撃することになった。第一次世界大戦直前、一人の女性が生む子どもの数は三人を切り、さらに減り続けた。第一次世界大戦後もブリテンの出生率は低下し続けた。一九二〇年代末には二人前後、そして一九三〇年代には二人を下回った。これは現在〝人口置換水準〟と呼ばれる数値を下回る。人口置換水準とは長期的に人口を維持するのに必要な出生数で、だいたい二人強である。第二次世界大戦直前のブリテンの出生率が、ほぼ八十年後の現在とそれほど違わないというのは衝撃的である（その間にはいくらかの変動があった）。

第一次世界大戦前、ドイツの出生率も大きく低下していたが、最初の基準がブリテンよりも高かった。その後ドイツの出生率はさらに低下し、一九三〇年代には一人の女性が生む子の数は二人を下回った。一九三〇年代末までドイツに住んでいた私の家族はその典型だった。十九世紀半ばに生まれた曾祖父母世代は、たいてい六人くらいの大家族で暮らしていた。一八八〇年代初頭から第一次世界大戦直前に生まれた祖父母世代は、一人か二人のきょうだいがいた。そして一九二〇年代から三〇年代生まれの親の世代は、一人っ子か二人きょうだいが多い。ドイツの出生率は永遠に下がることがないのではないかという、二十年前のフランスの軍事計画者や評論家の懸念は杞憂に終わったわけだ。出生率の低下への不安は、政治的な領域にまで及んでいた。左派のドイツ社民党（SPD）は「母になることは明らかに女性の社会的役割であり」そして「女性には種を保護し育てるという義務があった」という考え方だった。[7]

そのころフランスの女性は、通常運転を続けていた。二つの大戦間のフランスの出生率の低下は、二・五弱から二強へと、ごくわずかだった。もともとそれほど多くなかったため、低下する余地があまりなかったのだ。フランスの出生率があまり下がらなかったのは、都市部で出生率が低下し、田舎では高いレベルを維持していた時代に、田舎に住む人がわりと多かったためだ。一九三〇年代のUKでは、国民の約四分の三が大都市圏に住んでいた。これがドイツでは三分の二以上、フランスでは二分の一に満たなかった。このあとで論じる死亡率と移民の問題とともに、フランスはずっと人口増加のスピードがＵＫやドイツに比べて遅かったという現象が、ほぼなくなったということだ。第一次世界大戦以前は、フランスの人口増加率はドイツとＵＫの何分の一というレベルだったが、二つの大戦間の時期にその差はずっと小さくなっている。

ロシアの出生率低下

ＵＫがこの集団のリーダーなら、ドイツはすぐうしろにつく二番手、フランスは例外で、ロシアははぐれ者だった。二十世紀初頭のロシアの出生率は、ピーク時のＵＫやドイツよりも高かった（一人の女性が生む子の数が五人や六人どころではなく七人くらい）ので、実際に出生率が低下し始めると、はるか西の国よりも速く進んだ。一九二〇年代末、ロシアの合計特殊出生率は六へと下がり、第二次世界大戦前には、四・五にまで下がった。これでもまだとても高いレベルで、人口増加が継続する大きな要因となったが、増加速度が落ちたことは、のちにロシアの出生率がとても低くなる前触れだった。ロシアの出生率が急激に低下したことは驚くにはあたらない。同国は強制的なトップダウン型の変革が行なわれているまっさいちゅうだった。新しいソビエトの体制を築くうえで中心的な目標の多く――特に全体的な女性の識字率の向上、都市化、職場での女性の参加――は、低い出生率と密接に関わりがあることが理解されていた。理想のソビエト女性は、政治意識が高く（必然的に読み書きができる）、町や都市部に住み、そしておそらく工場で働いている。彼女たちは当然の成り行きとして、文字が読めず畑を耕していた母ほど多くの子どもは生まなくなる。ヨーロッパの他の地域でもパターンは同じだった。イタリアの女性が生む子の数は、第一次世界大戦以前には四人を超えていたが、第二次世界大戦が始まる頃には、三人を下回っていた。[8] そして二十世紀の後半になると、イタリア人は大家族であるというイメージは神話にすぎなくなっていた。

国家レベルでは出生率が低下しているというデータによって、その下にあるパターンと地域による違いが隠されていることがあった。一つの国の内部でも、発展のペース、ひいては人口転換の意味はさまざまだった。地域の動向に影響を及ぼすには、コミュニケーション経路、文化的な結びつきと宗教の信仰心が特に重要だった。出生率の低下はフランスからカタロニア、そしてピエモンテへと広がったが、同じスペインやイタリアでももっと遠くの、工業化が遅れた地域には伝わらなかった。[9] ドイツでは、プロテスタントが多く工業化された地域の出生率は低く、辺境の田園地区は高かった。中央ヨーロッパで出生率が低いのはドナウ川の下流に広がる、ウィーンの近代化に触れやすい地域だった。オーバーエスターライヒ州（オーストリアの連邦州の一つ）やチェコは、なぜか小家族に向かう流れに抵抗していた。バルカン諸国では、ルーマニアとユーゴスラビアのうちオーストリア＝ハンガリーの勢力下にはいった地域では、第一次世界大戦以前にハプスブルク家の支配下の外にあった地域よりも、出生率が速く低下した。ロシアでも予想通り、農村地域では高い出生率を維持していた。

平均寿命の延び

出生率低下の成り行きの一部には、出生率が高い田舎から、出生率が低い都会へと、大量の人が移動したという事実がある。そのころヨーロッパでは、信頼性の高いデータが多く入手できるようになり、その土地で何が起こっているか、状況を正確に把握できるようになった。これは一部には、出生と死亡について、統一化されたデータを集められた国際連盟の存在のおかげだ。出生率低下の理由が、はっきりとはわからないのは以前と変わらないが、避妊具は前より広く知られ、手に入りやすくなっていた。ブリテンではマリー・ストープスが「計画的出産」を推奨、一九一八年に『結婚愛』という本を出版して避妊についての助言を行ない、国じゅうに家族計画クリニックを開いた。そして当然ながら抵抗にはあったが、それも前世代のチャールズ・ブラッドローとアニー・ベサントが受けたものに比べれば、はるかに少なかった。しかしすぐにできる避妊の方法が、常に安くて信頼性が高いわけではなかった。次の戯れ歌にはそれが示されている。「ジーニー、ジーニー、マリー・ストープスの本を読んで希望がいっぱい／でもいまのあの子の体を見ると、どうやら違う版を読んだらしい」[10]

出生率が低下すると人口増加が抑えられるのはもちろんだが、ヨーロッパの多くの地域では死亡率も下がっていたため、結果的に人口はわずかながらも増え続けていた。イングランドにおける平均寿命は、一九一〇年には五十四歳だったが、一九三〇年には六十歳を超えていた。生まれる人数も減ったが、死ぬ人数はもっと減っていた。これは生活環境の向上と、特に子どもが医療を受けやすくなったことが理由だ。同じ期間でフランスでは平均寿命が五十歳強から五十六歳弱に、ドイツでは四十九歳から六十一歳過ぎにまで延び、イングランドを超えた。この時期のロシアのデータはあまり信頼できないが、平均寿命が一九一〇年には三十二歳（ロシア）だったのが、一九一〇年から一九五〇年の間に六十七歳（ソビエト連邦）まで延びたことがわかっている。恐怖と飢饉が蔓延していた状況を考えると、並はずれた数字である(11)。人口の潮流が最高潮に達したときには、戦争でも伝染病でも抑制できなかったように、史上最高に人を殺した体制をもってしても止めることはできなかったのだ。

千人当たりの死亡数で表現すれば、ヨーロッパ北東部の一部では十人未満だった。現在ならとりたてて少ない数字ではないが、そうなったのは病気と早期の死が減少したおかげだけでなく、人口増加で若い世代が増加したおかげでもある。そのころの急激な人口増加により、年配者が占める割合はごくわずかで、そのため社会の中における年配者の死亡も統計的に小さい。この時点で、急激な人口増加により、ヨーロッパの人口は若者の層が厚く、老人ホームではなく学校のようだった。平均寿命は急激に延び、死亡率はきわめて低かった。

移民せずヨーロッパにとどまる

出生率、死亡率の他に、人口を変化させる第三の――そして最も近代的な――要因は、もちろん移民である。第一次世界大戦前の数十年間で、かつてないほどの数のヨーロッパ人が、主にアメリカへと流出した。二十世紀初頭のピーク時には、年間百五十万人ものヨーロッパ人が海外に移住した。行き先は主にアメリカ合衆国で、全体としてはアメリカ大陸が圧倒的に多く、カナダとアルゼンチンはそれぞれブリテンとイタリアからの移民を引き寄せる土地となった。第一次世界大戦中は、ヨーロッパからの移民が急激に減少し（移民になる可能性のあった男たちが徴兵された、大西洋横断の船は連合国への物資供給で手いっぱいだった、移民を送り出していた国のいくつかが、戦争でUSと敵対した）、それは戦後も回復することはなかった。

一九二〇年代、アメリカ合衆国はどんどん扉を閉ざし、ヨーロッパからの移民の行き先が狭まった。アメリカの政治家は移民、特に〝不適当な血統〟を制限することに熱心で、移民割当法でそれを実現した。これは当初は戦前の移民人口の比率に基づいていたが、やがて戦前の全人口に対する比率に基づくものになり、広い意味でのアングロ・サクソン、少なくとも同化しやすい経歴の人々が優先され、イタリアやヨーロッパ東部からの移民、特にカトリック、そしてロシアからの移民（主にユダヤ人）は差別された。[12]アメリカの支配者層の間では、カトリックは特に北東部の大都市のアルコール依存症のごろつきを思わせるという偏見があった。一九二〇年代から一九三〇年代初期の禁酒法運動もプロテスタント色が強かった。ユダヤ人に関しては、昔から蔓延する偏見のために、彼らにとって最も移住が必要なときに、アメリカ合衆国は扉を閉ざした。

ヨーロッパから出て行く移民は、第二次世界大戦前の数年間で、年間二十万人に減少した。これはある程度までアメリカの移民を制限する政策の結果だが、ヨーロッパの環境の変化のせいでもあった。ヨーロッパのほとんどで、一九二〇年代はチャンスと経済成長の時代であり、よい生活を求めて大陸を越えたいと思う人は減っていた。不謹慎かもしれないが、戦争で何百万人もの若者の命が失われたことで、母国に残った少年たちに出世の道が開け、配偶者さがしの機会が多く与えられることになった。海外移住は農村部でよく見られた現象であり、その農村部がヨーロッパ社会からしだいに減っていた。ヨーロッパを離れるのではなく町や都市への移住を選ぶ人が多くなった。一九三〇年代前半に不況に見舞われると、アメリカの移民制限がきつくなっただけでなくアメリカ合衆国の経済も停滞し、失業率も高くなり、移住先としての魅力がなくなった。事実、哀れな人々――比較的新しいフィンランド移民――は、ソビエトの弾圧下にあったフィンランドへ〝戻る〟よう説き伏せられた。それで生き延びた人はほとんどおらず、凍えるカレリアの荒れ地に打ち捨てられたり、外国人と疑われてシベリアに追放されたりした。

欧州から新大陸への移民が流れる

国で見るとＵＫは例外的に国外移住者が減少していなかった。海外に広がる広大な帝国ではまだ新たな移民が求められていた。一九二〇年代初頭、ブリテンとアイルランドからの移民は年間二十万人近くにまで増えていた。これは戦前の数値よりやや少ないだけだ。しかしその後、ブリテンからの移民も急激に減少し、一九三〇年代に国を出た人の数は、一九二〇年代の三分の一以下になった。ヨーロッパの他の国でも一気に減少した。[13] 二十世紀初頭にはるかに多くの移民を送り出してきたイタリアは、特に極端なケースだった。二十世紀最初の十年のピーク時には、四十万人のイタリア人が国を出たが、一九三〇年代後半の国外移住者は年間たった二万五千人だった。オーストリア、ハンガリー、そしてチェコスロバキアという、戦前のオーストリア＝ハンガリー帝国の中心部からは、一九〇〇年から一九一〇年には年間二十五万人が国外へ移住していた。それが変化したのは、移民の制限と大恐慌のためだった。中央ヨーロッパは経済停滞に苦しめられていたが、前回の不況のときとは違って、アメリカも自国の経済問題を抱えていて、もう成功するどころか仕事を見つける見込みもなくなっていた。そして一九三〇年代、元オーストリア＝ハンガリー帝国からの移民は年間五千人から六千人という、取るに足らない数にまで落ち込んだ。受け入れ側の国すべて――アメリカ合衆国、ブラジル、カナダ、アルゼンチン――で、移住者が一気に減少した。[14] ヨーロッパから新世界への大規模な移動は終わったのだ。

ヨーロッパを出る人が減り——死亡率の低下とともに——大陸の出生率低下が埋め合わされ、人口増加の減速に歯止めがかけられた。そのため生まれてくる子の数が減っても、国を（船か棺で）出る人の数も少なくなったため、人口は増え続けた。それと同じころヨーロッパの国の間を移動する人の数は増えていた。ヨーロッパ人は常にヨーロッパの国の間を移動していた。ブリテンはやや離れていたために例外である。第一次世界大戦前、その移動はとても規模が大きかった。ヨーロッパ内での移動で最大のものといえば、迫害されたロシアのユダヤ人で、アメリカ合衆国に逃げた者もいれば、カナダやアルゼンチン、南アフリカへと向かった人もいたが、多くはヨーロッパに残り、比較的寛容な西ヨーロッパ、とくにフランスとUKに移った。一九一八年以降、大陸内での移動はもっと広範囲に及んだ。大半の人は西へ、主にフランスへと向かった。それは一部にはフランス政府の支援のおかげだった。簡単に言うと、ヨーロッパ西部の方が東部よりも自由で繁栄していたので、人を惹きつけたのだ。一九三一年、フランスにはヨーロッパ人の移民が三百万人も（ドイツに住んでいた移民の二倍、UKの三倍）いた。これはフランスの人口の七パーセントを超えていた。[15] 特に多かったのは、ポーランド、イタリア、スペインからの移民だった。

国内での移動も多かった。一般的には貧しい地方の辺境地域から、工業中心地への移動である。イタリアでは南部から北部へ。スペインではバスク地方やカタロニアへ。ブリテン諸島ではアイルランドとスコットランドからイングランド中部地方や南東部へ。これらの移動を推し進めたのは、多くは経済的な問題（仕事を見つけるため）だったが、政治的な動機で移動する者もいた。たとえば一九三〇年代には四十万人のユダヤ人がドイツとオーストリアから移住し、五十万人の共和主義者が、フランコ政権に追われてスペインからフランスに流れ込んだ。

こうした数字だけを見て、そこに関わる人間の歓喜や悲劇から目をそらすべきではない。多くの人にとって、西ヨーロッパにたどりついたことは、前の世代のアメリカ合衆国への移住と同じくらい、解放的なことだった。しかしフランスに脱出したドイツのユダヤ人は、一九三九年に戦争が始まると強制収容所へと送られ、一九四〇年にフランスが降伏するとドイツへ引き渡された。戦後まで生き残った者はほとんどいない。一九四〇年にナチスに占領されたフランスからスペインへ脱出した哲学者のヴァルター・ベンヤミンは、いずれ国に送り帰されるだろうと思い込んで自殺した（地中海沿岸のフランスとスペインの国境沿いの町ポルトボウに、彼の記念碑が建っている）。偉大なチェリスト、パブロ・カザルスはその前の年にスペインからフランスへ逃げ、その後何十年もスペインのフランコ政権を容認する国では演奏しなかった。彼はフランコ政権下のスペインから、フランスのカタロニア語圏のルシヨンへと向かった（彼の彫像と博物館が、国境のフランス側でベンヤミンが死んだ山のすぐそばのプラドにある）。二つの大戦間には、哲学者のアイザイア・バーリン、銀行家のジークムント・ヴァールブルク、心理学者のジークムント・フロイト、建築家で歴史家のニコラウス・ペヴズナー、またのちにブリテンの保守党党首となったマイケル・ハワードの父親、そして近年、労働党党首となったエド・ミリバンドの両親がＵＫに移住しているが、すべてははるか東の大災難から逃げてきた人々だった。

「赤ん坊が生まれなくなってしまう」――人口減少への悲観

大戦間のヨーロッパには、ブリテンが一九一四年以前に経験したことが起こっていた。出生率の急激な低下と人口増加速度の大幅な下落である。〝人口転換〟と呼ばれていることについては、理解が進んでいなかった。出生率も死亡率も高い状況から、出生率は高いまま死亡率が低下し、そして出生率も死亡率も低い状況を経ると、人口は高いレベルで安定する。

第一次世界大戦以前、ライバル国の人口増加への懸念のほかに、ＵＫでは国内の出生率の低下への懸念があった。アメリカ大統領セオドア（テディ）・ルーズベルトは「故意の不妊は罪であり、その報いは国家の死であり民族の自殺である」と激しく非難した。ルーズベルトはこの点については有言実行の人で、六人の子をもうけた。第一次世界大戦末期、ドイツの未来学者で不吉な予言をするオスヴァルト・シュペングラーは、ヨーロッパの人口は二百年にわたって減少すると予測し、それは富と女性解放のせいだと述べた。ブリテンの作家Ｇ・Ｋ・チェスタトンは一九三〇年に「近年の出生率低下がしばらく続けば、いずれ本当に赤ん坊が生まれなくなってしまう」と嘆いた。そしてフランス人の人口学者アルフレッド・ソーヴィーは、ヨーロッパが「老人と古い家と古い考え」でいっぱいになることを心配していた。一九三五年、ケインズは「人口が増加から減少に転じると、大きな災難を引き起こす可能性がある」と警告した。[16]

大戦間の人口に関する悲観的な感情について、一九三七年にG・F・マクリアリーが次のように書いている。彼は人口についての著作を多く書き、一時期はUK保健省の上級職員だった。「人々は［出生率の低下が］死亡率の低下で埋め合わせることができないと気づき始めている」[17]。乳児死亡率は既にかなり低くなっていて、それがさらに下がるのは望ましいことではあるが、人口に実質的な影響は与えない。大戦間の人口統計学者のダドリー・カークは、それを簡潔にこう表現している。「死は先送りできても必ずおとずれる」[18]。平均寿命は今後も延び続けるかもしれないが、一気に長くなることはない。しかし出生数は急激に減少して危険と思われた。

〝血統〟の〝質〟の向上を

人口増加が止まり、いずれ減少していくという予測は、かなり一般的になっていた。マルサスは、少なくともしばらくの間、考えを改めていた。第一次世界大戦前は、人口についての懸念は主に自国とライバル国との関係にあったが、二つの大戦間の期間は、ブリテンで始まったことがいずれ大陸に広がり、ヨーロッパ以外の土地、特にアメリカにいるヨーロッパ系の人々に影響を与えることが懸念されていた。この時期には、現在なら恐ろしく衝撃的と判断される人種差別的な姿勢がごくふつうとされていて、それが公開議論や政策に表れていた。反ユダヤ主義は当然と思われていたし、アフリカ系やアジア系は劣っているという考えも当たり前だった。人口と民族性についての懸念が、数量と質との間の不安へとつながることもあった。一方で、特に戦争で失われた人口を補い、〝次のラウンド〟に備える必要があることを考えれば、人口増加は〝よいこと〟だった。一方で、ただ数が多ければいいというわけではなく、ある種の人々は他よりも望ましいと思われていた。人口の〝血統〟の〝質〟を向上させるための積極的な手段を提案する優生学運動は、産児制限運動と密接な関わりがあった。例えばマリー・ストープスは、親になることや民族を増やすことに不適と思われた人々への強制的な不妊手術を推し進めた。

国民の質についての懸念は特にアメリカ合衆国で広がっていて、第一次世界大戦後に発表された移民の制限は、明らかに国の民族比率の維持を目的としたものだった。特に二十世紀初めに主流だった、ヨーロッパ南部と東部からの移民を減らそうとしていた。結果的に人口増加は本当に緩やかになり、一九二〇年にはまだ一・五パーセント近くの増加率だったのが、一九三〇年代にはその半分になっていた。

入国できた人にとっても、アメリカ合衆国は常に魅力的な土地ではなかった。[19]アルバート・ジョンソン（移民を厳しく制限した一九二四年のジョンソン法の起草者の一人）議員は「すべての人を心から歓迎する時代、すべての民族を差別なく受け入れる時代は、間違いなく終わった……我々の希望は同質な国家である……自衛本能がそれを求めている」と公式に述べた。その法についての議論で、メイン州選出のある上院議員は「民族的に純粋な国」を求め、また別のメイン州の下院議員は「神の意図は（USを）……偉大な人々の家とすることだ。英語を話し、偉大な理想を持つ白人、キリスト教徒、一つの民族、一つの国、一つの運命」と提唱した。[20] インディアナ州のある下院議員は、もっと露骨にこう言っている。

アメリカ国民の創始した、思考明晰で自治能力を持つ血統と、アメリカの血に旧世界の社会的、政治的な病を持ち込んでいる大量の移民たち、責任能力のない落伍者たちの間に、似たところはほとんど、あるいはまったくない……雑種に芸を教えても血筋のいい犬はできない。[21]

この議論と反移民法のどちらも、悲観論と人種差別によって弾みがついた。大戦間の時期に発表された白人の民族全体の運命を予測した有名な二つの議論は、どちらもヨーロッパ人ではなくアメリカ人によるものだった。具体的にはマディソン・グラントが一九一六年に発表した『偉大な人種の消滅、或いは欧州の人種史』と、ロスロップ・ストッダードによる『白人の支配に対抗する有色人種の繁栄』（一九二〇）である。二人の著者のテーマは違っているが、根底にある醜い人種偏見に満ちたイデオロギーは共通していて、グラントはストッダードの著書の序文を書いている。グラントは人口統計学よりも〝人種科学〟に興味があったが、〝主要民族〟の重要性を強調し、ヨーロッパ人を血統の違いではっきりと区別し、次のように結論づけている。

るつぼに際限なく材料を入れて沸騰させ続け……われわれが人種、宗派、肌の色の違いを見ようとしなければ、植民地時代にさかのぼる生粋のアメリカ人は、ペリクレス時代のアテネ人やロロ（古代ノルマン族長）の時代のバイキングのように絶滅してしまうだろう。[22]

ストッダードも白人の中の〝地中海人種〟と〝北欧ゲルマン系（ノルディック）〟の要素について心配し、産業革命によって、イングランドですら前者の増加が加速し、国の都市化が進むにつれてノルディックに有利な進化上の選択プロセスが弱まってしまうのではないかと恐れていた。「イングランドでも、背が低く肌の浅黒いタイプが、世代を経るごとに目立つようになっている」[23]。それでも彼の懸念は基本的に汎ヨーロッパ的だった。彼はヨーロッパ人の中で特に好む民族があったかもしれないが、もっと心配していたのは、非ヨーロッパ人の台頭を前にした、ヨーロッパ人全体の運命だった。彼は第一次世界大戦がヨーロッパの人口に与えた影響に気づき、それを嘆いていた。レーニンの〝中国の戦士たち〟と、ロシアに対するそのアジア的な影響を恐れ、〝白人の団結〟を呼びかけている。(24)ボルシェビキの扇動、日本の野望、そして中国とインドの膨大な人口が混ざり合い、世界におけるヨーロッパ人の優位性が奪われる恐れがあるというのに、内輪のつまらない問題でヨーロッパ人同士が殺し合い、自分たちの力を弱めている場合ではない、と。ストッダードがクー・クラックス・クランのメンバーであり、彼の著作の影響でナチスが〝ウンターメンシュ〟(劣等民族)という語を使うようになったと考えられるというのも、驚くにはあたらない。

『グレート・ギャツビー』にみる差別主義

グラントとストッダードの著作に刺激されて、ジョン・ウォルター・グレゴリーの『有色人種の脅威』(一九二五)のような同種の作品が生まれた。またスコット・フィッツジェラルドの『グレート・ギャツビー』などでも、そのような思考が大衆の目に触れるようになった。

「文明はバラバラになってしまう」と、トムは急に声を荒らげた……「あのゴダードの『有色帝国の勃興』を読んだか?……あれの言わんとするところは、用心しないと、白人はすっかり……徹底的に消されてしまうということだ。それは科学的な根拠がある。証明されてるんだ」

トムの態度にはまだふざけた様子があるが、ストッダードの考えに、フィッツジェラルド自身は、おそらくかなり共感していた。最近の研究では、編集者が彼の著作から、あからさまな差別主義や反ユダヤ主義の表現をだいぶ削ったことが示されている。[25]

しかし白人の今後について、すべてのアメリカ人が、同じ悲観的な見解を持っていたわけではない。とはいえ〝楽観的な〟見解も、負けず劣らず人種偏見にまみれていた。それは『岐路に立つ人類』の著者エドワード・M・イーストのような作家が世界的な視点で語ろうとしていたということではなく、そのデータの解釈が違っていたということだ。イーストは世界には〝イエロー〟（五億人）、〝ブラウン〟（四億五千万）、〝ブラック〟（一億五千万）より多くの〝ホワイト〟（五億五千万）がいると書いている。〝その他〟の人種すべてを合わせると白人の数を上回っているかもしれず、これは「白人の視点からすると、実に恐ろしい数である」と言う。[26]しかし彼は悲観論者の人口増加の数値に異を唱え、北米の白人の人口は五十八年ごとに、ヨーロッパでは八十七年ごとに倍増しているのに比べ、他の人種では、倍になるのに黒人では百年以上、南アジア人と東アジア人の場合はゆうに二百年以上かかっていると述べている。[27]長期にわたる世界的な基準では、ヨーロッパ系の人々の増加率はいまだ高く、概して非白人はまだ人口統計学的に〝覚醒〟していなかった。

違う人種の人口の増加率を比較して、イーストは「白人の人口増加が停滞しているという人は……ものごとをもっとよく見るための眼鏡が必要だ」。出生率は低下しているが、死亡率も低下していて、それが人口増加を支えている。「コウノトリは以前ほど飛んでいないが、死神も動かなくなって、その差を埋め合わせている」と彼は書いている。白人の優位性が保たれ、その死亡率が低下していたのは、帝国が存在して持続していたからだ。「白人は急速に増加している。それはなぜか。地上の居住可能な土地の十分の九を政治的に支配しているからだ[28]」。好循環によって、人口統計学上の強みが帝国を維持し、帝国の存在がその強みを維持する。海外の有色人種が脅威でないように、わが国の黒人も脅威ではない。アメリカ合衆国の白人と黒人の比率は一八二〇年には七百九十万人に対して百八十万人、一九二〇年にはそれが九千四百三十万人に対して、一千五十万人になった。黒人の人口は白人の二十二パーセントだったのが、百年後には十一パーセントになっていた。これはその間に大量の白人の移民が流入したためだ[29]。イーストの表現はしだいに詩的になり、聖書じみてはいるものの、アフリカについて多少の懸念を表明している。

ヤペテ（ノアの息子）の息子たちは……数が増え、次々と子を生んだ。信じられないほど増えた……北、東、西を見れば、地平線は果てしなく広がっている……ただ南には少し雲がある……この方向は守りを倍にするべきである[30]。

イーストほど楽観的な声を、ヨーロッパにとどまっていたヨーロッパ人の間で見つけるのは難しい。オーストラリアを日本の侵攻からどう守るか悩んでいたブリテンの行政官、ライン川のどちらの側でも、広がりつつあった世代ごとの人口の差を観察していたフランスの軍事計画者、あるいはまだ速いスピードで増加していたロシアの人口を注視していたドイツの軍事計画者らにとって、アメリカ合衆国における白人と黒人の比率など重要ではなかった。アメリカ人は世界視野でものごとを見る余裕があったが、少なくとも西ヨーロッパ人は、ヨーロッパの外の帝国の存続と、第一次世界大戦前のように、隣国に対する人口学上の弱みについて自国の心配をしなければならなかった。

オーストラリア、NZでのアジア人排除

ブリテン人は、国内の状況を心配しつつも、北海の向こうの国の人口増加の停滞に、ある程度の慰めを見いだしていた。一方で、彼らは植民地の人口構成について心配し始めた。日本では二十六万一千平方マイルに七千七百万人がひしめいているのに比べ、オーストラリアでは、人口規模では日本のたった七パーセントにすぎない白人が、日本の十倍の面積の土地に住んでいた。[31] このようにアジアの人口に対する意識が大きくなるのに合わせてオーストラリアの白豪主義が進んだ。それは十九世紀にアメリカ合衆国がアジア人を閉め出したように、オーストラリアからアジア人を排除しようとするものだった。オーストラリアにおけるアジア人への恐怖心は、第一次世界大戦以前にまでさかの

ぼることができ、特に政治的左派の間で強かった。労働党党首でのちに首相になったウィリアム・ヒューズは、一八九六年に次のように書いている。

わが国の北の国境の向こうには有色人種のアジア人の繁殖地がある。やがて彼らは白人の生き血をすすり、数を増やし、怒濤の勢いで国境を越え、根絶できない病気の種をまき、アングロ・サクソン民族が誇る建国の勢いを回復不能なほど衰えさせるだろう。(32)

オーストラリアでも、ニュージーランドやアメリカ合衆国と同じように、非ヨーロッパ人と特にアジア人の移民を排除する法律が可決され、第二次世界大戦が近づくと、G・F・マクリアリーが、これは白人のオーストラリア人による「犬がまぐさ桶(おけ)の上に座る(意地が悪い)行為」にはならないと言いつつ、こう明言した。「彼(白人のオーストラリア人)は自分のまぐさ桶を十分に活用しようとしているわけでなく、自分なりの使い方をしようとしている。自分の国に住む人々の間に、人種の混合、対立、災害が起こらないようにしているのだ(33)」。カナダでもアジア移民を排除する法律が可決していたが、同国の人口増加についての懸念は表明されていなかった。それは非ヨーロッパ化の要素が、そこに潜んでいるとみなされていなかったからだ。対照的に、オーストラリアでアジア人が特に不安視されていたのは、フランス人のエティエンヌ・デネリが言うところの〝アジアの百万人の群れ〟に似たものを感じていたからだ。デネリの著書『アジアの百万人の群れと西洋にとっての問題』の英語版が一九三一年に出版された。その「中国の膨張史」というタイトルの章で、中国人は国外には総計八百万人、中国国内には四億人いると書いていた（彼はおそらく挑発のつもりで、一八八三年のシーリーの著書『英国膨張史』にならってこの題をつけたと思われる。フランス人作家のアンリ・アンドリロンが一九一四年に『ドイツ膨張史』という本を書いたのと同じだ）。彼はインド人の東アフリカ、カリブ諸国、東南アジアへの移住についても言及し、「狭い稲田やほんの小さな土地に縛り付けられた不幸なアジアの大衆が、西洋国家と将来の世界平和への現実的な危険をもたらす[34]」と主張している。第一次世界大戦前に始まった〝黄禍論〟が、さらに大きく叫ばれるようになった。たとえばアジアからブリテンの植民地へ年間十万人が移住しているが、これは過密しているアジアの救いにはほとんどなっておらず、「オーストラリアとニュージーランドのあらゆる面で混乱を招いている」。植民地の民族の同質性を保つことが不可欠だった[35]。

経済的排除から人種的排除へ

ヨーロッパ人がオーストラリアの民族構成を心配していたくらいなので、オーストラリア人自身がさらに心配していたのは当然のことだろう。彼らが持ち込んだ法律は、最初は安い労働力を排除するという、経済的な理由からの労働運動によってつくられたものだが、その動機はしだいに人種的なものになっていった。事実、アジアの大国を怒らせないよう、特に日本とのよい関係を維持すべしというブリテンからの圧力のもとに法律は骨抜きになった(36)。

冒険小説作家であり農業改革者であるヘンリー・ライダー・ハガードも植民地の人口構成が今後どのようになるか心配していた。彼はこのテーマについて、マリー・ストープスも寄稿した産児制限についての論文集に寄稿している。一方でハガードは、オーストラリアとカナダは広く開かれていて、そこにブリテンからの移民が住まなければ、やがてブリテンの血筋の人はいなくなってしまうと主張していた。一方で母国の人口は多くなりすぎ、危機がおとずれたとき養える以上に人口を増やせる状況にはなかった。それを解決するための答えが、植民地への移住を続けることだった。その流れがなければ、植民地は弱体化し、外国の手に落ちるだろうと。他の国からの移民は当てにできなかった。やがて「もともとの血を……薄めてしまい」自治領のアングロ・サクソン的な性質が失われてしまうと思われていた(37)。ハガードはユダヤ系とインド系の祖先を持つという出自を気にすることはなかったようで、当時の大西洋両岸の一般的な意見だった「アングロ・サクソンは自然が生んだ最良の種である」という考えに与(くみ)していた。

自治領と特にオーストラリアに関するブリテンの不安は、戦前のUKの人口学上の弱みが植民地の子孫に表れているという、愛国的な不安と見なすことができる。それでも脅威はヨーロッパ人からだけでなく、非ヨーロッパ人から生じていると思われていたため、表現が露骨に人種差別的になった。その傾向は、日本よりドイツからの移民が不安視されていた戦前よりも強くなった。オーストラリアの人口の年間増加率は二パーセントから一・五パーセントに、ニュージーランドは二パーセント弱から一・二五パーセントに低下したと言われていた。[38] 一九一四年以前、ブリテンの評論家が、ヨーロッパの他の国に比して、ブリテンの数値が下がっていることに懸念を示していたが、このときは他の世界の国々に比して、ヨーロッパ全体の人口増加の停滞も心配していた。実のところ、彼らはこの二つの間の類似性を見いだしていた。大戦中、ブリテンの人口がもっと少なければ危機に瀕していたように、今度はその人口についての弱みが帝国を脅かしていた。ハガードはそれについてこう書いている。「もし大戦中、グレート・ブリテンの人口が、現在の人口の半分だったら、われわれはどこにいるべきで、われわれの連合国はどこにいただろうか」。同じように、人が足りないせいで、帝国が危機にさらされる可能性があった。「われわれの六千万人という数は、三億七千万人を超える先住民を支配するのに多すぎるということはない[39]」。

マクリアリーは一九三八年に、イングランド+ウェールズ、フランス、イタリア、ドイツの、一八八〇年代と一九三〇年代の出生率を比較して、それぞれ五十六パーセント、三十七パーセント、三十九パーセント、五十二パーセント低下したことを明らかにした。このとき注意しなければならなかったのは、はるか東の国の人口の増加数ではなく絶対数だった。ハガードは一億八千万と推定されていたロシアの人々と、「ドイツの技量と勇気で組織化され指示され、他の邪悪な作用に助けられたとき」[40]、彼らがもたらすかもしれない惨状について訴えた。そしてなんと一九四五年に（ナチスを連想させる人種差別的用語を恥ずかしげもなく使って）マクリアリーは『民族の自殺？（Race Suicide?）』というタイトルの著作を発表した。そこで彼はヨーロッパの出生率の低下の問題を「国家の生物学的衰退」[41]というよりむしろ、過剰な個人主義と、〝自己能力開発の崇拝〟の徴候とみなした。

欧州流を取り入れた日本人が、やがてヨーロッパに向かってくるのではという脅威

ブリテンでは人口について、植民地だけでなく、ヨーロッパの内部についての不安がずっとあった。植民地の問題については、〝白人の民族（white race）〟の観点から表現されることがある。それはどこか母国の懸念と矛盾する。ドイツの出生率の低下、フランスの低い出生率、ロシアの人口減少の最初の兆しを、ヨーロッパのライバル国の脅威の減少として歓迎すべきなのか、白人全体の弱体化として遺憾に思うべきなのか、常に明確なわけではなかった。アジア人に関しては、中国人とインド人が〝百万人の群れ〟であり、日本人はそれとは違った特別な脅威だった。日本人はアジア人がすばやくヨーロッパ流の習慣を採り入れ、人口をさらに増やしつつ、ヨーロッパの軍事技術と組織を使ってヨーロッパ人に向かってくる可能性があることを示した。ロイド・ジョージ首相の下で政務次官を務め、大臣だったこともある英国系イタリア人のサー・レオ・チオッ

ツア・マネーは、「有色人種が独自の科学的手法を使うことで、ヨーロッパ人が消滅する可能性」を恐れていた。彼はヨーロッパの国々の出生率が急激に低下していることに言及していた。日本の人口は年間七十万人増加していたのに比べ、イングランドとウェールズは二十五万人だった。このことから、彼はあからさまに汎ヨーロッパ的な結論を引き出し「白人文明に味方する少数民族の間で、人種的軽蔑、疑惑、憎悪をあおるのは自殺行為である」[42]と述べた。しかしこのような汎ヨーロッパ的感情はあまり一般的ではなく、第二のヨーロッパの紛争を防ぐにはいたらなかった。

フランスは移民受け入れに熱心

一方でフランス人は、ドイツとの出生率の差がなくなっても、自分たちの人口面での弱みについて悩み続けた。第一次世界大戦直前、『フランスの人口減少』『愛国心と父性』などのタイトルの大部が出版されていた。後者では、一九〇七年のフランスの徴集兵は二十八万六千百八十三人に過ぎなかったことを指摘し（ドイツは五十三万九千三百四十四人）、警告を発していた。[43]このテーマの本は戦後にも出版され続けた。ポール・ルロア・ボーリユーの『人口の問題』は、フランスの人口についての弱みは、軍事や経済面ではなく（どちらも重要な要因ではあるが）、最終的には倫理的なものだと（あまり説得力はないが）論じている。[44]これはある意味、マクリアリーが過剰な個人主義を心配する前触れであり、〝第二の人口転換〟の予感だった。この半世紀後にヨーロッパのほぼ全体の出生率が、大戦間の期間でも見たことのないほど落ち込んだ。

二つの大戦間の時期にフランスがヨーロッパで最も移民を受け入れる場所になったのは偶然ではない。イタリアからは百万人近く、ポーランドから五十万人以上、ベルギー国境を越えて三十万人がやってきた。人種偏見がないとはとても言えなかったが、啓蒙主義と革命的思考のおかげか、フランスはフランス人になれるなら誰でも――少なくとも白人なら誰でも――受け入れるユニバーサリズムに向かう傾向があった。フランスは特に〝適切な血統〟の移民を呼ぶことに熱心だった。理想としては文化と言語がラテン系で、カトリックを背景に育ち、フランス社会にすんなり溶け込める人々だ。その目的のため、また出生率を上げるために、国民人口増加同盟が設立された。[45]この同盟は〝ハードド・デモグラフィック・エンジニアリング〟と〝ソフト・デモグラフィック・エンジニアリング〟を組み合わせた初期のケースと考えられる。人口面での弱点を強化するため、まず移民を呼び込むことに力を入れ、[46]そのうちに自国の文化になじめるようアイデンティティの変更を促す。民族性と国籍の関係に柔軟な姿勢を示すこと、ライン川の向こうの民族中心主義の国にとっては選択肢にならない（特に一九三三年以降）シビック・ナショナリズムとでも呼ばれるもので、フランスは数値を上げることができた。[47]

移住と統合は、フランスの人口面での武器のごく一部に過ぎなかった。他にはラ・プリュ・グラン・ファミーユという市民団体が後押しする出産奨励策があった。昔から人口にこだわっていたフランスは、他の民主国家よりも、積極的に出生率を上げようとした。一九一五年に設立されたラ・プリュ・グラン・ファミーユは、地中海の向こうよりライン川の向こうの国を恐れていると思うかもしれないが、創設者はその使命について人種差別的な表現を使ってこう語っている。「白人種が出産を抑制しても、黄色人種がそれに倣うと誰が保証できるのか。黒人種が、たとえばアメリカ合衆国の白人にとって不安の種であるその繁殖力を捨てると誰が断言できるのか[48]」。そのため産児制限と中絶は、大戦間のフランスでは厳しく制限され、支援とメダルで出産が奨励された[49]。

人口と独裁者——人口増大目標と大規模虐殺の矛盾

第一次世界大戦後、古典的自由主義は後退した。最小国家という理想と個人の優位は通用しなくなった。古典的自由主義は絶頂期を過ぎ、十九世紀後半の数十年は、ＵＫでさえ国家の介入が大きくなっていった。しかしそのプロセスが加速したのは大戦中で、経済への国家介入が、戦争努力として不可欠になった。その結果、人口についての目標を定め、そのための政策を実行することが広く受け入れられるようになった。これは民主主義にも当てはまるが、二つの大戦間に生まれた独裁制にはもっと当てはまった。一般的に人口の増加を目指すのは、威信や権力を得るためだが、独裁者がそうした目標に、一貫して、あるいは合理的な方法で向かうとは限らない。なんといっても共産主義やナチスが行なった大規模な殺人は、公言していた人口を最大限に増やすという目標とは矛盾する。しかし人を殺しても罰を受けない独裁者は、出生数を増やして、考え方を思い通りに(共産主義とか)形成できる新しい世代、あるいは正しい民族、人種、国家的条件(ファシスト、ナチス)に適合する人々をつくろうとした。

人口に対するソビエトの姿勢は変化したが、それは芸術への姿勢にいちばんよく反映されている。革命初期には実験主義と革命思想と呼ばれるものが、芸術の政策に採用されていたので、家族と生殖への姿勢は、今なら〝進歩主義〟と呼ばれているものかもしれない。マルクスと、特にエンゲルスは、家族は資本主義の一つの面であり、結婚は制度化され社会的に認められた売春の一形態にすぎないと非難した。しかし時間が経つにつれ、もっと保守的な力が入り込み、党が芸術における〝社会主義リアリズム〟の慣習への服従を好んだため、家族に対してもっと型にはまった策をとるようになった。そこには初めから三つの対立があった。ボルシェビキ初の女性幹部となったアレクサンドラ・コロンタイは、革命時に「性行為は恥ずかしいことでも罪深いことでもなく、自然で合法で、空腹やのどの渇きをいやすような、健康な生物として当然のことだと認められるべきだ」と公式に述べている。(50) これはレーニンの賛同は得られなかった。

ソビエトは世界で初めて中絶を合法化した国だが、避妊具はあまり手に入らず使われることは少なかった。それは一つには値段が高かったせいである(ソビエトより繁栄していた西側でさえ、中流階級でないと買えなかった)。この時期のソビエトでは、中絶は個人の選択と女性の福祉という理由で認められていた。合法化の数か月前、ほぼ女性ばかりの工場で働くある労働者による、次のような報告があった。「二十五歳未満の若者百人から百五十人の職場で、この六か月で十五パーセントから二十パーセントが医師の助けなしに中絶したことを知っています。彼女たちは家にあるものを使うのです。漂白剤や他の有毒なものを混ぜて飲みます」[51]。中絶合法化の法令には、次のように書かれている。

この十年間で、中絶手術を受ける女性の数は増加している……どの国の法律も、なんとかこの悪徳をやめさせようと苦闘し……中絶を選ぶ女性とそれを実施する医者を罰し……それで手術は闇で行なわれるようになり、女性は欲深く無知な堕胎医の犠牲になる。[52]

人口の大半を占めていた農民たちの出生率はまだとても高かったが、国民の多くが都会化し、読み書きができるようになるにつれて下がり始めた。スターリンのもと、社会変革ムードは弱まり、ソビエト連邦はジレンマに直面していた。そのころは農場でも、そしてもちろん工場でも、女性労働者の力が必要とされるようになっていた。しかしそれと同時に国を強くするため、人口を増やしたいという政府の思惑があった。また中絶件数が増え、その数が出生数を上回る都市も現れて、中絶に対する嫌悪が広がりつつもあった。[53]一九三五年、スターリンは「人間が最も貴重な資源である」と宣言し、翌年に中絶は特別な理由がない限り非合法ということになった。ふだんどおり、若い役人たちが公式見解を何度も繰り返した。オールド・ボルシェビキで、ときに党の良心とまで言われるアーロン・ソルツは、新しい〝社会主義者の現実〟では、中絶はもう必要ないと強調した。「われわれの生活は前より楽しく、幸せで、豊かで、満たされたものになった。しかし食欲は食事とともに生じると言われる。われわれの求めるものは日に日に大きくなっていく。われわれには新しい戦士が必要だ……われわれは人間を必要としている」。彼は「母になるという偉大な幸せ」について語った。彼は母親を（労働効率向上を目指す）スタハノフ運動の労働者にたとえ「女性の健康を守る」必要があり、「強く健康な若い世代の育成を保護する」という理屈で、中絶への罰を正当化した。[54] 共産主義の主導のもと、新たに出産奨励策を打ち出しても、ロシアの出生率は低下し続けた。大きな人口の潮流は〝偉大なる建築家〟スターリンの力でも押しとどめることはできず、鉄鋼やトラクターの生産量を決めるほうが、子どもの出生数を決めるより簡単だということがわかった。それでもソビエト連邦の人口が急激に増え続けたのは、出生率が低下しても妊娠数は多く、飢饉や粛清があっても、国民全体の平均寿命は延び続けていたうえに、海外移住はほぼ禁止されていたためだ。

ムッソリーニは人口増を促すも効果はいまいち

母性と育児、伝統的な性的な倫理とより幅広い女性の役割について、ソビエトの対応には迷いがあり、政策が揺れていたのに比べ、ファシズムのイタリアはもっと一貫していた。カトリック教会とは最初のうちは考えを異にしていたが、ムッソリーニは避妊と中絶についての教会の教えを支持し、人口を四つの国家的〝戦い〟の一つ（他の三つは土地、穀物、強いリラ）と位置づけた。一九二七年、彼はこう明言した。「基本的側面でないにしても、国の政治権力、経済、道徳的な力のためにどうしても必要なのは、人口面での強さである……。紳士諸君！　世界で意義のある存在になるために、イタリアは今世紀後半には少なくとも六千万人の住民がいなくてはならない」[55]。これは当時の人口規模の五十パーセント増である。中絶と避妊は禁止され、独身税は増え、家族向けに貸付が行なわれた。こうした政策を進めたにもかかわらず、あまり効果はあがらなかった。イタリアもヨーロッパの他の国でよく見られた状況におちいった。人口は一九二〇年の三千七百万人から、一九五〇年には四千七百万人に増えたが、ムッソリーニの立てた目標にはとても及ばず、この期間の年間増加率は一パーセント前後だった。そして増加したのは〝出産のための戦い〟に勝利したためではなく（一人の女性が生む子どもの数が、第一次世界大戦前は四人だったのが、一九三〇年代後半には三人に減っている）、死亡率が低下し、平均寿命が延びたため（一九一〇年には四十七歳、一九五〇年には六十六歳）、そしてイタリアからの国外移住者が一九三〇年代後半には、第一次世界大戦前と同じレベルの六パーセントくらいにまで、大きく低下したことによる[56]。

ヒトラーは出産奨励、ただし純血種を

ヒトラーは人口をとても気にしていた。彼の大量殺戮の思考は、人口の質という視点から生じていたが、当時の政治指導者の間ではもっと大きな懸念だった数の問題も見逃すべきではない。第一次大戦後、ポーランドに譲渡された土地から五十万人のドイツ人が、そしてアルザス＝ロレーヌ地域から十三万二千人が集まってきていた。しかし一九三九年に戦争が勃発したときには、数十万人ものユダヤ人がドイツから脱出していた。ワイマール共和国の時代からすでに出産奨励策はあったが、それが目立つようになったのは第三帝国で、母の日が公式の休日となり、大家族を奨励するだけでなく、そのための支援も行なわれた。母親十字章が設けられ、子どもを四人以上（銅）、六人以上（銀）、八人以上（金）生んだ母親に授けられた。第二次世界大戦中、中絶は死罪とされた。一九三四年にヒトラーは宣言した。「ドイツの女性は何よりも妻であり母であることを望む……工場や事務所、議会への憧れなど持たない。居心地のよい家、愛する夫と子どもたちが何より大切なのだ」[57]。

ナチスは人口基盤の拡大を目指していて、出産奨励策とプロパガンダ、そしてオーストリア、チェコスロバキアのドイツ人を取り込むことでそれを推し進めようとしたが、それにふさわしいとみなされない人々はあっさり排除した。母親になることを勧めるのは、「子を生む価値のある」女性だけだった。数は重要だが、ナチスが目指す民族の純

血は、数以上の意味を持っていた。その一方で、戦争下で経済的な必要に迫られると、何百万人もの民族的に不純と思われる人々が入国を許されたが、それは労働のためで、多くは奴隷労働を強いられた。(58)

そして七百万人の命が奪われた

現実には、ナチスの人口政策は混乱していた。伝統的な道徳観を守ることと、価値ある民族を増やす政策の間にはジレンマがあった。そうした政策には、戦地に旅立つ前、あるいは血筋的に望ましい場合、必要とあらば婚姻外でも子をもうけることを奨励するといったものが含まれた。ヒトラーはドイツが生き残るかどうかは、危険な人口の減少傾向をひっくり返すことにかかっていると信じていた。減少傾向自体が、衰退、個人主義、ホモセクシャリティ、過度な都会化の結果だと考えられていた。(59)しかし同時に、当時のドイツの人口規模は領土に対して大きすぎるため、生存圏（レーベンスラウム）が必要であるとも信じていた。結局のところ問題は、人口に比して土地が狭すぎることなのか、土地はあるのに人口が少なすぎることなのか、はっきりしておらず分析もされていなかった。そのためあらゆる矛盾が持ち上がっただけでなくポーランド占領時にも、ソビエト連邦の西側を広範囲にわたり占領したときも、きわめて非人道的な人口政策を行なった。

全体として、ヒトラーがドイツの人口規模に与えた最大の影響は――ヨーロッパ全体の人口に与えた破壊的影響とは完全に切り離して――戦時中、軍人と民間人を合わせて約七百万人の命が失われたことだ。この大惨事の根底にあったのはドイツの人口動向の基本的パターンであり、それはイタリアとよく似ていて、ヨーロッパ全体のパターンとも一致していた。ナチスの出産奨励策には多少の効果があったのか、一人の女性が生む子どもの数が一九三〇年には二人弱だったのが、一九三九年ごろには二人強と、やや増加した。これでも第一次世界大戦前については言うまでもなく、一九二〇年代に比べてもかなり減っている。平均寿命は一九二〇年代には五十四歳未満だったが、一九五〇年代にはほぼ六十四歳にまで延びた。何百万人も増えたドイツ人が、先住のスラブ民族を排除して、ウクライナやウラルに安住するという幻想が実現することはなかった。それでも数字だけを見れば、ドイツの場合、第一次世界大戦で減少した人口はかなり早いうちに回復した。

偉大なるヨーロッパのパワーの終焉

レナード・ウルフの回想録第二巻は、彼が二十世紀最初の十年間、スリランカの植民地の統治者として過ごした日々が記されているが、それはジョージ・オーウェルが同様の状況で大戦間のビルマでの経験をつづった『ビルマの日々』とは、はっきりとした対照をなしている。のちの（当時は公言していなかっただけかもしれないが）ウルフの反植民地主義発言とは裏腹に、ウルフの文章から受ける印象からすると、帝国は自信に満ちていて、将来も長く存続すると感じさせた。オーウェルの描く帝国はくたびれていて、恐れ、自らの運命を予感してぴりぴりしている。二人の著作だけで多くを読み取ろうとするべきではないが、これらを読むと、帝国、特にその寿命に対する姿勢がどのように変化するか理解する助けになる。

二つの大戦間における植民地支配力の減衰は、ある程度人口学的な土台があり、ブリテンに限ったことではなかった。ヨーロッパ系の出生率の低下と人口増加への懸念は、ヨーロッパ人だけでなく、フランス人、アメリカ人、ドイツ人にまで広がっていた。セシル・ローズやロバート・シーリーのような人物が、アングロ・サクソンはもちろん、白人が支配する世界を予言できる時代は終わった。それは彼ら自身、非白人の数が増え、今後さらに増える潜在力を持つ一方で、ヨーロッパ人の増加率の低下に気づいていたことが大きい。すでにブリテンはアイルランドのほとんどを失っていた。エジプトやインド、その他の地域でも自治を求める動きが高まっていた。ヨーロッパ人は、そのような動きを力で簡単に抑えられるとは思っていなかった。

アジアやアフリカの植民地で数では常に劣っていたヨーロッパ人は、非ヨーロッパ人の人口増加が停滞して見えるのとは対照的に、独自の人口モメンタムと活力によって持ちこたえていた。しかしブリテンが他のヨーロッパ国家を出し抜いて前に進み出て、その後、他の国と比べて退歩したのとまったく同じパターンが世界規模で起ころうとしていた。大戦間の状況からは、戦後にベビーブームが起きるとは考えにくく、ヨーロッパ人の出生率は低いままで、さらに低下すると考えられる理由は山ほどあった。その一方で、かつてヨーロッパの人口増加を加速させたのと同じプロセスで、非ヨーロッパ人の人口がいずれ増加することは目に見えていた。ヒトラーが物質的条件と医療の向上で、ロシアだけでなくインドの人口が増加していることを心配していたのは、だてではなかったのだ。

第二次世界大戦、なぜドイツはソビエトに敗れたのか

植民地での威光の失墜が見え始めると、第二次世界大戦が進行するにつれて、かつてのヨーロッパの存在感は、アメリカ合衆国とソビエト連邦の前で光を失っていることが明らかになった。どちらの国もそれぞれ違う形で、ヨーロッパであるかどうかもあやしい、あるいは完全にヨーロッパであるとは言えなかった。前者はそもそも違う大陸にあるものの、人口はヨーロッパ出身者が大半を占めていた。後者はヨーロッパの端にあり、そこからさらに広範囲に広がっていたが、文化はローマではなくビザンチウムに由来する正教会の流れを汲んでいた。これら二つの半ヨーロッパ国の勃興の代償となったのが、ヨーロッパ中心部だった。それに人口動向が果たしていた役割には疑う余地がない。ドイツがソビエトに敗れたのは、ロシア軍の膨大な数の兵士と、ロシアの広大な土地（そしてもちろんロシアの気候）のせいだった。何百万人ものロシア人が殺され、何百万人もが捕らえられたが、さらに何百万人もがやってきて、最終的にドイツに打ち勝った。ドイツのマンシュタイン元帥は、ロシア軍は、頭を切り落とすとそこに二つの頭が現れ

るヒュドラのようだとこぼした。[60] 一九四一年末にモスクワから離れた地で凍えたドイツ部隊、そしてその一年後に絶望的状況に陥った別の部隊がスターリングラードで動きがとれなくなって、ロシア人はどれほど捕まえたり殺したりしても押し寄せてくると気づいた。このとき彼らは、人口動向という戦場におけるシンプルな展開を見ていたのだ。

ロシアの人口の急増とドイツの人口増加の減速がなければ、最終的にソビエト連邦が勝利することもなかっただろう。二十世紀最初の四十年のドイツの人口増加率は平均〇・五パーセント強にすぎなかった。ロシアは内戦と共産主義による荒廃を経ていたにもかかわらず、年間一・四パーセント近く増加していた。[61] そのため二十世紀に入ったばかりの時期は、ドイツの人口はロシアの半分を少し超えるくらいだったのが、ドイツがソビエトに進攻したときには三分の一になっていた。優れたドイツの軍隊は、一九一四年から一八年には西部で全面戦争を戦いながらロシアの数の力を制圧したが、今度は一九四四年に西部戦線が開かれる前からすでに、ロシアの数の力に圧倒されていた。他にもドイツにとって不利になりそうな、重要な要素はあった。たとえば二つの大戦間にロシアの急激な工業化が進んだこと、スターリンの初期の軍事作戦の失敗、ヒトラーの司令官への干渉、ドイツが冬期の戦いに適した部隊を配置できなかったこと。ヒトラーとスターリンが非ロシア人の人口を、ソビエト連邦西部から遠ざけたことも重要な役割を果たした。だからといって、第二次世界大戦の東部戦線がかなりの部分、数による荒っぽい戦いであった事実が薄まるわけではない。戦時中、ロシアは三千四百万人が兵役につき、そのすべてが一つの戦地で戦った。ドイツは千三百万人がさまざまな場所へ散らされた。

超大国、アメリカの誕生

第二次世界大戦中のアメリカ合衆国にも同じことが言える。同国の強大な経済力はある程度、人口規模が大きかったおかげかもしれないが、規模自体もきわめて重要だった。機械だけでなく人手を、物質的な資源だけでなく人間という資源を無尽蔵に供給できたことで、アメリカ合衆国はドイツから見れば、事実上の無敵状態になった。ここでもこの二つの国の人口規模を比較すると見えてくるものがある。二十世紀を迎えたとき、ドイツの人口はアメリカ合衆国のほぼ四分の三だった。アメリカが第二次世界大戦に参入したとき、ドイツの人口はアメリカの半分未満になっていた。

アメリカの人口がヨーロッパのあらゆる国の数倍に達し、軍事面だけでなく経済面でもヨーロッパの優位は終わりを告げた。より大きな市場と、より大きな規模の経済の可能性を持っていたアメリカは、一人当たり所得でUKを大きく上回ったが、絶対的な経済規模よりも決定的な要因となったのは人口規模だった。一八七〇年、アメリカ合衆国の人口はUKのほぼ三分の一、経済規模はほぼ同じだった。一九五〇年には、アメリカの人口はUKの三倍、経済は四・五倍だった。二つの経済の相対的な位置は、一人当たりのベースで逆転されていたが、相対的規模の変化に関するもっと重要な因子は、人口の相対的規模だった。

アメリカとロシアという両極にある超大国が現れることは、おそらく大戦の間の期間の人口動向から予測されていた。ソビエト連邦とアメリカ合衆国という、広大な土地と急増する人口を養う潜在力を持った国が、ヨーロッパの国々から離れ始めた。実際にフランス人の政治理論研究者で旅行家のアレクシ・ド・トクヴィルが、その百年前にロシアとアメリカ合衆国という大国の出現を予言している。「それぞれが天の意志により地球の半分の運命を決するよう選ばれているようだ」と彼は書いている。そしてその急激な人口増加と、増加を維持する力には、それまでのヨーロッパの大国は対抗できなくなることとも、正確に言い当てている[62]。

中国は人口学的には大国だったが、経済と産業の成長がなかったために眠ったままだった。しかし人口増加と産業の発展が同時に進行し、人口増加率と規模が拡大すれば、列強国と世界体制が根本から変わることは避けられない。ヨーロッパの帝国の衰退は、人口面での優位性が揺らいだというだけの問題ではなかった。一九一九年のヴェルサイユ条約における、ウッドロー・ウィルソンの敵対的なイデオロギー、ヨーロッパの国際連盟への強制加入や〝植民地〟に代わる〝委任統治権〟の由来はアメリカ独立戦争にさかのぼる。しかしウィルソンが彼のアイデアを押しつけられる地位にいたという事実に、アメリカの人口増加の勝利が反映されていた。それは一九四五年をすぎてようやく生まれた世界を予言していた。そこではアメリカが〝西洋〟の添え物ではなくなり、完全にそれを具現するものとなった。これは人口変化の潮流によってつくられた新しい世界だった。その後の半世紀は、その満ち干によってつくられることになる。

二つの世界大戦が起こる間に、以前には想像もできなかった形で、すべての人が動員されることになった。ジェーン・オースティンの小説のヒロインたちは、全ヨーロッパを巻き込んだナポレオン戦争について何の関心も持たなかった。彼女たちが興味を持つのは、さっそうとした兵士や水兵と出会う機会を与えられたときだけだった。それから約百年後、その子孫たる女性たちは、国民が飢えないよう婦人農耕隊員として畑を耕したり、前線に送る弾丸や戦車を製造するために工場で働いたりしていた。飛行機が発明され空爆が可能になったということは、島国という要塞にいても、直接的な戦闘体験を免れなくなったということだ。そして社会がすべての国民を戦争のために動員する力と意思があったために、その国の人口規模がかつてないほど重要になった。

一九四五年以降、西洋はまったく違う段階に入った。戦争はふたたび遠くの土地で行なわれ、祖国への直接的な影響はほとんどなくなった。新しい社会的、経済的な趨勢が目立つようになり、そしてその趨勢をつくるのは西洋でいちばん人口が多い国、つまりアメリカ合衆国となった。

第六章 ベビーブーマーの誕生とアメリカの世紀

戦争が終わり、帰還したGIたちが家族をつくり始めた。反抗精神と大量消費のベビーブーマーたち。女性は教育機会を得る。一方、メキシコからの移民も。オバマ、そしてトランプの当選につながる。

The West since 1945
From Baby-Boom to Mass Immigration

人口学の常識を覆した、戦後アメリカのベビーブーム

トマス・マルサスは十九世紀初頭のサリーに住み、数百マイル北の産業の中心部で起こっていた大変革に目もくれず、消えゆく世界について考えていた。その世界では土地の生産力が少しずつしか増加しないのに人口は急速に増加するため、いずれ食料生産が追いつかなくなる。すると必然的に人口も増えなくなる。マルサスはこの理論について、さまざまな版の『人口論』で詳しく説明しているが、マンチェスター周辺やイングランド北部や中部地方の工業中心地に新しい社会が生まれていたため、彼の農業中心の前提は崩れかけていた。

畑の畝（うね）がかまどに、小屋が共同住宅に取って代わられた新しい社会では、膨大な人口から生じる労働力で物を製造し、他と取引して大量の食料と交換することができる。その食物は遠い大陸の、先住民を追い出して母国の人々を養うために開拓した新しい領地でつくられたものかもしれない。マルサスには想像もつかなかった新しい輸送手段、鉄道と蒸気船が食物を世界中に運び、イングランドと、やがて他の工業化された国に、数え切れないほどの〝ゴーストエーカー〟（国外の生産農地）が増える。マルサスは生まれるのが早すぎ、繁栄の中心から離れすぎたところで暮らしていたため、自分が考えた理論が破綻して、考えていたよりはるかに多くの人口を支える新しいシステムが現れるのを見ることはできなかった。

第二次世界大戦後、予想外のことが起こった。ポスト・マルサスの世界については、マルサスの百年後に生きた世代の統計学者や社会科学者たちが、すでにうまく理論化していた。マルサスほど有名ではないが、アメリカ人のフランク・ノートスタインは〝人口転換〟として知られるようになる理論を提唱した。国は永遠にマルサスの制約に縛られた状態にあるのではなく、人口が少なく、出生率が高く死亡率も高い状態から始まり、やがて死亡率が低下して人口が急激に増加する。その後は出生率が下がり、人口は増え続けるがその速度は落ち、最後に出生率と死亡率がまた均衡し、人口は前より高いレベルで安定する。

大まかに言うと、ノートスタインの考えは正しかった。たしかにそれはブリテン、アメリカ、ヨーロッパ全土で起こったことだ。しかしマルサスの理論と同じように、彼がそのシステムを分析している間に、そのシステム自体が変化していた。北米や北ヨーロッパの進歩的な工業社会では、この過程の最終段階に到達しているはずだった。つまり一人の女性が生む子どもの数は二人くらい、低い死亡率、大規模でほぼ安定した人口、そして人口変化の潮流の終点と思われるところへ到着するはずだったのだ。しかし実際に起きたのは、誰しもの予想を裏切るベビーブームだった。大戦後の二十年、先進国の若い女性は、自分の母親よりも多くの子を生んだ。人口がマルサスの予測を超えた動きをしたように、ノートスタインも不意打ちをくらった格好になった。人口についての決まったパターンを特定できたと思われた瞬間、新しい形が現れたのだ。

大戦間の米国は出生率が落ち込んでいた

一九六四年三月十日、ある早春の晴れた日、ロンドンの中心で四十一発の祝砲が響いた[1]。ウィンストン・チャーチルが死ぬ一年前、そしてアレック・ダグラス＝ヒューム（貴族で英国首相になった最後の人物）が首相の地位に就いた翌年である。祝砲はエドワード王子の誕生を祝うものだった。王位継承順位は兄のチャールズ、アンドリューに次ぐ、そして姉のアン王女よりは高い第三位となる。この四人目の子が生まれたあと（そのとき三十代後半になっていた）女王は子を生むことはなかったが、女王の母のちょうど二倍の子を生んだことになる。ここでもイギリス王室一家はその世代と年齢の典型で、エドワード王子が生まれたバッキンガム宮殿の門を出て、さらにはブリテン諸島という狭い範囲をはるかに超える世界の風潮を象徴する存在だった。そしてエリザベス二世の子どもたちもまた彼らの世代の典型であり、子どもは多くて二人。彼らの祖父母が生きていた二つの大戦間の時代の、子どもの数が少ない小家族の風潮に戻っている。

十九世紀の典型的な家族と聞いて私たちが思い浮かべるのは、ビクトリア女王一家かもしれない。子どもたちが愛情に満ちた親のまわりで、王族らしく、あるいは楽しげにポーズを取っている。しかし二十世紀半ば、力と金が集まる場所は西に移っていた。戦後のベビーブームを考えるとき、最初に頭に浮かぶのはアメリカ合衆国ではないだろうか。アメリカ合衆国は西側世界における人口強大国となっていた。マルサスの時代から高い出生率と大幅な人口増加が顕著だった。それでも第一次世界大戦前から女性一人が生む子の数は減っていて、その傾向は大戦間の時代も続いた。一九三〇年代の大恐慌もまた、出産や家族をつくることを控えさせる要因となった。[2] 大西洋のどちらの側でも、失業した男たちは家族を養うのに苦闘し、結婚や子どもをつくることを遅らせる、あるいはそれ以上家族を増やすのを避けた。避妊具についての知識も広まり、あまり豊かでない層でも手に入れやすくなって使用率が上昇した。かつては貧しい人々にとっては、とても手が届かなかった（一九三二年に出版された英国の作家イーヴリン・ウォーの小説『黒いいたずら』では、それが近代化の象徴として明るく描かれている。二十年前だったら、出版物でそのような話題を扱うことは考えられなかった）。

最も一般的な避妊法はある種の鞘（さや）、コンドームだった。そのような仕組みのものは大昔から知られていて、十八世紀のロンドンではかなり広く使われていたことが、ジェームズ・ボズウェルの日記に記されている。十九世紀から使われるようになったゴムの価格が二十世紀に入ると安くなって、もっと手に入れやすくなった。UKでは人目をしのんで販売されていることが多く、床屋が「週末は何か予定が？」と尋ねるのが、販売の合図と言われていた。第一次世界大戦直前から女性用のIUD（子宮内避妊具）やコイルを使えるようになり、それも二つの大戦間の期間にどんどん出回った。しかし特に貧しい人々や教育を受けられない人々にとっては、膣外射精、禁欲、そして未熟で違法な中絶手術が、家族の数を抑えるための方法であることに変わりはなかった。信頼性が低く、（後者の例では）危険だったかもしれないが、そうした方法は出生率を一八六〇年代の三分の一にまで下げるだけの効果を発揮した。

二つの大戦の間の米国では、一人の女性が生む子の数が三人強から二人強にまで減少した。[3] この落ち込みの原因として、特に移民の出生率の低下、田舎から町に出てくる人が増えたこと（一般的に都会は出生率が低い）、そして地方と都市の出生率が近づいたことなどがあげられている。田舎の人口が減ったうえ、出産と家族の数については、都会の傾向に近づいていたのだ。[4] これは人口増加率は低下していても、問題視されていなかったということだ。人口自体はまだ全体的に増えていて、規模については国際的な舞台ではライバルと思しき国を引き離していた。アメリカ合衆国の支配者層が関心を寄せていたのは、人口増加よりも移民を減らしてアングロ・サクソンのアイデンティティを守ることだった。

一九三〇年には、アメリカの人口の年間増加率は一パーセントを切った。それまでの歴史的な基準からすると低い数値だ。そこにはもう、エマ・ラザルス（自由の女神像に詩が刻まれている）のアメリカ、貧しい移民の群れを引き寄せるアメリカはなかった。一九二〇年代にはかつてないほど入国管理を厳しくすることで、アメリカはもう貧しい移民の群れを歓迎することはないと明確に示したのだ。出産可能な若い移民が新しい土地をいくらでも手に入れられ（もちろん先住民の犠牲の上にだが）、その多産能力だけで二十五年ごとに数を倍にできる、トマス・ジェファーソンのアメリカではなくなってしまった。

帰還したGIたちが家族をつくりはじめた

そして一九四五年から、あらゆる予測に反してすべてが変わった。戦争が終わり、帰還してきたアメリカのGIたちが、家を手に入れて花嫁を迎え、家族をつくりたいと考えた。最初それは戦後に起こる当然の現象として見過ごされかけた。結婚して家族をつくるという、戦争で延期されていたことをようやく実現できるようになっただけにすぎない、と。しかしその傾向は短期では終わらなかった。アメリカ合衆国の合計特殊出生率は、戦前に二強まで減っていたのが、一九五〇年代後半には三・五にまで回復していた。[5] フランク・ノートスタインの人口転換理論では、低死亡率・低出生率の段階に達したあとに、出生率が倍近くになるという現象を説明できなかった。後知恵になるが、ノートスタインの人口転換モデルは、正確にはひっくり返されたわけではなく修正が必要になったのだ。

一九三〇年代後半の年間の総出生数は、全米で二百万を少し超えるくらいだったが、一九五〇年代にはその倍になっていた。[6] 年間人口増加数は、大量移民を受け入れなくても、一九三〇年代の倍のレベルだった。[7] 一九六〇年にはアメリカ合衆国の人口は一億八千万人だったが、一億を超えたのはそのほんの四十年前だ。一九四〇年代半ばから一九六〇年代半ばの間に、家族が人口増加を後押ししていたトマス・ジェファーソンのアメリカは戻ってきたようだったが、何十万、何百万もの移民が集まる、エマ・ラザルスのアメリカは戻っていなかった。少なくとも当面は、門が閉まったままであっても、分娩室は開いていた。

人口動向は何百万という個人や夫婦の私的な決定が集まったものだ。ある現象がなぜ起こるのか、完璧に理解するのは不可能である。海流とは違う人口の潮流を理解することは厳密には科学にはなりえない。しかし戦後のアメリカのベビーブームが起きた理由を推測することはできる。すでに見たように、戦争後や、多少なりとも恐慌の間の遅れを取り戻すための動きもあった。ある評論家は「青年たちが〝あちら〟から母国に戻り、結婚し、仕事に就いて、家を買って子どもを持った[8]」と書いた。しかしこれでは、なぜベビーブームが戦後十五年たっても続いていた――むしろピークに達した――かを説明できない。家庭を持って落ち着きたいと思っていたGIたちはずっと前にそれを実現していたのに。このような風潮がいきなり盛り上がる時期がある。早い結婚と大家族がふつうのことになり、人々は映画やテレビで見るもの、あるいは友人の行動を手本とする。

好景気が早婚を後押し

ベビーブームが長く続いた理由として、より説得力があるのは経済である。人口増加と好景気は、環境が適切であれば好循環のサイクルにはまる。結婚する人と子どもの数が増えれば、多くの家とその周辺で使われるようになっていた製品が必要になる。たとえば冷蔵庫、洗濯機、電話、テレビ、そして何よりも自動車。アメリカがまだ消費者製品をほぼすべて自国で製造していた時代には、これらすべての需要を満たすことで、楽観的な風潮に拍車がかかり、さらに家族や子どもをつくろうという気持ちが高まる。これはアメリカ企業の黄金期で、賃金は上がり雇用は安定していて、若者が思い切って結婚し家族を築き始める、あるいはもっと子どもを生んで育てられると思う条件がそろっていた。ある意味で、マルサスの罠をようやく振り捨てられたのだ。今より貞節が重んじられた社会では、結婚を遅らせることは性的に禁欲するということで、不満につながることが多かった。経済的な機会が若者に開かれると、父親より早い時期に結婚して子どもをつくっても大丈夫と感じる者が増えた（私の親戚は一九四〇年代についてこう言った。「われわれの時代は、すてきな女の子とセックスするには結婚するしかなかった」）。一九六〇年には、二十代後半から三十代前半に家を持つ人が二十世紀初めの倍に増えた。そして女性が第一子を生む平均年齢は低下した[9]。制約が多かった前の時代には、きちんと生活するために晩婚と産児制限がふつうだったが、今度は早婚と大家族が経済的成功のしるしとなった。

西側諸国へと広まる

ベビーブームは戦後の好景気と同じで、アメリカに限ったことではなかった。むしろ西側全体に広がっていた。カナダではこの傾向がアメリカよりも強く、一九六〇年代に女性が生む子どもの数は四人弱だった。つまりエリザベス女王はブリテンよりもカナダ人の典型に近かったと言える。その理由の一つには、産児制限を嫌うカトリックの教えが他よりも（粗出生率が示しているとおり、彼らの母国フランスより）長く守られてきた、フランス語圏のケベック州での合計特殊出生率がきわめて高いレベルで維持されていたということもある。オーストラリアとニュージーランドはだいたいアメリカと同じ道をたどっていて、UKは一九三〇年代の合計特殊出生率がかろうじて二だったのが、一九六〇年代初めには三近くになっていた。ピークは一九六四年、エドワード王子が生まれた年だった。ドイツでも出生率は上昇したが、二・五を超えることはなかった。国自体は戦後の廃墟からの復興と奇跡的な経済成長を遂げていた。最後に、北ヨーロッパはある程度、アメリカで起きた現象をなぞっていた。合計特殊出生率はほぼ戦前のレベルにまで上昇したが、肩を並べるところまではいかなかった。

南ヨーロッパが北米や北ヨーロッパとは違ったのは、第二次世界大戦以前はまだあまり工業化が進んでおらず、農村部の方がはるかに人口が多く、出生率も低下しているとはいえ他の地域よりは高く、まだ人口転換の途中にあったことだ。スペインはフランコの独裁政権とカトリック教会の支配下にあり、出生率は二・五から三にまで上昇した。イタリアでは二・五でほぼ横ばいだった。アイルランド人女性が生む子の数はヨーロッパ一だった。一九六〇年代に一人の女性が生む子の数は四人前後、これもカトリック教会の勝利の一つだったが、人口という面では小さな国のままだった。農業中心の次の段階へ進むための苦闘が続いていて、出生率の高さは百年前と同じように、そのまま海外移住者の多さにつながる。アイルランドの子どもたちはマサチューセッツ州ボストンからイングランドのバーミンガム、オーストラリアのブリスベンまで、経済的成功のチャンスを求めて国を出た人々がよく通る道筋をたどって広がり続けた。一九七〇年になっても、アイルランド共和国では出生率が高いにもかかわらず、人口は第二次世界大戦末期からほとんど増えていなかった。

反抗精神と大量消費主義——ベビーブーマーたちの影響力

ベビーブームは社会に大きな影響を与え、その後、世には若者があふれた。一九五〇年代、北米と西ヨーロッパはティーンエイジャーの時代の幕開けを目撃した（〝ティーンエイジャー〟という言葉は大戦間に生まれたかもしれないが、正式に使われるようになったのは第二次世界大戦後のことだ）。それはロックンロールの時代であり、初めて大衆若者文化（マスユース カルチャー）と呼べるものが現われた時代だった。西洋の国々では、子どもたちの大集団が若者となり、前世代の集団を数で上回り、社会的慣習やしきたりに変化をもたらした。

ベビーブームが最高潮に達した一九六〇年代、戦争直後に生まれた子どもたちが成人し、ベビーブーマーの最後の世代が生まれようとしていた。ティーンエイジャーの態度には、思春期らしい反抗心と大量消費主義への適合が混在していた。それはカリフォルニアからパリまで広がる学生運動、ブルージーンズ、ビートルズとローリングストーンズの時代だった。この世代が自信に満ちて影響力を持っているのは、数が多い世代だからだ。若者が前の世代よりも数が多ければ、慣例に対して疑問を呈し、異議を突きつけ、そして場合によっては打倒する。いまだ一九六〇年代の文化が人気を集めているのは、その集団の規模が大きく、影響力を持ち続けている証拠である。ただしいまとなっては、当時のその集団は自由恋愛やベトナム戦争反対ではなく、年金削減や定年延長に対して声をあげる可能性のほうが高い。

「ロックンロールは死んだ」と、一九九五年にレニー・クラヴィッツは歌った。このタイミングはおそらく偶然ではない。このときティーンエイジャーとなるアメリカ人の層の数は最低を記録していた。出生率はこの約十五年前に底を打っていた。それ以降、社会の年齢構成が大きく変化して、楽観的な若者文化が全体的に退行したと言える。一九六五年には二十五歳未満の層がアメリカの人口の半分に届く勢いだったが、二〇一五年には三分の一未満になった。一九五〇年代後半から一九六〇年代が若者勢力のピークだった。

ベビーブーマーたちは、全盛期には西洋文化の構造をむしばむと非難された。老いが近づくと今度は経済を搾取し、私腹を肥やし、自分たちの権利を振りかざして社会保障制度を破壊すると非難される。[10] こうした非難は正当化され、ときに政治的な副産物を生む。二〇一七年のＵＫ総選挙にその例が見られる。かつては保守派が圧倒的だった中産階級の票が、労働党と保守党でほぼまっぷたつに割れたのだ。階級はもう投票行動を予測するうえでの有力な材料にはならなくなった。いまや票の動きを予測する決め手となるのは年齢だった。保守党は六十五歳を超える層では三十ポイントをリードしていたが、二十四歳未満では五十ポイント負けていた。それは住宅の価格の高さや、経済的な展望が失われたこと、英国のＥＵからの離脱などに失望している世代である。

ようやくピルが一般的に

一九六五年ごろには、避妊用ピル（一般に「ピル」として知られるようになった）が入手しやすくなった。ちょうどそのころから先進国での出生率が下がり始めたのは、それが一つの大きな要因であったのは間違いない。ピルの父と目される人物を挙げるとすれば、カール・ジェラッシとグレゴリー・ピンカスになるだろう。ジェラッシは十代でヨーロッパを脱出し、第二次世界大戦前夜にアメリカに入国し、やがてスタンフォード大学の教授となった。ピンカスはもっと前にアメリカに押し寄せたユダヤ人難民の子孫で、彼の両親は第二次世界大戦の数十年前に東ヨーロッパや南ヨーロッパからアメリカの海岸に到着した大群の中にいた。ピンカスはハーバード大学で、ジェラッシはスタンフォード大学。ジェラッシの動機ははっきりしていた。

絶対に否定できない事実は、私が生まれたとき世界の人口は十九億だったということだ。今ではそれが五十八億人となり、私の百歳の誕生日には八十五億人になっていてもおかしくない。一人の人間が生きている間に世界の人口が四倍になるなど、世界史上でも未曾有のことである。[11]

ピルの母も二人あげることができる。産児制限のパイオニアであり、そのための活動を組織し後押ししたマーガレット・サンガー、そして生物学者で農耕機具の会社を相続し、産児制限の活動を支援したキャサリン・デクスター・マコーミックである。

彼女たちの活動が実を結び、一九六〇年にピルの使用がＦＤＡに認可された。翌年それがＵＫに持ち込まれ——最初は既婚女性に限られていたが——その後、カトリック教会のガードが堅かったところ（たとえばスペインは一九七〇年代まで、アイルランドでは一九八〇年まで解禁されなかった）を除き、西洋中に広がった。他の形の避妊具、コンドームやＩＵＤも、一九六〇年代のかなり以前から一般に普及していた。そうでなければ一九三〇年代に大衆の間で出生率が低下することはなかっただろう。十九世紀のフランスでは、農民でも、おそらく性行為を減らさずとも、妊娠を減らすことができた。しかしピルの簡便さ、信頼性、価格の安さ（しかも他の避妊具とともに、社会保障制度の一環として無料で配られることも多かった）によって、セックスと妊娠との結びつきが、ようやく、そして回復不能な形で切れたということになった。少なくとも妊娠を心配しないセックスが一般的になった。

アメリカにおける思いがけない戦後の出生率の高さは一九五〇年代後半にピークに達し、その後しだいに低下していった。最初は低下速度も比較的穏やかで、一九五〇年代後半に一人の女性が生む子の数は約三・六人、一九六〇年代初めは三・五人弱だった。そこから加速して一九七〇年代後半には一・七五人未満になった。このように一九五〇年代後半から一九七〇年代のアメリカにおける出生率は、女性一人当たり四人から二人とほぼ半減した。その後は横ばいだったが、一九九〇年代初頭からやや持ち直し、だいたい二人かもう少し高い数値で推移していた。これは一般的に人口置換水準と考えられる数値で、戦前のレベルより少し低い程度だった。しかし最近ではまた逆転して、二人を切っている。一般的に言うと、このとき、アメリカ合衆国は（最初の）人口転換の最終段階の基準に戻っていて、いまはその点を越えているとみなすことができる。

教育を受ける機会を得たベビーブーマー女性

そうした背景を考えると、戦後のベビーブームは人口転換の逆転ではなく、逸脱——欠陥——だったと言える。新しい家族ができて新しい商品の需要が生まれ、それが経済を押し上げ、経済的展望が開け、さらに新しい大家族の形成が促されるという、望ましい循環（少なくとも「望ましい」と思う人はいる）は永遠には続かない。新しい社会的勢力と規範が生まれ、その中にフェミニズムがあった。ベビーブーム世代の女性は、すぐに結婚して母になるよりも、高度な教育を受けて職業を持つことを望むのがふつうになった。核家族化と晩婚化にともなって、女性自身の考え方も女性に対する姿勢も変化し、また女性の視野も広がり教育の機会も増えた。これは西洋のほぼどこでも起こる現象となった。USの二十代前半の全女性のうち、大学教育を受けた人の比率は、一九六〇年代から一九九〇年代の間に二十パーセントから六十パーセントまで上昇した。[12]

ピルの出現によって避妊は前よりずっと手軽で簡単になり、性行為への姿勢を根本から変えたが、人口学上、それは大きな変化を起こす要因ではなかった。戦前に用いられていた避妊具（コンドームやIUD）は手軽でもなかったし、当時でも入手しづらく値段も高かったが、それでも西洋の多くの国々で合計特殊出生率を人口置換水準にまで低下させる要因となっていた。つまり女性が教育を受けなくても出生率は下がることがあるが、教育を受ければその結果としてほぼ確実に出生率は下がる。教育を受けた女性が六人や八人の子を生むことは、個々のケースではあっても、社会全体のレベルでは起こらない。結婚や出産に否定的な言動はいつの時代にもあったはずだが、マリリン・フレンチが一九七七年に書いたフェミニストの古典とも言うべき『背く女』ほど、広い範囲にあからさまに表現されたものはない。

何年もの間、おむつについたウンチをキッチンナイフでこそげたり、さやまめ一ポンドが二セント安い店をさがしたり、頭を使うといえば、男たちの白シャツにアイロンをかけたり、キッチンの床をそうじしてワックスをかけたり、家や子どもの世話をしたりするのに、いちばん効率的で時間のかからないやり方を考えること……こういうことをするのには、エネルギーと勇気と頭脳がいるだけでなく、生活のまさに基盤になってしまうことがある……私はあなたがそうであるように、こういう汚くてこまごましたことが大嫌い。(13)

そう、ベビーブーマーは、自分たちのベビーブームを生みだそうとはしなかったのだ。

いわば第二の人口転換だった

そのころ生まれつつあったもの、あるいは皮肉にもベビーブーマーたちが誕生させようとしていたのは、もう一つの初めて見る近代の人口現象である。一九二〇年代から一九三〇年代に多くの工業国で、出生率と死亡率は静かに低下していったが、それが最終到着点ではなかった。それは戦後のベビーブームについても言える。出生率は多くの国で二つの大戦間の状況に戻らず、女性一人当たりの子どもの数は二人未満になった。ここには晩婚化から、LGBT運動から生じた男と女の意味についての疑問まで、多くの社会傾向が表れていた。これは第二の人口転換と考えることができる。

君主制が減り、ほぼ時代遅れになった現在、政治指導者のほうが、その時代を映し出す例として適しているかもしれない。その点で注目すべきは、どのくらいの数の女性政治家がいるかということだ。二〇一八年、特に目立つのはドイツ首相とUK首相だが、どちらも子どもはいない（ただしアンゲラ・メルケルは親しみを込めてムッティ［お母さん］と呼ばれることもある）。世界で最も力のある存在に近づいたヒラリー・クリントンには娘が一人いる。政界のトップレベルで仕事をすることと育児を両立するのが難しいのはたしかだが、もっと前の時代の有名な女性政治家——ゴルダ・メイア、インディラ・ガンジー、マーガレット・サッチャー——は子どもが二人いたという事実は重要である（マーガレット・サッチャーは効率主義者らしく、双子を生んで育児時間を短縮したが）。

「子宮を神にゆだねる」——バイブル・ベルトの伝統的考え方

出生率が減少に転じ、ベビーブームが終わったことはすぐに認識された。そのころには統計データの収集法と統計技術が大いに進歩していた。一九七〇年代前半には、アメリカ大統領リチャード・ニクソンが、一九六九年末に自国の人口過剰への新マルサス主義的な懸念を表明したことが時代遅れに思えた。[14] フェミニズム以外にも変化は起こっていた。社会では世俗化が進み、たとえば教会が認めていない産児制限法を使うカトリック女性の割合は、以前は三分の一未満だったのが三分の二以上にまで増えたと言われている。[15] 特に大家族であることが知られていたアイルランド人とイタリア人でさえ子どもの数が減っていた一九七〇年代初め、アメリカのカトリックとプロテスタントの出生率はほとんど差がなくなっていた。[16] アメリカの第一子出産年齢は、戦後数十年間は二十六歳前後だったのが、二十八歳を少し超えるところまで上がっている。人工妊娠中絶法は緩められ、世間には中絶容認派が増えた。戦後の意外な出生率上昇は、基本的に経済によって押し上げられたように思える。それが逆転したのは、主に技術の進歩（ピルの登場）のおかげで、その影響で社会的な姿勢や女性教育への意識が変わった。このようなパターンは世界中の先進国で見られた。アメリカがその他の世界と違ったのは、かなり前からアメリカの合計特殊出生率が人口置換水準まで落ちていたことだ（それほど大きく下回っていたわけではない）。これはおそらく、アメリカでは宗教的な信仰とその習慣がヨーロッパよりも長く守られていたことの表れだ。宗教によって出生率が上昇するのは、カトリックではなくプロテスタント的な現象だ。アイルランド系とイタリア系のアメリカ人は、避妊具の使用は避けるという教会の指示に従わなくなり、その結果、子どもの数は減っていたので、国が高い出生率を維持していたのはカトリック教徒のおかげではない。USで粗出生率が大幅な下落を避けられたのは、家族と女性の役割に対する伝統的な考え方が、バイブル・ベルト（南部のキリスト教篤信地帯）に残っていたからだ。その極端なものがクイヴァーフル運動だった。それは女性に「子宮を神にゆだねる」よう強く促すもので、何人の子を生むかを女性は決められない。それは人間に子を生んで数を増やすことを命じ、オナン（ひいてはオナニズム（不完全性交））を非難し、「大勢の息子たち（クイヴァーフル・オブ・サンズ）」を持つ男を称揚する聖書の教えに基づいている。[17]教会は聖書に書かれたオナンへの非難を根拠に、マスターベーションと性交中絶法による避妊を批判した。クイヴァーフルは小さな集団で例外的な存在だが、これは他の出生率が特に高い宗派

（ニューヨークやその近郊のユダヤ教超正統派、ユタ州に集中するモルモン教、ペンシルベニアやオハイオのアーミッシュ）にも見られる、宗教性と出生率のつながりを表すものだ。

ラテン・アメリカからの移民

アメリカの出生率を押し上げたもう一つの要因は、膨大な数の人がラテン・アメリカからやってきたことだ。彼らの間では、子どもをたくさん生むことがまだふつうだった。それはまさにUSの全体的な出生率が低下し始めた一九六〇年代半ばのことだった。ふつう出生率の高い土地から低い土地へと移住する集団の出生率は、一世代か二世代で低下する。ラテン・アメリカからUSに来た人々にもそれがあてはまる。しかし移民が同化する前に、粗出生率が急増する。バイブル・ベルトとラテン系移民の移住を考慮に入れると、USで合計特殊出生率が一・七五を下回ったことがないのもうなずける。出生率が特に低い十州のうち九州はバイブル・ベルトの外側の北東部、ラテン系移民の少ない地域だったことは注目にあたいする。最近のUS全体の出生率の低さは、移民と元々の住民との出産傾向が近づいたこと、宗教的信仰心が薄れていること、出産を奨励する宗教の人口が減っていることを反映している。

バイブル・ベルトに匹敵するものが存在せず、そして（最初は）先進国からの移民が少なかった西洋の他の地域では、出生率の下落はもっと急激に起きた。またほとんどのケースでは、もっと低いレベルからスタートしていた。出生率の面では、カナダはアメリカよりもわかりやすい形で、第二の人口転換の新たなパラダイムに移行し、一九四五年にすでに一人の女性が生む子の数が三人を超えていたのが、一九六〇年代には四人近くまで増えた。戦後の数十年は、常にアメリカより出生率が高かった。しかし一九六〇年代はカナダでも社会が急激に変化し、北緯四十九度線の南側（アメリカ）と同様なことが起こっていたが、特に目立ったのはカトリックのフランス系カナダ人の間で急速に世俗化が進んだことだ。かつては八十パーセントを超えていた教会の礼拝出席率が十パーセント未満に落ち込んだのと同じころ、出生率も低下した。一九七〇年代には、カナダの出生率はUSよりやや低くなり、この時以来、カナダの出生率はずっと低いままで、二十一世紀初頭に一人の女性が生む子の数は、一・五人をやや上回る程度だ。一方オーストラリアとニュージーランドはアメリカのパターンに似ていて人口置換水準に近づいている⑱。

フランスも含めて北ヨーロッパの先進国では、USと同様にベビーブームがあったが、それほど目立たなかった。UKはUSと同じく一九六〇年代から出生率は下がり始めた。今世紀はじめのUKの女性が生む子の数は一・六六人前後だったが、それ以降やや回復傾向にある。この状況はスカンジナビアも同様である。フランスでも出生率は低下し、その後やや回復するというパターンだったが、合計特殊出生率が二人を大きく下回ることはなかった。近年の回復傾向はおそらく、USにおけるラテン系移民のように、粗出生率の高い（それでも低下している）移民コミュニティの増加のおかげと考えられる。

しかしそれは推測にとどまる部分もある。フランスでは民族ごとの統計を集めるのが難しいからだ。

〝テンポ効果〟

二十世紀末から一部の先進国の出生率がやや上昇している要因の一つは、人口統計学では〝テンポ効果〟と呼ばれているものだ。これは社会の意識が変わり、女性が教育を受けて仕事を持つようになり、出産の時期を遅らせることだ。この期間の出生率は低く見える。しかしこれは生む子どもの数を減らすことではなく、生む時期を遅らせることだ。ある世代集団（コーホート）の年齢が上がるとやや出生率が上昇することが多いが、それ以前に生まなかった分を完全に埋め合わせることはできない。これは専門用語に聞こえるかもしれないが（もちろんそうなのだが）、最近の先進国で見られる出生率の緩やかな上昇は、必ずしも長期にわたるものでも、何か深い意味があるわけでもなく、出産年齢の上昇が頭打ちになったというだけなのだ。人口の潮流には気づきにくい激流や隠れた大波がある。

テンポ効果とヨーロッパ中の合計特殊出生率の変動は、全体的に出生率が低く老いていくヨーロッパの顔に刻まれた小じわのように見えるが、それは変化を起こす要因なので詳しく調べる価値はある。たとえばドイツはヨーロッパの中でも出生率が最低レベルで、特に旧東ドイツで大幅に下落した。共産主義が崩壊して安定が揺らぎ、働く女性に対する支援が失われ、若者が西ドイツに流れた結果、出生数はドイツ民主共和国最後の年度である一九八九年の二十万人から、五年後には八万人にまで落ち込んだ。しかし問題は旧東ドイツには留まらなかった。一九九〇年代初め、少なくともドイツの出生率低下は止まったが、女性一人が生む子の数が一・三三人くらいで横ばい状態となり、その後、一・五人くらいにまで回復した。これは長期的に見ると、深刻な影響が出る可能性がある。

子だくさんマンマは遠い昔の話に

南ヨーロッパでは話が少し違い、全体的に高いスタート地点から始まったが、この数十年は世界的傾向と同じく合計特殊出生率は低いレベルになっている。ニューヨークやボストンのイタリア系の子だくさんマンマが過去のものになったというだけではない。ミラノやローマでもそうだったのだ。第二次世界大戦前の南ヨーロッパの社会は、工業面では北ヨーロッパほど発展しておらず、その分、戦後の社会転換はもっと劇的だった。スペインは戦後に出生率が上昇したあと低下し、一九八〇年代に時期は遅かったが大きく下落した。それ以来、出生率ではドイツをも下回っている。イタリアでは戦後ほとんど上昇せず、低下したあとずっと低いレベルに留まっている。「われわれは死にかけた国だ」と、二〇一五年にイタリアの厚生相が発言した。二〇一四年のイタリアにおける出生数がかろうじて五十万人くらいで、百五十年以上前に統合して以来、最低を記録したことが明らかになったあとのことだ（人口が現在の半分だったとき、いまより多くの子が生まれていたことは頭に留めておくべきだろう[19]）。

少し後のアメリカ合衆国のように、ヨーロッパでもカトリック教徒が生む子の数がプロテスタントを下回るようになった。[20]出産年齢の上昇で、ドイツやイタリアのような合計特殊出生率がきわめて低い国でやや盛り返すことがあるが、その効果は限られたものになるだろう。最近の世代の完結出生児数（データとして確実ではあるが、あとにならないと計算できない）は、ドイツで女性一人当たり一・五人、イタリアでは一・六人で、現在の合計特殊出生率は上回っているものの、人口置換水準には達していない。

カトリックでも救えない

前世紀半ばに、ヨーロッパで特に出生率が高かったのはカトリックの国々（フランス、スペイン、イタリア）で、低かったのは主にプロテスタントの国（スウェーデンやＵＫ）だったが、それから状況は逆転し、特に出生率が低いカトリック国が現れた。この原因は女性、結婚、出産に関する意識の変化にあると思われる。ＵＫとスカンジナビアでは婚外子がふつうになっていたが、カトリック色の強い南ヨーロッパでは違っていた。婚姻内の出生率は、西ヨーロッパのさまざまな土地で大きく違うことはないが、全体的な出生率は、因習の少ない国や、イタリアやスペインのような国以外の、婚姻外での出生率で救われている。[21]特に出生率が低い社会は、近代化、個人主義、女性解放が進み、晩婚化が進む一方で、婚外子を伝統的に好まない社会であるようだ。

合計特殊出生率が人口置換水準に近く、生まれてくる子の四十五パーセントが婚外子というデンマークと、つい最近まで婚外子の割合がわずか十二パーセントだったスペインや、四パーセントのギリシャを比較してみよう。このときスペインとギリシャの合計特殊出生率は、デンマークよりほぼ〇・五低いことを頭に留めておいてほしい[22]。東アジアの状況は南ヨーロッパのカトリック国に似ていて、出生率も同じように低い。総体的には、女性が「婚姻内ではこれだけの赤ちゃんしか生めません。あとは婚姻外で生みます。それが認められないのなら、もう生みません」と言っているように見える。そのため特に出生率が低い国は、女性が教育を受け仕事を持つことが奨励される一方、婚外子が好まれない国である。職場が女性の受け入れに前向きで、男女問わず仕事と子育てが両立できる対策がとられている国の方が出生率ははるかに高い。

出生率が特に低いのは、イタリアやスペインのように、女性が教育を受けることには前向きだが、職場の環境がそこまで進んでいない国であることが多い。イタリア政府が女性に出産を奨励するキャンペーンを始めたところ、女性たちから抗議が殺到し、彼女たちが掲げたプラカードには「シアモ・イン・アテスタ」つまり「私たちは期待している」「私たちは待っている」と書かれていた。これは仕事と出産の両立を可能にする方策が強化されることを期待したもので、あるフェイスブック上のグループは次のように不満を表明している。「政府は私たちに子どもを生めと言う。それもすぐに。私たちの多くはそれを望まない。というよりも私たちは待っている。保育園、福祉、給料、支援を」。IMFはイタリアを女性の就労支援が特に弱い国の一つとしている。かつてはそれが高い出生率に結びついていたかもしれないが、現在では女性が教育を受けても雇用機会が少なかったり、仕事と出産の両立が難しかったりするところでは、女性は子どもを生もうとしない。

西洋の様々な国による違いは深刻に見えるかもしれないが、長期的に見ると、どの国の状況も戦後の出生率の上昇とその後の低下というパターンは一致している。たとえば西洋で合計特殊出生率が最高のアイルランド共和国と最低のドイツとの間には、ほぼ〇・五の差があり、もしこの差が長期的に続いたら重要な意味を持つだろうが、この違いは最初の人口転換の最終段階、そして少なくとも一部はその次の段階に向かう強力な流れの一環と見なすべきである。

共産主義崩壊のあと、西洋の一部となった（特にNATOとEUに加盟した）中央ヨーロッパの国々は、だいたい一九四五年以降に出生率が低下し、とても低いレベルになっている。そうした国々の中で最も人口が多いのはポーランドで、一九五〇年代には一人の女性が生む子の数は四人に近かったが、現在では一・五人を下回っている。またブルガリアやリトアニアのような国は、女性の教育レベルと就労率の向上、一方で伝統的な家族観と仕事と育児の両立の難しさの板挟みの途上段階にある。ほぼどこでも出生率がとても低いヨーロッパにあって、それに当てはまらないのがブリテン諸島、スカンジナビア、フランス、そして低地帯諸国（ベルギー、オランダ、ルクセンブルク）である。カトリック信仰がイタリアとスペインを出生率低下という運命から救えなかったように、リトアニアとスロバキアもその運命から逃れることができなかった。

平均寿命を延ばすベビーブーマーたち

二〇一五年一月、ブリテンのメディアに珍しい求人広告が出た。自身も九十歳に近づいている女王陛下が、ＵＫで百歳になった人々に恒例で出しているお祝いメッセージを送る手伝いをしてくれる人をさがしているというものだ。「資格を持つ人すべてが女王からの祝福カードを確実に受け取るという、世間からの要求に応える責任を負う」。女王陛下がその地位についた一九五二年には三千通が送られたが、この広告が出た年には、その三倍以上になっていた。

百歳を超えて生きる人は、どこの国でもまだ珍しい存在だ。現在のＵＫには、百歳以上の人がおよそ一万五千人いる。十年間で三倍になった数字だ。九十歳を超える人口も一九八四年から二〇一四年の間に三倍になり、二〇一四年には五十万人を軽く超えている。超高齢者は以前は圧倒的に女性が多かった。しかしＵＫでは九十歳を超える人の男女比が、一九八〇年代には一対四・五だったのが、今では一対二・五くらいになっている。きわめて高齢まで生きる女性が増えているが、男性は**もっと**増えているのだ。そしてもちろん、高齢者の増加は、女王陛下の祝福を受け取る資格がある年代にとどまらない。高齢者の人口に関しては、ドイツとアメリカ合衆国はUKに引けを取らず、スウェーデンとフランスは先を行っている。[24]

出生率については、第二次世界大戦後の上昇、そしてその後五十年にわたる西洋全体での急低下というサプライズがあったが、死亡率についてはそうしたサプライズはなく、ヨーロッパでも北米でも寿命がどんどん延びている。実のところ、現在の先進国での高齢化はベビーブームの結果であり、第二次世界大戦直後に生まれた膨大な数の子どもたちが、いま七十代を迎えている。これは驚くべきことではない。何人の子を持つかの決定は、社会、文化、経済、宗教などの因子に左右されるので一定しない。しかしどんな社会でも、人はたいてい長生きを望む。そのため寿命を延ばすことを目標にする個人や政府、社会はほぼどこにでも存在する。寿命を延ばすために医療制度を整備することは、多くの市民から見て、政府の中心的な（最優先ではないにしても）職務となった。そしてライフスタイルについての助言や選択は、健康的な生活をおくり、致死的な病気にかからないようにすることが中心となった。先進国ではインフルエンザやコレラなど、伝染病で死ぬ人の数がどんどん減っている。個人の健康管理と公衆衛生の充実で、こうした生命への危険は最小限に抑えられ、場合によっては撲滅されている。それと同時に、一般的に加齢によって増える病気で死ぬ人が増えている。

こうした状況はヨーロッパの中でも先進的な国で、第二次世界大戦以前からすでにかなり進行していた。ジョージ・オーウェルが一九三〇年代に「ずらりと並んだスラム街の小さな灰色の家」と表現した貧者たちは、どれほどの苦労をしていても、チャールズ・ディケンズが描いた祖先たちに比べれば、ずっと高いレベルの物質的繁栄と長い人生の恩恵を受けている。昔より健康状態はよく、平均寿命は長く、子どもの数は少なく、大人になるまで生きていられる可能性が高くなった。このような状況は一九四五年以降、西洋中に広がった。住居の質が向上し、教育も向上し（ほぼ常に寿命の延びと関連する）、収入と生活水準が全体的に上昇した。そして医療は無料、あるいは助成があるのがふつうになった。

高齢化する西洋社会

社会の年齢を測るのにいちばんよく使われるのは、平均寿命（出生時平均余命）と中央値である。アメリカ合衆国の平均寿命は、一九五〇年から二〇一〇年の間で、七十歳弱から八十歳弱にまで延びた。ヨーロッパの数値はそれよりさらに衝撃的だ。フランス、オーストリア、ベルギーなどいくつものヨーロッパの国が、一九五〇年にはせいぜい六十五歳だったのが、いまや八十歳を超えている。賛否があるにしろ、ヨーロッパの社会保障制度と社会化された医療の充実、それに以前より健康的な食事とライフスタイルによって、平均的な西ヨーロッパ人は平均的なアメリカ人よりも二年長生きする。[25]

アメリカ合衆国と同様に、ヨーロッパでも一九五〇年から平均寿命の十年以上の延びが、（出生率の低下のみが要因と思われる）人口増加の減速――人口減少まで――を、ある程度埋め合わせている。西洋における平均寿命の延びは、最近では集団によって違いが出ている。たとえばアメリカでは、特に下層の白人男性など、急に延びが止まるどころかやや逆転した集団もある。二〇一四年から二〇一五年で、アメリカの平均寿命はわずかだが短くなった。これは〝絶望の病〟と呼ばれる薬物依存、アルコール依存などがもたらした結果である。[26] 広範囲にわたり数が増え続けている肥満も悪い材料だった。このような後退が重要な意味を持つか、幅広く持続的な現象かどうかを判断するのはまだ早すぎる。その可能性は低いと思われる――平均寿命がどんどん長くなるのは、人口学的に既定の事実と考えられている――が、人口の潮流はいきなり思いがけない方に向かうことがある。

最近、多少の後退は見られるものの、全体的な平均寿命の延びと粗出生率の低下が意味するものは、西洋の社会は高齢化が進んでいるということで、それは年齢の中央値にも表れている。アメリカ合衆国の年齢の中央値は、一九五〇年から二〇一五年で、三十歳から三十八歳に上昇したが、ヨーロッパにはもっと急激に上昇した国も多い。それらの国は平均寿命も急激に延び、粗出生率も急激に低下している。たとえばスペインでは年齢中央値が二十八歳から四十三歳に、イタリアでは二十九歳に満たなかったのが四十六歳になった。ドイツでも四十六歳に達していて、これは日本に並ぶ最高値である。こんにちの平均的なドイツ人――すでに数十年生きて、今後も数十年は生きる――は、その曾祖父母の平均寿命を超えているのだ。スペイン人もイタリア人も、西洋の人々の大半は同じ立場にある。

平均寿命が長くなり、年齢の中央値が上昇することは、多くの面で歓迎すべきことだ。人は長生きを望むものなので、平均寿命が延びることはよいことである。人生が豊かになり、かつてはほとんどの人にとって想像もできなかった、仕事の変化や余暇についての機会と展望が開かれる。クルージングのような余暇産業が成長して、祖父母の世代にとっては夢でしかなかった冒険を経験する機会を与えてくれている。昔は恐ろしく感じられたイメージ——年をとること、病気、他人に依存すること——が、いまでは多くの人にとって輝くような夕映えとなった。その恩恵は個人的なものにとどまらず、社会的なものでもあった。高齢者は若者より穏やかなので、年配者が多い社会のほうが犯罪が少なく、それがおそらく、若さにともなうエネルギーと創造力の減退を埋め合わせている。

介護と年金はどうなるか

社会の高齢化と犯罪の減少の関連性は証明されていて、事実、西洋世界での過去二、三十年間の犯罪発生率は低下している。しかしそれに関連して二つの懸念がある。一つ目は高齢者の数が増えれば、介護や医療の需要が増え、その分野の労働者に過剰な負担がかかるということで、これはすでに起こりつつある。これは二〇一七年のＵＫの選挙運動における中心的課題で、テリーザ・メイ首相が現在の公的介護体制の改革を訴えたものの撤回を余儀なくされ、「強くて安定している」という評判を落とすことになった。こうした分野を満たすための労働者の不足は、さらなる移民の需要につながり、その結果、さらなる対策が必要となる。移民の受け入れはどんな場合でも、高齢化への一時的な対策に過ぎない。移民も年をとり、若者たちの流れはヨーロッパに限らず枯渇してしまうだろう。それ以外にも、ヨーロッパが永遠に、若い移民を海の向こうから呼び寄せるだけの経済力を維持すると信じる理由はない。たとえそうであることを望んでいたとしても。

高齢化に関わる第二の懸念は、退職後の老人が多額の給付金を受け取る一方、それを負担する労働者は減りつつあり、制度を維持するのがどんどん困難になっていることだ。一八八九年、オットー・フォン・ビスマルク首相が初めて、七十歳を超えるドイツの労働者を対象に老齢年金を導入したとき、それを受けられる人の数はとても少なかった。ドイツの当時の平均寿命は五十歳に及ばず、七十歳を過ぎて働いているのは幸運な人で、かなり珍しかった。現実的にはそれは保険に近かった。年金は特に長く生きすぎた貧乏人のための保険だった。それ以降、退職年齢は下がり、平均寿命は急激に延びたため、ヨーロッパの多くの国で社会保障制度を支えるこの世代間協定に、大きなプレッシャーを与えることになった。依存する老人に対して若者の比率がはるかに大きい場合、老人への手当を無償給付するのは難しくなかった。たとえ本物の保険とはかけ離れていくにしても（ほとんどの人が最後に報酬をもらえることを期待していた）。

退職年齢を超えて生きる人がどんどん増え、若い労働者が不足すると、この状況に変化が起きる。GDPの一定割合を政府年金基金として支給するためには、ドイツでは三分の一以上、オランダとUSでは四十パーセント以上をカットしなければならない。もう一つの選択肢は退職年齢を上げることで、たとえばオランダなら七年も上げなくてはならなくなる。[27]どちらの選択肢、あるいは組み合わせも政治的に困難であるが、ヨーロッパの国の多くはすでに大きな負債を抱えているので、さらに負債を増やして問題を先送りする選択肢がいつまでもあるかどうかははっきりしない。老後の貧困と国家の破産という不安がヨーロッパを襲い、アメリカ合衆国も遠くないところにいる。

メキシコからの波

出生率が低い状況が続き、労働力が不足していたヨーロッパと北米の国々は、過去数十年、発展途上国からの人口をすごい勢いで飲み込んでいる。移民は出生率の高い社会からやってくる（これについてはのちに論ずる）が、そうした国々では、何千人もが出て行っても人口の急増が止まることはない。文化面、そして人口学的な影響を強く受けるのは、移民を送り出す国よりも受け入れる国のほうだ。移民が来なければ労働者の数が急激に減るというだけではなく、国の民族構成も変化する。アメリカ合衆国の場合、移民の大半はラテン・アメリカ、特に少なくとも最近はすぐ南の隣国メキシコからやって来ている。

一九二〇年代、USで移民の入国が制限されたとき、議会ではその目的は「アメリカにおける白人の数の優位」を守る、できるだけ白人のアングロ・サクソン的性質を守ることであり、南ヨーロッパや東ヨーロッパからの移民は極力減らして、理想としてはアジアやアフリカからは受け入れないという方針をかなり明確に打ち出していた。そしてその後四十年間、これがUS移民政策を貫く見解だった。やがて一九六〇年代半ばになると、家族や女性の役割についての考えが緩められるとともに民族への姿勢も変化して、アメリカの移民法は根底からくつがえされた。突如、再び門が開かれ、しかも今回それを活用するのに最もいい位置にいるのは、ブリテン諸島や西ヨーロッパからの移民ではなく（彼らも戦後の好景気にわいていた）、東ヨーロッパの人々（ソビエトの帝国の中に閉じ込められていた）でもなく、USのすぐ南のラテン・アメリカ、特にメキシコの貧しい人々だった。メキシコでもこの時期は人口がふくれあがり、川の向こうでアメリカン・ドリームがかなうかもしれないという展望がひろがっていたのだ。都合のいいことに、それはUSの合計特殊出生率が急落した時期と一致していた。

アメリカの人口は増加を続けて三億人（以上）に達したが、このときの増加を支えたのはスターテン島に到着したヨーロッパからの貧しい人々の群れではなく、国内で新たに生まれた子どもたちでもなく、リオグランデ川を越えてメキシコや他のラテン・アメリカの国々からやって来た移民、そして規模は小さいがアジアからの移民だった。こんにちのアメリカを形づくったのは、子どもの数を減らすという、一九六〇年代以降の人々の選択、そして民族に対する社会の見方の大きな変化である。そのような現象が起こったのは、非ヨーロッパ人の移民への扉が大きく開かれていたためだ。チャンスとアメリカン・ドリームをつかもうと、世界中から人々がやって来た。USが一八四八年にメキシコの北半分を併合したときから、すでにメキシコ人の人口が取りざたされていた。しかしそれはおそらく、せいぜい十万人程度で、多くがその地を去った。(28)それに加えて恐慌時代の本国送還や国外退去という措置があったにもかかわらず、メキシコ人の人口は着実に増え続け、一九七〇年の人口調査によると、USのラテン系人口は九百万人、その半分近くがメキシコ人だった。(29)この段階から数値が急速に上昇する。一九七三年にこの国にはすでに六百万から七百万人のメキシコ人がいた。一九八〇年にヒスパニックの人口は千五百万人近くと、人口全体の六パーセント以上を占めた。その六十パーセントがメキシコ人、その次に多いのはプエルト・リコ人（十五パーセント）とキューバ人（十二パーセント）だった。後者は政府の反カストロ政策の一環で、自由移民の権利を与えられていた。(30)二十一世紀になっても増加は続いていた。二〇一〇年の人口調査によると、ヒスパニック全体では人口の十六パーセントを超え、それまでの最大のマイノリティだった黒人（十四パーセント未満）を上回った。そして五千万人の時点で、ラテン系住民（その三分の二がメキシコ人かメキシコ系）は、四十年で五倍に増えていた。アイデンティティが完全な白人というアメリカ人は、いまや全体の三分の二に満たず、完全な白人と白人の血が入っている人を合わせると、四分の三を少し超えるくらいだ。(31)

一九六〇年代のラテン系人口の増加は、ほとんどが移民によるものだったが、〝自然増〟による部分もあった。若い層が多く出生率が高いヒスパニック系の粗出生率は白人の一・五倍で、特にメキシコ人はさらに高かった。[32] 実際、二十一世紀初頭には移民の流入スピードが落ちて、USで生まれるメキシコ人の数が、外から入ってくる数を上回った。[33] こうしたUSへの大規模移民は、十九世紀末と二十世紀初頭の移民と比べれば、それほど大規模とは言えないかもしれない。かつては外国生まれの移民は最大で十四パーセント前後だったが、一九九〇年代はおよそ八パーセントだった。[34] しかし絶対数で言えば、このときがアメリカ史上最大の移民流入だった。さらにこれによってUSが他国を引き離して、世界で最も多くの移民を受け入れた国家になった。[35]

しかしアメリカ合衆国に入ってくるメキシコ人の移民の波が弱くなっている兆候が見られる。人口動向と経済的な理由によって移民が戻ってきたように、メキシコ経済の成長とメキシコの合計特殊出生率が急速に低下したこと（いまでは人口置換水準をわずかに超える程度）、そしてそれに関連する人口増加の減速――ピーク時の三分の二――によってメキシコからの移民が減った。同時にアメリカの二〇〇八年からの景気の低迷で安い労働力の需要も減った（メキシコからの新たな移民でじゅうぶんまかなえる）。二〇一〇年以降、US在住のメキシコ人は二〇〇七年の時点よりも五十万人少なくなったという推定もある。[36]

トランプいわく「メキシコの壁を」

新しいアメリカで最もドラマチックな変化を遂げたのはカリフォルニア州で、人口にヨーロッパ系白人が占める割合は一九八〇年から二〇一〇年の三十年で、七十パーセントから四十パーセントに低下した。この民族構成の変化は二種類の政治的結果をもたらした。第一に、マイノリティの人口が増えるにつれて、その票が重要になる。第二に、いまだ多数派の白人の票に、急な民族構成の変化に対する反動が表れる。白人票（最近までまだ優勢だった）だけに基づくなら、バラク・オバマは二〇〇九年に大統領になっていなかっただろう。一方で、ドナルド・トランプの登場と勝利は、「アメリカを再び偉大な国に」ではなく「できるだけ長く白人の国のままでいる」ための最後のあがきと見る人も多い。国際派のエリートがそれを見たがる（あるいは議論する気がある）かどうかはわからないが、ポピュリズムに関するいくつもの信頼性の高い研究によれば、現在のポピュリズムは、疎外された人々や、グローバリゼーションの結果によって失敗した人々の叫びではなく、世界における支配者の地位から後退しつつあり、いまや国内でも数が減っている単一の民族集団の異議申し立てであることが示唆されている。ブリテンの新聞『インディペンデント』は、USの民族構成が急速に変化していることに触れている。「民族にまつわる不安はアメリカの白人の民族性の奥深いところにある。いまトランプがそれを兵器にしている」[37]。大量の移民が入ってくることで最も不安定になる地域が、最もトランプを支持している。平均賃金がようやく上昇し、失業率が五パーセントを切っている今の時代、USのポピュリズムの説明としては、ラストベルト地域（訳注・米国中西部および北東部の重工業地帯）の経済的な恨みより、急激な民族構成の変化を根拠にしたほうがうまく説明できる。トランプの象徴的な公約は、炭鉱の再開ではなくメキシコからの移民を防ぐための壁を建てることだった。それは経済の不振や若者の失業を背景にした主張ではなかったが、そうした不満もまた、トランプ支持拡大を後押しする材料となった。

ドナルド・トランプのメキシコの壁は、二〇一六年の大統領選の特徴をよく示したテーマであり、おそらく人口問題の壁と考えるのがいちばんわかりやすい。WASPの増加が止まりラテン系人口が急増するという、過去の状況の二の轍を踏まないための策である。しかし前述したように、近年ではUSを出るメキシコ人が入るよりも多い。これ自体、メキシコの経済展望がよくなったことだけでなく、メキシコの粗出生率がしだいに低下している（一九七〇年代には千人当たり四十人を超えていたのが現在では二十人未満）ために起きている現象だ。[38] それと並行して、ラテン系の人々は急速にアメリカ人の生活に同化していて、三世にはスペイン語を話さない人さえいる。それでも彼らの存在は、アメリカ合衆国とアメリカの生活を大きく変えている（二〇一六年の大統領選挙の共和党予備選挙でライバルたち——マルコ・ルビオとテッド・クルーズ——はラテン系で、途中で撤退したジェブ・ブッシュは妻がラテン系であることはよく知られている）。

南の発展途上国から来る人々

西洋の人口推移はだいたいUSに似ていて、戦後のベビーブームが一九六〇年代半ばに終わり、その後は南の発展途上国（グローバルサウス）から大量の移民がやってくる。カナダ、オーストラリア、ニュージーランド、西ヨーロッパにもこれが当てはまる。ヨーロッパに入ってくる移民はだいたいが昔の植民地や、受け入れ国と関係がある非ヨーロッパの国の人々だ。UKの場合は南アジアとカリブ諸国、フランスの場合は北アフリカ、ドイツの場合はトルコ（第一次大戦中とその後の同盟国）。スペインにもラテン・アメリカから入ってくる人がいた。

人口動態に関して言えば、UKはずっと最前線にいる。第二次世界大戦が終わるまで、ノルマンの征服以降のブリテン諸国以外の土地からの重要な移民といえば、十六世紀から十七世紀の五万人のユグノー、そして第一次世界大戦前の数十年間で二十万人が移住したユダヤ人だろう。[39] 前者は完全にブリテン社会に溶け込み、〝ユグノーのコミュニティ〟を語るのは意味がないレベルになっている。後者についても異人種間結婚も増えて地元に同化しつつあるが、人口統計上のピークでも全人口の一パーセントを超えたことはない。旧植民地から移り住んでくる個人はときどき見られるが、人口学的に持続可能なコミュニティが生まれたことはなかった。

いくつかの港町、特にリバプールに住んでいた少数の黒人は、もっと大きな人口に溶け込んだ。一九四五年以降、この状態に変化が起きるが、その始まりはカリブ諸国からの移民だった。一九七一年のUKでは、西インド諸島生まれの住民が三十万人を超えていて、一九七〇年代半ばにはそのコミュニティの人口はおよそ五十万人になっていた。(40)さらに大きな移民の波が、インド亜大陸から押し寄せてきた。インドから直接やってくる人もいれば、新興国のパキスタン(その後はバングラデシュ)、あるいは東アフリカに移住した南アジア人の子孫もいた。前者は仕事を求めてやってきた男たちが多かった。一九六一年のUKには、パキスタン生まれの女性一人に対して五人のパキスタン生まれの男性がいた。しかしやがて祖国へ戻る人より、家族を呼び寄せる人のほうが多くなった。この数十年間では、さらに違うタイプの移民が現れている。多いのは亡命希望者や経済的成功を求めてやってくる人々、そしてEU内での移動もある。戦後の移住者の規模は、二十一世紀初頭に比べれば小さく感じる。二〇〇〇年からの約十二か月で、一〇六六年から一九五〇年の全期間よりも多くの人がブリテンにやってきている。(41)

この潮流の変化により、UKの民族構成は大きな影響を受けた。戦争直後はほぼホワイト・ブリティッシュと、ホワイト・ブリティッシュ/アイリッシュの子孫だったが、二〇一一年にはホワイト・ブリティッシュを自認する人は五分の四強まで減少していた。イングランドとウェールズの人口全体に白人が占める割合は、十年で九十一・三パーセントから八十六パーセントにまで低下した。アジア人は人口の七パーセント、黒人を自認する人(アフロ・カリビアン、アフリカ系、ブラック・ブリティッシュ)は三パーセントを超えていた。[42]ＵＫ最大の都市ロンドンの人口の四十パーセントを占めるヨーロッパ以外の国の出身の人の数は、二十歳までのどの年齢層でも白人を上回っている。[43]移民にルーツを持つ人々の集団は、先住民の人口より平均年齢が若い。バングラデシュ人とパキスタン人のコミュニティの十歳未満の子の数は、ホワイト・ブリティッシュのコミュニティの二倍である。マイノリティの出生率はいずれ低下してホワイト・ブリティッシュの率と変わらなくなることが多いが（実際にインド系の出生率のほうが低いかもしれない）、移民の流入が続く中で、ＵＫでは二十一世紀半ばにはホワイト・ブリティッシュが六十パーセントを下回り、ほぼ五十年で非白人が十パーセントから三十パーセントにまで増加する可能性がある。[44]

フランス、ドイツへも大量移入

フランスとドイツの状況も同様である。どちらの国もヨーロッパ以外の国から大量の移民が流入し（ヨーロッパ内からの移住もかなり多い）、長期的に先住民の出生率が低かったため、民族構成が大きく変化した。フランスは第二次世界大戦以前からすでに、ヨーロッパ以外の国からの移民を経験し――実のところ歓迎していて――その後もそれが続いた。二百五十万人のイタリア人、百五十万人のスペイン人、そして百万人を超えるポルトガル人がフランスにやってきている。一九四五年以降、北アフリカからも大量に移民がフランスに押し寄せている。最初はアルジェリア独立戦争から逃れてきたピエ・

ノワールたちだったが、少しずつ北アフリカや旧フランス植民地のアフリカ人が増え、その数は三百万人にのぼった。(45) 最初のうち北アフリカからの移民の多くは、ＵＫのパキスタン人のように、仕事を求めてきた男性だったが、彼らがしだいに家族を連れてこられるようになった。フランスは以前から〝同化共和主義〟をとっていた。少数民族についての公式データは少ないが、二十一世紀初頭のフランス在住の人の十パーセント以上が外国生まれで、イスラム教徒はそれよりやや少ないと推定されている。ここでもやはりＵＫと同じように、移民を祖先に持つ人々の集団は、もともとフランスに住んでいた人々より若く、今後は移住者がなくても人口が増えると考えられる。

メルケルとル・ペン

出生率がきわめて低いドイツでは、衝撃的なデータが出ている。ある資料によると、人口の三十パーセントにものぼる人が外国生まれか、一九四五年以降に移住してきた人の子孫である。(46) フランスの場合と同じように、ドイツは南ヨーロッパ（多くはバルカン半島、特に［旧］ユーゴスラビア）、そしてさらに南のイスラム国（特にトルコ）からの移民が多かった。トルコ人は最初、外国人労働者として入国したが、他の国と同じようにあとから家族を呼び寄せた。ドイツの市民権取得は、ブリテンやフランスよりも難しい。それは出生地や居住地ではなく、出身地が重視されているからだ。しかしそれも近年は変わってきている。移民の集団のほうが若く出生率も高いというパターンはフランスとUKではすでに顕著だったが、ドイツにもそれが当てはまるようだ。このような状況を背景に、二〇一五年に大量の移民がドイツに入国しようとした。その多くは（すべてとはとても言えない）シリア内戦から逃げてきた難民たちだった。アンゲラ・メルケル首相は〝ヴィア・シャーフェン・ダス（われわれはうまく解決できる）〟と主張したが、反発した市民が多かったことは、この問題について総意が得られていないことを示唆している。

南からの移民に加えて、ベルリンの壁が崩壊しEUが拡大して以降、ヨーロッパ内でも大規模な人口移動がある。東から西への移動だ。USと同じように、その移動は民族構成を変えただけでなく、新たな政治勢力を台頭させる材料となった。たとえばUKのUKIP（イギリス独立党）とEU離脱派、フランスでは国民連合、ドイツのAfD（ドイツのための選択肢）などがあげられる。フランスでは移民のコミュニティの規模と、その先鋭化への懸念が大きくなるにつれ、国民連合への票も着実に増えている。二〇一七年大統領選でのマリーヌ・ル・ペンのスローガンだった〝オン・ネ・シェ・ヌ〟は「ここはわれわれの場所だ」と訳せるが、これはアイデンティティとフランス〝先住民〟と、最近入国した移民の間の境界線の問題だ。トランプと同じで、ル・ペンを支持する理由はおそらく経済不振への反応ではなく、民族構成の変化への反発と考えるべきだ。経済格差への不満よりも重要な問題である、こんにちの先進国におけるポピュリズムは、人口という文脈を無視したままでは完全に理解することはできない。たとえばU

K内では、EU残留・離脱を問う国民投票前の十年間での地区の民族構成の変化と、EU離脱に投票した人の割合に、明らかな相関がある。〝離脱〟への票との相関性が他のどの因子よりも高かったのは、EUそのものへの姿勢以外では、移民への姿勢だった。さらにドイツの極右政党であるAfDへの支持は、二〇一五年の夏にシリアからの大量移民がマスコミで大々的に報道されたあとで跳ね上がった。

ブリテンから出て、ブリテンへ戻る

人口動向の変化において初期のリードがなければ、ブリテンは太陽の沈まない帝国の植民地運営のために人を送り出すことはできなかっただろう。出生率の急激な低下――そして同時期に起きた、ブリテンが支配していた土地の人口の急増――がなければ、大規模な移民とより多文化な社会も、当然ながらなかっただろう。なぜカリフォルニアの住人が英語を話すのか、なぜUKにはメソジストの五倍の数のイスラム教徒がいるのかを理解したいなら、近年の人口変動を起こした大きな力について考えてみることだ。

アメリカ合衆国が（主に北西ヨーロッパの）民族的な性質を維持するための政策をとったように、オーストラリアは二十世紀初頭に、特にアジア人の移民を避けるために〝白豪主義〟を掲げた。そしてUSがそうだったように、オーストラリアでも、人種や民族に対する態度が変化したのは、戦後の時期にこれらの政策が緩められたからだ。二〇一一年にはオーストラリア人の四分の一が外国生まれで、五分の一は少なくとも親の一人が外国生まれだった。最も多かったのはUKからの移民だったが、外国生まれのオーストラリア人全体のわずか五分の一を占めるにすぎなかった。さまざまなアジアの国の出身者（主に中国、インド、ベトナム、フィリピン）が十五パーセントを超えた。系統で言うと（二つ以上をあげる場合もある）イングランド人、スコットランド人、アイルランド人の子孫だという人はたった五十五パーセントで、三十五パーセントが〝オーストラリア〟出身（そのうち完全なアボリジニ、あるいはその血をひいているという人はごくわずか）である。イタリア系、ドイツ系、オランダ系、ギリシャ系の子孫は、合計で人口の十三パーセント、中国人およびインド人は六パーセントとまだ少ないが急速に増加している。[47]オーストラリアの基本的なアングロ民族的な性質は、かつては無敵と思われたが、しだいに希薄化している。

ヨーロッパは後退しているのか

ヨーロッパ内部であれ、人口学的に〝ヨーロッパ化〟された土地であれ、膨大な数の非ヨーロッパ人の流入とともに、ヨーロッパ系の人々の出生率の低下は、ヨーロッパが権勢を誇った十九世紀後半には想像もつかなかった形で世界を変えている。

現在、西洋と呼ばれる土地の人々も、十五世紀までは、特に世界という舞台で重要な存在ではなかった。聖地に住みたいという集団全体の宗教的な夢はイスラム教徒に打ち破られ、南はイスラム、西は大西洋、北は北極海と荒涼とした土地、東は対立することが多かった遊牧民の暮らす広々とした土地に囲まれていた。振り返ってみれば、ヨーロッパの勃興の兆しは見えていたが、この小さな半島の人間が世界を支配するようになるとは思われていなかったかもしれない。ところが二十世紀初めには、ヨーロッパ人以外が地上の支配者となるのを想像するのは難しかった。

ヨーロッパ人はアメリカ大陸の広い範囲を制圧した。オーストラレーシアについても事情は同じで、南アフリカでもそれが実現する可能性があった。ヨーロッパ人は移住しなかった土地でも帝国を介してアジアとアフリカの大半を政治的に支配し、正式に領地として組み入れなかった場所、たとえば中国でも、やはり権勢を振るっていた。経済面では、世界の工業化された土地はほぼ例外なくヨーロッパ（ヨーロッパ化されたアメリカも含む）であり、世界経済において、USとヨーロッパ中心地（東ヨーロッパとロシアの一部を含む）以外の土地は、原材料の供給地、そしていくつかのケースで市場としてのみ重要だった。これらはすべて、人口という基盤がなければ基本的にありえないことだった。それは人口の潮流を見れば明らかだ。ヨーロッパ人が世界を回り始めたのは十五世紀だが、世界中の土地を支配できるようになったのは、急速な人口増加が起こり、技術と産業が発達した十九世紀に入ってからだ。

追い上げられる西洋

二十世紀に起きた転換がヨーロッパ系の人々にとっていかに大きなものだったか、いまはまだ実感できない状態だろう。帝国の終焉は主に政治的事件であり、経済と軍事面ではヨーロッパによる支配が終わるとは思えなかった。しかしヨーロッパの人口増加と経済的、政治的支配を可能にした技術がヨーロッパだけにとどまると信じる本質的な理由もなかった。ヨーロッパ人による支配の終焉の兆しは、第一次世界大戦が始まる前からあった。ヨーロッパの血筋であるボーア人の抵抗で、ブリティッシュ・エンパイアは揺さぶられた。日露戦争（一九〇四～一九〇五）でのロシアの敗戦で、白人は無敵であるという幻想は打ち砕かれた――打ち砕かれるべきだった。

こんにちでもヨーロッパとアメリカ合衆国、そして伝統的に白人が多い土地は、世界水準で見れば相対的に繁栄しているが、それはもう白人だけのものではなくなっている。高度に繁栄している社会が東アジアに現れ、他でも次々と出現しつつある。人口の面でも、非ヨーロッパ人が大量に流入していることを考慮に入れても、西洋は他の地域や文化圏に比べると、勢いが大幅に失われている。経済規模を一人当たりの収入と人口のみの所産とするならば、このような状況では西洋による経済支配が弱まるのは必至だった。

一九五〇年には、アメリカ合衆国と他の先進国の人口は、世界の人口の五分の一から四分の一だった。現在ではそれが十五パーセントを下回っていて、今世紀半ばにはかろうじて十分の一程度になるだろう。西洋は二十世紀半ばには世界経済の約三分の二を支配していたが、二十一世紀半ばには、この数値が四十パーセントくらいになる可能性が高い[48]。冷戦で勝利をおさめ、まだ西洋は軍事的に世界を支配している。ここで〝西洋〟

とは、事実上アメリカ合衆国と、それを支えるNATO加盟国と定義できる。それが世界の他の大国からの追い上げを受けて、今後どのくらい続くかは議論の余地がある。特に中国は、すでにUSを追い越していると考えられる部分もある。

USの人口動向を、現在の世界のライバルであるドイツ、日本、ロシア、中国と比較すると、実は状況がいちばんいいのはUSである。[49] 中国やロシアのような大国と、ブラジル、インド、インドネシアのような潜在的な力を持つ国は、出生率が低いか、急激に低下しているさいちゅうである。人口拡大の勢いの衰えと、国際秩序を保つための制度の両方によって、すでに確立された西洋の世界支配が阻止されるのが防がれているのかもしれない。同時に人口爆発が起こっている中東とアフリカは（これらについてはのちに詳しく検討するが）経済発展が遅れていて、分裂の危機にある。今後、世界の覇権を争うことになるはずのライバル——具体的には中国、あるいは人口爆発が起きている中東とアフリカ——について調べる前に、まず最近のライバルであるロシアと昔のソビエト連邦、そしてかつて東側ブロックに属していた他の国々について検討する必要がある。ロシアはときによってヨーロッパであったりなかったり、ずっとあいまいな扱いを受けてきたが、十九世紀末から二十世紀初頭にようやくヨーロッパ型の人口転換が起き、それが急速に進んだ。そして一九四五年から、ふたたび人口の潮流は東に向かった。

第七章
ロシアと東側諸国
冷戦の人口統計学

レーニン、スターリン、二つの大戦、内戦、飢饉。にもかかわらず人口増は加速し、のち失速。ソビエト〝連邦〟ゆえ、宗教と人種が多様。内陸アジアでは増え、アルコール依存症と自殺する男性の多いロシア人は減る。

Russia and the Eastern Bloc from 1945
The Demography of Cold War Defeat

老チェルネンコから若きゴルバチョフへ——最高指導者の交代が意味するものとは

一九八五年三月十一日、共産党書記長コンスタンチン・チェルネンコの死の数時間後、ソビエト連邦共産党政治局はミハイル・ゴルバチョフをチェルネンコの後継者に指名した。彼はソビエトの基準ではまだ若い五十四歳だった。チェルネンコが最高指導者の地位に就いていたのはわずか一年余、末期疾患の床にあったユーリ・アンドロポフから引き継いだが、アンドロポフの葬儀では敬礼すらまともにできなかった（ゴルバチョフによれば、それを見たマーガレット・サッチャーの主治医が、チェルネンコ自身の死ぬ日を数週間の差で予測したという）[1]。ゴルバチョフが自ら治める国を調べたところ「すぐに問題が雪崩のように押し寄せてきた」と、のちに語っている[2]。ソビエトは当時二つしか存在しなかった超大国の一つであり、核大国であり、世界最大の面積を持つ国、そしてドイツからベトナムまで広がる社会主義陣営の中心だった。しかしそこには重病の徴候が現れ始めていた。

ゴルバチョフが自分に押し寄せてきたと表現した問題の多くは、国の人口動向に深く根差していた。それは高齢化していた党の指導部が証明していた。弱々しい老人の幹部たちが、十三か月後に死ぬチェルネンコを最高指導者に選んだのだ。ブリテンの人口動向について、女王の家族生活と子どもの数から多くを理解できたように、ソビエトについてもその指導者たちの年齢を見ると理解できる。ゴルバチョフ以前、国を動かしていた長老政治は、ソビエト連邦中心部の人口面での弱体化を端的に表している。実はその十年前すでにゴルバチョフはアンドロポフに、この国を動かしている政治局員のほとんどが、片足を墓に突っ込んでいると言っていた。[3]一九一七年の十月革命のときには若かった者たちが（ボルシェビキでいちばん年長だったレーニンも五十歳前で、他はもっとずっと若かった）年寄りの権力者になりつつあり、もう誰も信じなくなった革命の決まり文句を口にしていた。指導部の高齢化は、国全体あるいはスラブ民族の中心地の高齢化の象徴だった。

二十世紀半ばまでにロシアが超大国となるためには、急速な人口増加が必須条件だった。そのためゴルバチョフは人口減少という重大な問題に取り組まなければならなくなった。たしかに同国の経済問題の中心には、きわめて非効率的な指揮統制型の経済システムがあった。生活必需品の配給を受けるためにできる長い列、工場内の怠惰と堕落、チェルノブイリの原子力発電所事故をまねいた安全の軽視や医療問題。どれ一つをとっても、簡単に人口動向のせいにするわけにはいかない。しかし経済のニーズがどう変わろうと、新たな働き手がロシアに入ってこない状況や出生率の低下の影響で、基本的な問題を隠すのがどんどん難しくなっていた。過去には若い労働者がいくらでもいたため、経済面での非効率性がごまかされて、経済が活性化して成長しているというムードが生みだされていたが、いまや工場や現場に入る人と同じくらいの数が引退し、経済成長という幻想を維持するのが難しくなったのだ。

ゴルバチョフが直面した問題は、国内の景気低迷に限ったことではなかった。南の国境を見ればアフガニスタンとの戦争があり、ソビエト軍が何年も動きが取れなくなっていた。そこではソビエトの支配力が衰えて、敵であるイスラム教徒に対してカブールの傀儡政権を支えきれず、犠牲者が増えていた。アフガニスタンにおいてソビエトが抱えていた問題は、自国内の経済停滞と同じように、人口動向だけが原因という単純なものではない。アフガニスタンの地形と、反骨精神が強い国民性が、モスクワにとって大きな頭痛の種だった。そして西側による反体制派への支援については言うまでもない。しかしさらに大きな問題は、自国の軍隊にスラブ語圏である中核地域から多数の兵士を集めることができず、コーカサスや中央アジアの多言語地域の若者に、頼らざるをえなくなっていたことだ。彼らの忠誠心は当てにできないうえ、ロシア語を理解できないので軍事行動を指示するのはなおさら難しかった。

アフガニスタンはロシアの十倍のスピードで人口増加

ソビエトがアフガニスタンを支配できなかったのには多くの理由があるが、基本的な人口統計データを見ると、重要な部分にソビエトだけでなくアフガニスタンの人口が関わっていることがわかる。ソビエト連邦が崩壊したころには、アフガニスタンの人口はロシアの十倍のスピードで増加していた（一九五〇年代半ばには、ロシアよりも増加のスピードは遅かった）。ロシアの年齢の中央値は三十三歳、アフガニスタンは十六歳を下回っていた。

歴史上の〝もし〟は慎重に扱わなければならないし、ソビエト全体の状況はロシアだけの状況よりよかったと認識しておく必要がある（ただし前述したとおり、それ自体が軍隊の信頼性と統一性に問題を生じさせた）。それでも地形や反体制派への（レーガンのアメリカやサウジアラビアからの）強力な支援という不利な点があったとはいえ、もし人口動向が逆だったら、つまりロシアが若くて人口が増加し、アフガニスタンの人口増加が伸び悩んで高齢化が進んでいたら、形勢は逆転していたか考えてみるべきだ。老いに向かっていたドイツに立ち向かったときのロシアは人口が増加していて、それが有利に働いた。逆にアフガニスタンに立ち向かったときは、ロシアは人口面で不利だった。たとえ規模が小さくても、若くて人口が増えている集団をその本拠地で負かすのは難しい。西洋自身もそれをアフガニスタンとイラクで学ぶことになる。おそらくゴルバチョフは一部しか気づいていなかったと思うが、ソビエトのシステムと社会問題——硬直化した正統派レーニン主義からアルコール依存症まで、アフガニスタンのムジャヒディンからサッチャーやレーガンといった自信過剰な西洋の指導者まで——に取り組むうちに、歴史からほぼありえない人口学的なカードを配られているという事実に直面していたのだ。

都市化、女子教育、そして中絶手術

ゴルバチョフも大きな問題を抱え込むことにはなったが、ボルシェビキが一九一七年に政権の座についたとき、そこにあった問題は桁が違っていた。圧倒的に農民の人口が多い、まだ〝遅れた〟国だったロシアは、四年間にわたる戦争で大きな損害をこうむり、ドイツとオーストリアの軍事進出をなんとか回避していたが、物資の供給は不足していた。同じころ内戦も迫りつつあり、事態はいっそう悪化していた。

当時は人口面ではよい状況にあったが、その名残も共産党が軍事と経済面で苦闘する何十年もの間に失われていく。帝政の末期、女性はまだきわめて多くの子を生んでいて(平均七人くらい)、基礎的な教育と医療が提供されるようになると死亡率は急激に低下し、人口は急速に増えていった。百年近く前のブリテンによく似ているが、遅れて起こったために、より急速に進行した。

その後、ロシアは典型的な人口転換を経験した。死亡率が下がったあと出生率が下がり、人口の増加速度が遅くなった。一九二〇年代半ばから一九四〇年代半ばに、一人の女性が生む子の数は六人から三人へと半減した。ブリテンではそこまで減少させるのに、ビクトリア朝末期からエドワード朝まで、二倍の時間がかかった。女性が教育を受けて仕事を持つ機会が増えると、子どもの数は減る。これはUKとドイツですでに見られた現象で、さらに広く世界へと広がった。レーニンやスターリンの体制にどんな欠点があろうと――抑圧や恐怖政治や強制労働を行なった強大な軍隊だった――女性を解放する措置は賞賛してしかるべきだ。一八九七年から一九三九年で、読み書きできる女性は五人に一人から、五人に四人へと増えた(4)。これだけで多くのことがわかる。読み書きができる女性の集団は、全体として六人も七人も子どもは生まない。

第二次世界大戦後、ソビエト全体の合計特殊出生率は低下し続け、一九七〇年代に人口置換水準に達したが、その後も下がり続けた。これは都市化と女性教育でほとんど説明がつくが、他に非常にソビエト的な理由があった。他の多くの領域でもそうだったが、ソビエト連邦では避妊法についても、消費者に西側と同等の選択肢や質を提供することができなかった。ウェスト・バージニアやヴェストファーレンの平均的な労働者が車やピルを簡単に手に入れられるようになってからずっとあとになっても、ソビエトの消費者は壊れたバスと中絶に頼っていた。家族計画についても他と同じように遅れていた。一九五五年に再び合法化された妊娠中絶が、多くの女性にとっていちばん簡単にできる避妊法だったのだ。ソビエト後期、平均的なソビエトの女性は一生のうちに六回か七回の中絶手術を受けていたと推測される。[5] そして一九八〇年代の年間の中絶件数は七百万件前後で推移していた。[6]

中絶は決して楽なものではなく、たいへん不快な経験であるのは間違いない。サンクトペテルブルクに住んでいたオルガという女性は、すでに七回の中絶手術を受け、さらに七回は受けるだろうと思っていた。彼女はソビエト末期の自分の経験について、次のように語っている。

そして自分の番が来て、血がそこら中に飛び散っている広い部屋に入る。そこでは二人の医者が七人か八人の女性の中絶手術を同時に行なっている。医者はだいたい乱暴で無礼で、脚を大きく開いたままにしておけと怒鳴っている……とても運がよければ鎮静剤を少しもらえる。たいていはヴァリウム。そして終わればふらふらしながら部屋を出て行く……[7]

そのころは出産も同じように愉快な経験ではなかった。ある母親はこう語る。

医者は「さっさとやれ」と怒鳴り続けます。処置はみんな乱暴で冷たいです。セックスや子どもを生むことが大きな犯罪のように扱われます。あまりに苦しくて、それから何年も悪夢に苦しめられました。分娩室の荒っぽさこそ、最高の避妊だと思います。もう二度とあそこに行きたいとは思えない。[8]

戦争・飢餓・粛清と、人口モメンタム

一九五〇年代から一九六〇年代に出生率が落ちていたにもかかわらず、ソビエトの人口は、まだかなり早いペースで増えていた。それはエドワード朝のブリテンと同じで、いわゆる人口モメンタムという現象のおかげだ。一人の女性の出産ペースは落ちても、前の世代に人口が増えたため、子どもを生む若い女性はたくさんいるうえ、死ぬ確率が高い老人が人口に占める割合は小さかった。しかし強力な人口モメンタムとなるはずだ

ったものは、一九一四年から一九四五年に起こったいくつかの戦争、飢饉、粛清でロシアが被った損失によって弱まっていた。ソビエト連邦において、スターリンとヒトラーの手による（飢饉、粛清、ナチス政権下の保安警察アインザッツグルッペンによる虐殺、〝忠誠心がない〟とされた民族の国外追放などで）直接的な死者が正確にはどのくらいいたかについては議論の余地がある。しかしニコライ二世率いるロシアが一九一四年に参戦してから、三十一年後にスターリンがヒトラーを撃退するまでの間にどれほどの厄災や苦しみに見舞われ、どれほどの命が失われたか、その規模の大きさについては疑問の余地はない。その背景には、これだけのことが起きてもソビエト連邦の人口が増え続けていたという、強力な人口モメンタムがあった。レーニン、スターリン、ヒトラー、二つの大戦、内戦、飢饉、テロというマイナス材料が揃っていたにもかかわらず、人口の潮流は押し寄せ続けていたのだ。

のちにソビエト連邦となる土地における、一八九七年の人口は一億二千五百万人。それが一九七〇年にはほぼ倍の二億五千万に迫っていた。[9] そして崩壊時には二億八千七百万人にまで増えていた。一九三九年までの安定した人口増加は戦争によって大きく後退したが、一九四五年以降また持ち直し、一九六〇年代までそれが続いた。しかしその後は落ち込み、いまや人口の増加は経済の成長と同じで減速する一方だ。出生率が低下して、とうとう人口モメンタムも弱まった。一九七〇年代と一九八〇年代のソビエト連邦の年間平均増加率は一パーセントを下回っていた。それ自体はそれほどの災難ではなかったが、その根本にある民族事情はソビエト上層部の多くにとって心配の種だった。それについてはこのあとで論じる。

ソビエト〝連邦〟の事情

激変の時代だったということ以外にソビエトの人口増加が抑えられたのは、戦争が終わってテロがなくなったあとも、平均寿命を大幅に延ばせなかったことが要因だ。ロシア人男性の平均寿命は一九五〇年代後半には六十歳強だったが、一九八〇年代後半でも六十四歳未満と、わずかに延びただけだった。西洋の国の延びの、かろうじて三分の一である。[10] さらに困ったことに、ロシアの平均寿命はその後も延びず、ソビエト崩壊後も西洋のレベルに追いつくどころか逆行し始め、二十一世紀初めには一九五〇年代のレベルに戻っていた（それ以降はいくらか持ち直し、二〇一七年になってようやく男性の平均寿命が一九八〇年代のピークをわずかに超えた）。

ブリテンやアメリカ合衆国と違って、ソビエト連邦時代のロシアは人口面では閉じられていて、国外からの移民も、国外へ出る移民もほとんどいなかった。ソビエト連邦の壁は非常に高く、またあまり入りたいと思えないところだった。そして出るのはほぼ不可能だった。一九七〇年代、ソビエト内のユダヤ人がイスラエルへ移住する権利を求める運動が起こったが、ゴルバチョフ時代全体で、国を出たのは五十万人に満たなかった。これはイスラエルにとってはかなり大きな数字だが、二億五千万人を擁するソビエト連邦にとっては大海の一滴のようなものだ。

とはいえ全体の数は、何が水面下で起きているか、特にある一つの民族のレベルで起きていることを伝えていない。ロシアは公式には、ソビエト連邦といういくつもの国が対等な立場で並ぶ国家の一部だった。その多くが独自の共和国か、少なくとも自治区域を持っていた。ロシアには首都があり、そこの住民は世界初の社会主義革命を成功させた者たちとして賞賛されていたかもしれないが、国家は一つの国や民族に特に肩入れすることはなかった。すべての国が兄弟であり、友愛の精神と国際人の連帯感の絆で結びついているということになっていた。

しかし現実は違い、それは人口によく表れている。ロシアは西ヨーロッパに物質的な面では〝遅れている〟ように見えた（文化や科学が大きく発展したのは間違いない）が、僻地から見ればロシアの大都市は活気に満ちて、そこに住むのは学のある人たちばかりだった。ドンバス、東ウクライナといった工業地帯、そして工場が多く建てられていたウラル地方は、主にスラブ系のロシア人、ベラルーシ人、ウクライナ人などが住む地域だった。彼らは都会化し、完全に読み書きができるようになった初めての集団で、最初に人口転換――それに付随する人口拡大とともに――を経験する地域だと考えられていた。コーカサス地域と中央アジアはまだマルサスの罠にはまっていた。それに加えて、そのころはある程度の押しつけ、場合によっては偽のロシア化があった。たとえば一九二六年から一九五九年に、農村地方のウクライナ人三百万人から四百五十万人のカテゴリー変更を行なった。[11]

タジキスタン、ウズベキスタンで増える

二十世紀半ばの感覚だと、ソビエト連邦内では未来はロシア人とそれに近い人々にあると感じるのはもっともだった。しかしロシア人の人口増加の速度が遅くなったのと同じ時期に、辺境の地域、特にムスリム人口が多い地域が近代化の道を歩み始めた。一つの国に社会主義しかないという話ではなくなった。一つの国に人口転換のいくつかの段階が存在するという状況だったのだ。乳児死亡率は社会的、経済的進歩の指標として最適であるのは変わらない。一九五〇年代後半には、ロシアの乳児死亡率は千人当たり六十人未満になっていた（それ以前に比べれば大きな進歩だがまだとても高い）が、タジキスタンではその三倍であり、他の中央アジアとコーカサスの共和国も同じレベルだった。一九九〇年初頭、乳児死亡率はかつてのソビエト連邦全体で低下し、ロシアでは一歳の誕生日まで生きられる子が、一九五〇年代に比べ、千人当たり三十七人増えていた。タジキスタンでは六十三人増だった。[12]中央アジアでは乳児死亡率がまだロシアよりはるかに高かった。たとえば一九七〇年代半ばにウズベキスタンではロシアの三倍だった。しかし遅れた地域ほど乳児死亡率が大きく低下したので、それが急速な人口増加につながった。[13]

これは単に中央アジアとコーカサスの子が以前より長く生きられるようになったとい

う話ではない。ロシアよりも生まれる子の数が多かったということだ。一九九〇年初めには、タジク人の女性が生む子の数は平均四人を超えていた。ロシアではかろうじて一人という状況だった。[14] ウズベキスタンの女性が生む子の数は、この時期ずっとロシアより二・五人も多い状態が続き、三・五人多い時期もあった。[15] ウズベキスタンはムスリム人口が多い共和国（のちに独立国家となったコーカサスのアゼルバイジャンや中央アジアのカザフスタンを含む）の特徴を多く備えていた。実は共和国レベルのデータでは、民族レベルの事情はあまり見えてこない。ロシアにいる非ロシア人が出生率を押し上げる一方で、ウズベキスタンのロシア民族はその出生率を下げていたからだ。ソ連時代のロシア共和国（ＲＳＦＳＲ）には、それと同じ特徴を持つ少数派のムスリムがいた。一九二六年から一九七〇年で、ロシアの人口は六十パーセント増加したが、タタール族は二倍以上になった。[16]

減りはじめたロシア人

ロシア人の人口増加が伸び悩み、少数民族の数が増えたことで、人口に占めるロシア人の割合は必然的に減り始めた。最初のうちこの変化は緩やかなものだった。一九五九年と一九七〇年の人口調査で、ロシア人の割合は一パーセント強の減少、テュルク系／ムスリムは二パーセント近く増加した。[17] これは小さな変化に見えるかもしれないが、このときまではロシア化が順調に進行していて、どこかでそれが進歩と社会主義につながっていると考えられていた。そのため一九七〇年の調査結果はソビエト当局にとってはいくらか衝撃的だった。[18]

この傾向は一九七〇年以降も続いた。RSFSR（ほぼロシア人の地域以外で、のちにロシア連邦になる）外のソビエト全人口にロシア人が占める割合は、一九五九年には十八パーセント近くだったのが、一九七九年には約十四パーセントにまで低下した。[19] それはまるで、何世紀にもわたる積極的な拡張を続けたあと、外へ向かっていたロシア人の移動が逆行を始めたように見える。ソビエト連邦の最後の三十年、民族としてのムスリムの人口は二倍になったが、ロシア人の人口は二十五パーセント強の増加にとどまった。ソビエトにおいてムスリムが多数派の共和国の人口は、一九五九年には総人口の十三パーセント未満だったのが、一九八九年には二十パーセントをやや下回るところまで増加した。[20] そして二十一世紀半ばには、ロシア人はソビエトの総人口のせいぜい三分の一になると予想されていた。[21]

数値の上昇だけでなく、中央アジアとコーカサスの共和国では事実上の脱ロシア化が起きていた。ソビエトの人口調査では、ソビエト連邦でほぼロシア人の地域以外では、ロシア語を話せる人の数がどんどん減っていることが示されている。[22] これは生来の民族の習性や気質の表われという部分もあるが、ロシア人の中央アジアへの大量移住と、その部分的な逆行の終焉を反映したものでもあった。これ以前にはフルシチョフの処女地開拓政策があった。それはソビエト国民（主にスラブ系）を、農地に向くと判断された辺境の地域へ移住させるという政策だ。一九六〇年代初頭には、その政策が失敗していたのは明らかで、若いロシア人が辺境の地域へ向かう移動は終わった。辺境地域のロシア人が減ったことは、国の統合連帯感を失わせる恐れがあり、さらにかつては止めようがないと思われていた、文化や人口のロシア化の流れの転換を感じさせた。

アメリカにおけるアングロ・サクソン、南アフリカにおけるイングランド人やアフリカーナー（訳注・南アフリカ生まれのヨーロッパ人）と同じように、ロシア人もマルサスの罠から最初に抜けて人口増加の制約から免れたことの特権は、一時的なものでしかなかったと理解し始めていた。他が追いつくのは時間の問題だった。必然的な発展と大ロシア人（〝主要〟なロシア民族に属し、同じスラブ人でも小ロシア人［ベラルーシ人やウクライナ人］は含まない）の勃興は、社会主義の勝利と同じようにもう必然ではなくなった。アングロ・サクソンが地上を満たすことを運命づけられているわけではなかったように、ロシア人もそのような運命を担っていなかった。ソビエト連邦の辺境を満たす運命ですらなかった。

これまでと同じように、データ、特に用いられている分類法は、少し疑ってかかる必要がある。現在の人類学者が、ソビエトでよく採用されていた〝民族〟を構成するものや、誰をどのカテゴリーに入れるかに関する常套手段を見たら顔が青くなるだろう。ソビエト連邦における民族性のカテゴリーは、他のどんな土地と比べても、〝永続的〟でもなく〝自然〟でもない。区別は恣意的な場合もあり、少なくとも議論の余地がある

（たとえばユダヤ人を民族とすることなど）。そして非ヨーロッパ人の場合は、体系化され正規なものとされた言語と民間伝承とともに、押しつけられていることが多い。マルクス＝レーニン主義の美しい言葉をよそに、ソビエト流の民族研究は、ヨーロッパ以外の大国でも採用されていたヨーロッパ流とそれほどの違いはなく、少なくともその一部は対象を組織化、管理するために都合よくねつ造されていた。

反マルサスのマルクス

ソビエト連邦はものごとが成り行きで起こる土地ではなかった。それは計画社会だった。ソビエトのイデオロギー信奉者にとっては、社会や経済はある目的に向かって運営されるものだった。事実上、自由市場も私的財産も存在せず、教育から家、仕事、休日まで、国家が国民に提供するものだった。分娩室や葬儀場については言うまでもなく、典型的な〝ゆりかごから墓場まで〟の社会である。したがって人口変動も偶然に任そうとしない。しかし一年に何人くらいの子が生まれ何人ぐらい死ぬかは国が恣意的に決められず、したがって人口規模やその構成をコントロールできない。それでも国の人口動向に対応することはできた。

ソビエトで政策の策定が遅く非効率的だったのは、立案者に大きな圧力がかかり、しかもそれらが一貫していなかったためだろう。まず党の方針は常に出産奨励だった。マルクスは反マルサスを隠さず、人口抑制は〝自然〟なことではなく、圧制的で搾取的な政治・経済システムのせいで起こると主張していた。マルクスに言わせると、マルサスは農民と労働者の貧困を招いたブルジョワの擁護者であり、貧困は時代の要求にそぐわない遅れた政治経済のせいではなく、生物学的、生態学的に必然的な帰結であると粉飾しているということだ。マルクスにとって人口抑制は不要なことだった。社会主義のもとでは、すべての人が満たされるはずだった。その方針からすると、ソビエトにとっては人口が多いほうが望ましい。さらに若者が増加することは、ソビエト・モデルの力強さ、社会主義の前向きな本質の証明となる。一九四一年に侵攻してくるファシストの大軍を食い止めたのは、無数の若い男——実は女も——たちだった。労働力を拡大し、計画を確実に実現する経済貢献のためにも、大規模な人口とその増加が求められていた。

しかし党の上層部が大家族を奨励するのをためらわせる、逆の圧力も働いていた。その一つが女性を労働力としてつなぎとめておく必要性だった。将来の労働力を確保するために子どもを生むことを奨励すれば、目の前で必要とされている労働力が減じることになる。育児施設をつくって出産を促し、働ける期間を長くすることはできたが、他に考えるべきこともあった。ソビエト連邦ができた直後には、大家族は後進性と農家の習慣を連想させるものになった。女子の教育や都会化、そして近代的な産業経済の中で彼女たちに働く場を与えることと、六人も七人も子を生んでもらうことは両立できることではなかった。

中央アジアとコーカサスの人々の出生率の高さが国全体の出生率を上げていたが、スラブ人全体、特にロシア人の出生率の低下から懸念が生じ、それがまた国際主義正統派マルクス主義の名目に反するものだった。第一に、党と国家上層部が、ある程度の人種偏見を持っていたことは間違いない。その中には、熱狂的愛国主義者(ショービニスト)とは言わないまでも、偉大なるロシアの愛国主義を貫いていた者もいた(革命のときロシア人が主導的役割を果たしたという言い方でごまかす、あるいは正当化することもある)。第二に、場所によってはムスリムとテュルク人のソビエトへの忠誠心に対する懸念と、彼らがアフガニスタンのムスリム(その多くは中央アジアの人々と民族的に近い)と、民族/宗教的な共感で結びつくのではないかという疑念があった。第三に、純粋に経済的な視点から、人口が増加している地域では教育効果が上がらず、経済的な生産性が低い人が多い。辺境のロシア人やウクライナ人は、辺境のウズベク人やタジク人よりも、経済に貢献すると考えられる。要するに、ソビエトの赤ん坊は平等だが、一部はもっと平等であるということだ(訳注・『動物農場』からの引用)。ロシア人の赤ん坊は、少なくとも多くの役人の目から見ると、アゼルバイジャンやトルクメニスタン生まれの赤ん坊よりも、生まれつき好ましく、忠実で生産性の高い国民になる可能性が高いと思えたのだろう。

〝質〟を上げたい思惑も

ソビエトの軍隊の問題はさらに深刻で、もっと一般的な問題が反映されていた。忠誠心が直接の問題になるのは、国民全体よりも兵士の間である。中央アジアの共和国出身の、教育をあまり受けていない兵士は非効率的で、大きな軍隊に多言語で指示を与えるのは難しかった（これについてはハプスブルク家がよく知っていた）。ソビエト連邦の晩年には、中央アジアから集めた新兵の四分の三がロシア語を話せなかった。[23]さらに前述の一般的なデータでは、ロシアのムスリムの人口が集団レベルで増加していることが示されているが、人口全体よりも十八歳の新兵のデータに、その特徴がはっきりと表われている。ムスリムの人口は若者が圧倒的に多く、軍に徴兵される若者はムスリムに偏っていた。

一九七〇年代から、ソビエトの学会と政治の世界で交わされる議論はほぼ、このまま人口を増やし続ける必要はあるが、その〝質〟、つまり（はっきり言ってしまえば）ロシアらしさを維持したいという葛藤に集中した。民族性に関する第一の懸念は、一九七〇年の人口調査のあとで表面化した。その調査には、ロシアの人口の満潮期は過ぎたことが示唆されていた。そして人口の〝区別化〟政策を支持する声があがり始めた。ロシアとスラブ系が多い共和国では出産を奨励し、コーカサスと中央アジアでは抑制する。議論は差別的な出産奨励策を支持する〝区別派〟と、それは国のイデオロギーに反すると非難する意見とに二極化した。中央アジア出身の〝反区別派〟の中には、たとえ出生率が低いところと高いところの差をなくそうとする試みであると取り繕ってみても、それは差別に等しいと主張する者もいた。さらには辺境の共和国で生まれる大家族は懸念ではなく歓喜の源であると言ったレオニード・ブレジネフ書記長や、ウズベク人はソビエトの人口を押し上げる（おそらくは皮肉で）〝主導的役割〟を果たしていると称賛した、ウズベク人の政治家を引き合いに出した（〝主導的役割〟はふつう社会を管理する党の仕事を説明するときに用いられる）。その議論は一九八一年の第二十六回党大会まで続いたが、そこで区別を支持する決定がなされ、ブレジネフが人口問題は「最近は前にもまして深刻になっている」ことを認め、母親への有給休暇や就労時間の短縮といった政策を発表した。(24) その後の説明は同僚のニコライ・チーホノフへと委ねられ、新しい政策は「段階を踏んで」、共和国ごとに実施されることが明らかにされた。その意味は、まずロシアで実施して、中央アジアとコーカサスは、実施されるとしても、そのあとになるということだ。(25) しかしそれらはまず極東ソビエトとシベリアという、人がまばらでロシアが以前から人口を増やしたいと思っていた土地に導入された。(26) ムスリムが住む周辺部まで到達することはなかった。

民族的不均一とソビエト連邦の崩壊

人口問題は経済と民族という面から、ソビエト連邦の消滅にひと役買っていた。経済面では、労働力の増加が抑制されたことが、ソビエトの経済成長の鈍化の重大な要因だった。別の言い方をすれば、非効率的な経済システムが維持されていたのは、莫大な労働力が投入されていたおかげだ。それができなくなれば、システムも維持できなくなる。労働力がしだいに教育や生産性のレベルが低い地域から集まるようになったという事実が、それを強調していた。もっと重要なのはおそらく、ソビエトが崩壊してそれを構成していた国がばらばらになり、それぞれの民族意識が高まり、人口面でのロシア民族の存在感が弱まっていると思われることだ。

ソビエト連邦はその名とは裏腹に、基本的にロシア帝国の延長とみなすことができる。それをまとめておくには、主要言語と文化の存在が必要だった。マルクス＝レーニン主義のイデオロギーと、共産党という中央集権組織だけでは足りなかった。ロシアが覇権を維持するうえでもっとも顕著な問題は、バルト諸国のような土地から生じていた。これらは人口面でまったく脅威ではなく、それらをまとめる能力についてロシアの自信を削ったのは、周辺諸国における存在感が薄れたことと、制御しきれない民族間の緊張状態、そしてナゴルノ・カラバフ（訳注・アゼルバイジャンの西部地域でアルメニア人が多く住む）のような土地での紛争だった。これに加えて、しだいに民族や言語が多様化する軍隊をまとめることが難しくなった。ソビエトに影を落とす圧力の多くが、少なくとも部分的には、人口の問題に根差していることが明らかになっている。ソビエトの支配力の低下が最初にはっきりしたのは、しだいに非ロシア化されていたコーカサスだった。ソビエトが正式に消滅するほぼ三年前の一九八八年に、アルメニア人とアゼルバイジャン人との衝突が起きている。

ロシアにとってソビエトの崩壊は、長く根幹的な領土と考えられていた土地からの撤退を意味した。非ロシア人にとっては、程度の差はあれ、長いことロシアの近くに位置したために押し付けられていた〝旧ソ連諸国〟という感覚から解放され、独立する機会だった。世界的に見るとそれは冷戦の終焉であり、アメリカ合衆国とその同盟国が東側ブロックに対して勝利を収めたということだった。

ソビエト崩壊に、純粋に人口面での問題以上の要因があったように、西側が冷戦に勝利したことにも、ソビエト崩壊以外の要因――停滞していたワルシャワ条約機構の国々の経済と社会とはまったく違う、ソビエト独自の動きも含め――があった。それでも一部には、ソビエト連邦が民族的に中国くらい均質であったら、まだ存在していただろうという声もある。[27] 民族の違いがほとんどないキューバと北朝鮮は、いまだソビエト型の中央集権策を続け、私有財産はまったくない、あるいは非常に制限されていて、国民は貧しいままだが、それらの国の体制はソビエト崩壊後も続き、一世代がたとうとしている。ソビエト連邦が民族的に均質でないのは、結局のところ、人口面での問題、特に世界最大を誇った国の違う地域で、違うタイミングで人口転換が起こったためだ。

ロシアは死にかかっているのか

一九九一年、ソビエト連邦は正式に消滅し、その主要な構成国だったロシア共和国（ＲＳＦＳＲ）はロシア連邦となった。それ以降、ロシアは混乱のエリツィン時代を経て、秩序は回復したものの自由が減ったプーチン時代となった。経済はまず炭化水素（訳注・石油、天然ガス）の高値で浮上したが、その後、それらの価格が下落した。その一方で、ソビエト時代から持ち越されていた人口面での問題――平均寿命の短さ、ロシア民族の弱体化――は、国を悩ませ続けていたが、いくらか明るい兆しがあった。

国連のデータによると、ロシアの合計特殊出生率は、一九九〇年代初めは一・五強だったが、後半になると一・二五にまで低下し、それ以降、なぜか一・六六にまで回復している。[28]この回復は現実のものだが、ロシアの出生率が世界最低レベルではないものの、低いという事実は否定できない。一般的には共産主義の崩壊の衝撃とその後の混乱と経済的苦境が、一九九〇年代に出生率がかなり低いレベルにまで低下した要因だと考えられている。都市部での住宅の不足もよく言及されることに加え、ソビエト時代末期の児童手当は、激しいインフレにより実質的に廃止されてしまった。形がなく数値化するのがもっと難しいのは、昔からある人口増加抑制文化だった。人口増加抑制は大家族主義への嫌悪とも言える。それは地方の農民や無教養な家族を連想させる。もちろんこのようなやり方はロシアに限らず、最近、近代化のプロセスを経ている多くの社会で見られる。[29]

多い一人っ子、テンポ効果の余地

ロシアの出生率の低さは、表面的には南ヨーロッパと中央ヨーロッパで起きた現象と似ているが、そこにはいくつか目立つ違いがある。ソビエト時代にロシア人の出生率はすでに低かったが、ロシア人女性ははるか西の女性たちのように、出産時期を遅らせることはなかった。ソビエトの終焉が近づいていたころ、第一子出産年齢は平均二十二歳前だった。それが新生ロシアで変わり始めたが、その変化は緩やかなものだった。二〇〇四年でも第一子出産年齢は二十三歳そこそこである。[30] これはロシアの出生率についてはよいニュースでもあり悪いニュースでもある。よいニュースは、最近の十年くらいは、女性が出産を遅らせる（控えめではあるが）テンポ効果があるにもかかわらず、出生率が回復しているということだ。テンポ効果の終わり、あるいは減速が主な要因とされている北ヨーロッパとは対照的だ。これはつまり合計特殊出生率上昇の底にある勢いが、見た目よりやや大きいかもしれないということだ。悪いニュースは、ロシア人女性の平均的な出産年齢がこれほど低いということは、テンポ効果が起こる余地がかなりあるということだ。言い換えると、もしロシア人女性が出産年齢を二十代後半から三十代前半まで遅らせる気になったら、その間の出生率は低下するだろう。

ロシアの出生率については、他にもいくつか注目すべき特徴がある。一つは以前から続く傾向で、女性が一人しか子を生まないということだ。出生率が低い他の国では、子どもを持たない女性と、何人も生む女性との間に大きな開きがある。ロシアでは子どもは一人がふつうで、子を持たない女性はかなり珍しい。これはソビエト時代の顕著な特徴だった（ただしこれが変わり始めていて、子を持たない女性が増える兆しが見える）。[31] つまりロシアの低出生率は基本的に、子どもは一人だけという女性の選択が原因である。つ第二子を生む場合、第一子との年の差が西側の国より大きい。[32] 他にロシアが二回目の人口転換を経験した西側の国と違っているのは、結婚前の同棲が、少なくとも最近までは比較的少なかったことと、結婚が（第一子出産と同じように）わりと早いことだ。[33] 一方で妊娠中絶はソビエト時代の半分になったが、それは手ごろな価格の避妊具が広く手に入りやすくなったからだと思われる。[34]

他の旧ソビエト圏の国々の出生率が崩壊後にどうなっていたか、触れておく価値があるだろう。バルト諸国はすべて出生率が低下したが、ロシアと同じように一人の女性が生む子の数が一・五人強まで持ち直している。ベラルーシでも同じパターンが見られる。旧イスラム共和国では、もっと広範囲のイスラム世界と合わせるように、出生率が大きく低下した。これについてはあとで検討する。アゼルバイジャンの女性が生む子の数は三人弱から、ソ連崩壊後は二人強にまで減った。そしてかつてはソビエト連邦ナンバーワンだったウズベク族の女性でも、一九九〇年には四人だったのが、最新のデータでは二・五人になっている。[35]

アルコール依存、自殺、ロシア男性の低い平均寿命

一九四五年以降のソビエト連邦の平均寿命の延びは、前述のとおりアメリカ合衆国や西ヨーロッパに比べれば取るに足らず、ポスト・ソビエト時代には差が広がった。ロシア男性の平均寿命は一九八九年には六十四歳だったのが、二〇〇一年には五十八歳と短くなった。これは平均寿命がいまだ延びている西洋は言うまでもなく、成長中の発展途

上国にも劣る。同じ時期のインドでは、一人当たり収入はロシアの三分の一のレベルだったが、男性の平均寿命はロシアより二年長くなった。[36]ロシアでは平均寿命の男女差もきわめて大きい。二〇〇八年、ロシアの男性の平均寿命が五十九歳まで回復した年の、女性の平均寿命は七十三歳だった。[37]そして最新の国連データによると、男性の平均寿命が回復しているといっても、まだ五十年前のレベルだという。ロシアの極端に大きな平均寿命の男女差（大半の国で差は三年か四年だが、国連のデータによるとロシアでは十年）を見ると、ロシアの死亡率の問題は男性にあると考えられる。

平均寿命が短い原因として、最もよく言及されるのはアルコール依存症である。ロシアの一人当たりのアルコール消費量は、西ヨーロッパのいくつかの国と比べてもそれほど多いわけではないが、ロシアでは男性が過度に飲みすぎるということのようだ。興味深いことに、一九九〇年代半ばから末にかけてアルコール消費量が減ったとき、死亡率も少し低下した。[38]平均寿命が短いもう一つの要因は、ロシアの自殺率が世界でもきわめて高いという事実である。二〇〇〇年には五万を超える人が自ら命を絶った。[39]ある記者がソビエト崩壊直後の全体に漂っていた陰鬱なムードについて伝えている。

死がどんどん積み重なっていた。人々は、男も女も、電車や窓から落ちて、おそらくは飛び降りていた。田舎の小屋か、鍵が壊れてドアが開かないアパートで窒息死する。前庭を走り抜ける、あるいは歩道を歩いている人々の間を走る車にぶつかる。酒を飲んで、あるいは嵐が来るという警告を無視して、あるいは特に理由もなしに湖に飛び込む。アルコール、偽のアルコール、アルコールの代替物、そうでなければドラッグを浴びるように飲み、若いうちに心臓発作や脳卒中で死んでいく。(40)

アルコール依存症と自殺以外にも、ロシアの高い死亡率と短い平均寿命の原因はたくさんありそうだ。伝染病と寄生虫による死亡率は、ＥＵのレベルの二倍、心疾患によるものはロシアのＧＤＰから予測されるレベルの二倍近いと思われる。ロシアの全体的な医療支出レベルは、ＧＤＰ比にしても低く、サービスのレベルはソビエト時代よりも低下している。(41)

いくらか進歩はあったものの（一部には自殺率の低下とアルコール依存症の減少のおかげ）、ロシア人男性の平均寿命は一九六〇年代後半からほとんど変わっていない。世界全体で見ると、平均寿命は十五年延びている。つまりロシアはエジプトやパキスタンなどより遅れているのだ。(42)ロシアでは乳児死亡率が突出して悪いわけではない。他と比べると十五歳時の平均余命が特に悪い。その結果、ロシアにはヨーロッパのような高齢化の問題はない。出産が減ると社会の平均年齢が上がるが、若いうちに死ぬ人が多いと、それが逆転する効果がある。ロシアの年齢の中央値は三十九歳弱で、一九七〇年代より丸八年延びたが、ドイツより七歳若い。(43)高齢化しない理由が、中年で死ぬ人が多く老人にならないからという社会は安心できない。

ロシアと中央／南ヨーロッパの大きな違いは、どちらも出生率は人口置換水準を大きく下回っているが、後者は平均寿命の延びで補っているところだ。ロシアでは最近まで平均寿命が短く（死亡率が上がっている）、出生率が低かったために、人口が自然に大きく減少した。一九九二年からの九年間、ロシアでは出生数より死亡数が千二百万も多かった。(44) 他の国でも自然に減少し始めているのは同じだが、それは死亡率が上昇しているからではなく、死亡率が低下しているにもかかわらず減少しているのだ。

人口減が地政学にも影響

ロシアの人口減少が、自然減少のスピードほど速く進まないのは移民のおかげである。ソビエト連邦が終焉を迎え、ロシアは人口面では以前のソビエトより小さな存在になった。崩壊時のソビエトの人口は二億八千七百万人で、そのうちロシアの人口は一億四千八百万人に達していたが、二〇一五年には一億四千四百万人となっていた。(45) この大幅な減少はもちろん出生率や死亡率の問題ではなく、国が縮小してエストニアやカザフスタンが独立し、数値に含まれなくなったためだ。それでもロシアの出産と死のバランスは悪く、国連は出生率の中位推計に基づき、今世紀末には一億二千五百万人を割ると予測しているが、一億の大台を切るという予測もある（最近の出生率の上昇と平均寿命の延びでその可能性は低くなった）。(46) 先行きは明るいと思える材料もあるとはいえ、人口が三億に近づいたソビエト連邦の最盛期からはほど遠い。低い出生率、高い死亡率、帝国の崩壊が重なり、二十世紀初めには帝国主義的な野望を抱く国の一つと思われたロシアは、今ではすっかり威信を失ってしまった。当然ながら、それが地政学的に大きな影響を与えた。

国の人口増加が停滞したり減少したりするときはいつもそうだが、それを最初に感じるのは辺境の地域である。都市化は人々が田舎から町や都市に移動している間は続く。ロシアで特にそれが顕著だったのは、都市から遠く離れ、気候が過酷な土地が多かったためだ。ソビエト連邦は広大で、辺境の土地の多くにロシア人が住んでいたのは、国の政策以外の理由はない。国が弱体化して、住む場所を指定しなくなれば、人々が便利さもインフラも仕事もない土地を捨て、都会に向かう現象が起こるのは不可避である。モスクワの西のある村では八人しかのこらず、住民は「老人だけがここに残されている。私たち老人はどうすればいいんだ？」と嘆いた。二〇一〇年、ロシアの村の十に一つは、人口が十人に満たなかった。現在、この数字はさらに悪くなっているだろう。[47]

プーチンいわく「わが国が直面している最も重大な問題は人口問題である」

ボリス・エリツィンの混乱した時代とは対照的な、ウラジーミル・プーチン率いる自信に満ちて積極的な新しいロシアにも、批判は少なからずある。一見、復活しているように見える現象は、石油と天然ガスの高値に支えられた見せかけのものにすぎず、二〇一四年までしか維持できなかったという指摘がいずれ出るだろう。そのような批判が正しいか間違っているかはともかく、プーチンの政策は軍事力の強化、クリミアの併合、シリアへの介入の他にもいろいろある。彼の政府は人口危機を認識していて、人口増加を功績の一つとして残したいと考えているはずだ。重大な意味を持っていたのが二〇〇六年の大きな演説で、プーチンが「わが国が直面している最も重大な問題は人口問題である」と発言したことだ。(48) ブレジネフが第二十六回党大会で、人口問題は単に数多くの国家的問題の一つではなく、国家が直面している何よりも深刻な問題になったと述べてから、二十五年後の話である。

プーチンの二〇〇六年の演説には、たとえば死亡率の低下、交通事故の減少、医療の向上など、いくつか目標があったが、主眼は出生率の向上だった。プーチンは出生率の低さの原因を、低収入、住宅不足、医療や子どもの教育に希望が見えないことであると公言した。親たちはまず子どもに食べさせることを心配しているレベルだと。物質的、経済的な根深い原因に対して、プーチンがとった措置は出産への助成金と、働く母親たちの権利向上だった。いつものことだが、これらの政策によってロシアの出生率が上昇したのか、他の要因があったのかを判断するのは難しい。

解体前のソビエト連邦では、ロシア色が減って、ロシア人とは単に全人口における多数派であり、その割合も減りつつある集団というだけにすぎなくなった。かつてのロシア共和国（ＲＳＦＳＲ）国境まで後退したということは、以前より限られてはいるがまだ広大な空間の内部での、民族的視点からの統合と人口面での強化だった。しかしロシア民族がロシア共和国内部だけでなく、かつてのソビエト連邦の隅々にまで住んでいたのと同じように、新生ロシア連邦に住む非ロシア人の少数民族がいた。ソビエト連邦誕生以前にまでさかのぼるという意味での〝先住民〟もいれば、もっと最近になって大都市が与えるチャンスに引き寄せられて入ってきた人々もいる。

民族構成の変化

ソビエト連邦消滅後のロシアにおけるロシアらしさについて考えるときには、三つの現象を区別する必要がある。第一に、〝近くの外国〟から戻ってくるロシア人、つまり新たに独立した共和国ではなくロシアに住むことを選ぶ人。第二にロシア民族ではない先住民。たとえばタタール族やチェチェン族、多くのムスリムと、同じ宗教を信仰し比較的出生率が高い中央アジアの民族。そして第三が、主に旧ソビエトのロシア以外の共和国から（大半が）大都市へと流入する非ロシア人。第一の現象は、人口に占めるロシア人の割合を高める（〝近くの外国〟でのロシア人の存在感はますます減る）が、第二、第三の現象は減らす効果を持つ。もう一つ考えるべき第四の現象は、ソビエト終焉後の非ロシア人の国外移住である。特に百万人のユダヤ人がイスラエルへ、五十万人のドイツ人がドイツへと移住した。数は限られ、一回限りのことだが、国内の少数民族が減少したことで、ロシアにおけるロシアらしさを高めるという点でそれなりの影響を与えている。

　こうした複雑な状況を解きほぐすのにいちばんいい方法は、ロシア全体の民族構成を調べてみることだ。一九五九年、ロシア共和国の人口の八十三パーセント以上がロシア人だった[49]。二〇〇二年、ロシア連邦の人口にロシア人が占める割合は八十パーセント前後で、わずかだが減少している。二〇一〇年にはロシア人の割合が七十八パーセントを下回った[50]。少数民族の中で最大のタタール人は、人口の約四パーセントである[51]。ロシア人が多数派であることは確固としているように見えるが、ロシア人の民族主義者にとっては懸念すべき傾向がある。一九八九年から二〇〇二年で、ロシア連邦のロシア人の人口は一億二千万人弱から一億一千六百万人に減少する一方で、チェチェン族は百万人未満だったのが百三十三万人まで増えていた。チェチェン共和国で泥沼化した紛争と大虐殺があったとされている時期でも人口は増加していたのだ。当時のロシア全体の年齢の中央値は三十七歳を少し超えるくらいだったが、チェチェンでは三十三歳未満だった[52]。

　同じころ、中央アジアとコーカサスからロシアの大都市に移民が流入し、その民族構成が変化しつつあった。たとえばモスクワは、約二十パーセントがムスリムと言われていた[53]。ロシア連邦の上層部は「多民族・多宗教」を標榜していたが、二〇〇二年に国籍法を厳密化し、基本的には血統や民族によって権利を与える〝血統主義〟を採用した。これにより条件が緩い法律下にあった一九九一年後半よりも、非ロシア人のロシア市民権取得は難しくなった[54]。さらにロシア当局にとって大きな人口問題は、引き続き国全体の低出生率と高死亡率であり、長期的にはロシアの民族構成も変化する可能性があることには気づいていたようで、ロシアへの非ロシア人の流入を止めることはなかったものの、少なくとも彼らのロシア市民権を縮小する措置を取った。そのため多民族という言葉は国家の指導者のレベルでは通用していたが、地方のレベルで常に当てはまるわけではなかった。いまやヨーロッパのどの都市よりも多くの（おそらく二百万人くらい）ムスリムが住んでいると考えられているモスクワでも、モスクは（もっと建ててほしいという要望があるにもかかわらず）六つしかない（モスクワ市長は、ムスリムの数が〝過剰〟で〝有害〟であると発言した。そのような言葉は、西ヨーロッパの都市の市長なら決して口にしないだろう。ロンドン市長はムスリムだ(55)）。

ロシア以外の正教国

一九八〇年代末まで、ソビエト連邦は、他のソビエト圏の国々を含めたおおよそ一つのものの一部と見なされることが多かった。そこには言語がスラブ系でなくロシア正教を信仰していない国（東ドイツとハンガリー）、スラブ語だが正教でない国（チェコスロバキアとポーランド）、正教だがスラブ語ではない国（ルーマニア）、スラブ語であり正教である国（ブルガリア）があった。一九九一年に共産主義の組織が消滅して以降、正教の世界は文化面でも発展の面でもロシアと対等になったと言える。一九八〇年代後半から一九九〇年代初頭、共産主義が崩壊して、旧共産圏の国々では、もともと低いレベルにあった出生率がさらに低下するのが一般的だったことには触れておいたほうがいいだろう。たとえばドイツ民主共和国（旧東ドイツ）は、一九八八年に千人当たり十三人生まれていたのが、一九九二年には千人当たり五人にまで減少した。これほど短期間でそれだけ減少するのは尋常ではない[56]。ロシアと同じように、その原因の一部は、全体的な分裂と経済的苦難、それとともに出産可能な若い女性が大量に西ドイツに移動したことにあった。

ある〝文明〟によってひとまとめにできる国家や民族は、人口も他のことも似たような動きをする傾向があるという有力な証拠がある。そしてそれこそが文明と定義できることなのだ。西洋（つまりUSとカナダに加えて西ヨーロッパ、オーストラリア、ニュージーランド）は、戦後のベビーブームを経て出生率の低下、発展途上国からの大量の移民の流入、そして着実に平均寿命が長くなるという、だいたい似たようなパターンをたどった。土地によって多少の違いはあるが、極東、中東、ラテン・アメリカ、南アジア、サハラ以南アフリカも、それと同じパターンが起きた。そうした類似性のおかげで、本書では一九四五年以降の時代を、文明ごとに分類して整理することができる。東方正教会文明と呼ばれるものにも、それが当てはまる（正教と呼ばれていても、一九四五年以降、共産主義体制に支配された教会は無視されたり迫害されたりした）。ほとんどの正教国は一九五〇年にはほぼ人口転換が終わっていて、一人の女性が生む子の数が三人を超えていたのはロシアとセルビアだけだった。そのどちらも一九五〇年代半ばから後半には、あっという間にそのレベルを下回っている。これらの国がたどった経緯には違った部分もあるが――ルーマニアでは例外的に急激な上昇があった――どこも二十一世紀初めにはきわめて低い出生率に落ち着いた。セルビアを除くすべての国で、合計特殊出生率は一・五未満にまで低下したが、ほとんどこの十年くらいで持ち直している（ロシアと違って他の正教国は平均寿命も延びているため、出生率が低下しても、人口減少はある程度は防がれている）。それでもこれは人口置換水準を大きく下回っている。その理由はイタリア、スペイン、ポルトガルの場合と同じだ。女性の教育と向上心への現代的な姿勢と、婚姻外の出産を嫌う昔ながらの価値観が同時に存在していたことだ。

ルーマニアの一時的な出生率上昇

一九六〇年代後半のルーマニアの出生率は、他の国で見られる流れに逆らう、驚くべき（そしてだいたいは悲劇的な）例だ。一九五〇年代から一九六〇年代初頭に出生率低下に気づいた当局は、人口増加の速度が落ちることを懸念した。ルーマニアは東側ブロックのどの国よりも、人口こそが経済成長の源というばかりでなく、国の威信であると認識していた。独裁者のニコラエ・チャウシェスクは、ソビエト連邦の他の国の指導者たちに先駆けて、人口動向に問題があると認め、「何より重要な問題は着実な人口増加である。人口は社会の勢いと生産力には不可欠の要素である……次の十年が終わるころには、ルーマニアには二千四百万人から二千五百万人が住んでいるだろう」と明言している。[57]

そして突然、何の前触れもなしに、同国は一九六六年に妊娠中絶を（多少の例外をもうけて）禁止した。これは個人の自由と、国家にとっての人口の〝自然〟増加の必要性の間を取った策として正当化された。[58] それまではロシアと同じように、中絶が最も一般的な産児制限の方法だった。たとえば中絶が禁止された前年、出産一件に対し中絶は四件だった。一人の女性が生む子の数が二人だったのが、あっという間に三・五人にまで増えたのも驚くことではない。[59] しかし一九六〇年代末の合計特殊出生率は全体としては三で、中絶禁止の影響はすぐに薄れたことがうかがえる。一回限りのショック療法は即効性はあったが、人々は闇で中絶手術を受けたり他の避妊法を実施したりするようになった。一九八〇年代半ばには、ルーマニア人の出生率は、同じ文明に属する他の国と同等のレベルにまで下がった。

それでもその政策は二十年間近く影響力を持っていた。禁止しなかった場合よりも人口が増えたというだけでなく、望まれない出産と資金不足で待遇の悪い国立の孤児院が増えたのだ。共産主義体制が崩壊したあと、その悲惨な実態は西側の人間に衝撃を与えた。チャウシェスクが目指した人口の目標は達成されなかった。ルーマニアの人口は一九八〇年代に二千三百万人を超えたが、その後また二千万人以下に戻った。ルーマニアの実験は、人口動向を操作しようとする専制的な政府の限界についての興味深いケーススタディである。

ルーマニアの話には、デモグラフィック・エンジニアリングや、対立する民族集団あるいは国家の人口戦略の展開というテーマのほかに言及すべき点がもう一つある。ルーマニア政府は、ほかの東欧諸国に比べて国家主義色が強く、人口政策には明らかにルーマニア人の血統重視の姿勢が表われていた。一九六〇年代、ルーマニアからイスラエルへのユダヤ人の移住は、ソビエト時代よりも規制が緩くなり（ただし現金による支払いが必要だったが）、中絶についてもハンガリー人やロマに対しては、ルーマニア人ほど厳しく取り締まらなかったと言われている。[60]

ユーゴスラビア紛争

冷戦が終わったとき旧共産主義国家のほとんどは、平和裏に資本主義へと移行した。ただし国境が変わらなかった国（ポーランド、ハンガリー）、分裂した国（チェコとスロバキア共和国）、統合した国（東ドイツと西ドイツ）があった。これらの国の大半は、少なくとも第二次世界大戦とその後の強制的移住が終わり、人口の民族構成が安定してからは、民族的にはほぼ均質となった。しかしそれはユーゴスラビアには当てはまらない。そしてここでは人口問題が、一九九〇年代の同国の紛争にある役割を果たしていた。

ロシア人と同じように、セルビア人の一九四五年以降の出生率は低下した。それは同じキリスト教系（ソビエト連邦ならバルト人、ウクライナ人、モルドバ人、ベラルーシ人。ユーゴスラビアではクロアチア人、スロベニア人）のユーゴスラビア人も同様だったが、伝統的なムスリム（ソビエトではコーカサス人と中央アジア人、ユーゴスラビアではボスニアのムスリムや、コソボのアルバニア人）は違っていた。結果的にユーゴスラビアでのセルビア人の割合は小さくなった。特にムスリムとともに生活していた地区ではそれが顕著だった。ボスニア・ヘルツェゴビナでのセルビア人の割合が一九四八年には四十四パーセントだったのが、一九八一年には三十三パーセント未満にまで減少する一方で、ムスリムの割合は、同じ期間で三十三パーセント未満から四十パーセント近くまで増加した。コソボでは（ユーゴスラビア連邦の共和国だったボスニア・ヘルツェゴビナと違って、コソボはセルビア共和国の中の自治州だった）セルビア人の割合は一九四八年の時点ですでに二十五パーセントを切っていたが、一九八一年には十三パーセントまで減少していた。これは多数派のアルバニア人より出生率が低かったことだけでなく、セルビア人がセルビアへ移住したことが原因だった。[61] どちらの地域もセルビアの国家主義者にとっては特別な意味を持つ土地だ。ボスニア・ヘルツェゴビナの首都サラエボは、一九一四年にセルビア人の国家主義者がオーストリアの皇太子フランツ・フェルディナントを暗殺して第一次世界大戦のきっかけをつくった場所、コソボはセルビア人の歴史意識の中心にある、十四世紀にセルビア人がトルコと戦った場所（一三八九年のコソボの戦い）で、歴史的に重要な中世セルビアの修道院が数多く存在している。総合的な人口データでは、若者の間のもっと大きな流れが見えてこない。セルビアにおける十四歳未満の人口の割合は、コソボにおける同じ年齢層の割合の半分である。[62]

特別な意味を持つ地域における、人口面でのセルビア人の存在感が低下していることに加え、多数のセルビア人が、クロアチア人だけでなく、ナチスのＳＳが組織した、ボスニアのムスリムによって虐殺された、第二次世界大戦の記憶があった。紛争が勃発してユーゴスラビアが解体したのは人口だけが原因ではないが、人口動向が寄与していたのは間違いない。ボスニア・ヘルツェゴビナの紛争のとき、どこで暴力が行なわれたかを慎重に調べた研究では、一九六一年から一九九一年の間にセルビア人の人口が減った地域で、特に戦闘が多かった。[63] そのうちにボスニアのムスリムとアルバニア人の出生率も急速に低下し、現在のボスニア・ヘルツェゴビナ（クロアチア人だけでなくセルビア人とムスリムも含む）の出生率は、モルドバとともにヨーロッパ最低レベルで（せいぜい一・二五）、コソボでさえ合計特殊出生率はぎりぎり人口置換水準である。

要するに、旧ユーゴスラビアは、宗教や民族が違う人々の集団で違う時期に人口転換が起こると、社会が不安定化する典型的な例なのである。

正教会の世界も危機に

キリスト教正教会の世界でも同じ力が働いていた。出生率が低い時期が長く続いたのは、一人の女性が生む子の数が減っただけでなく、女性の数自体が減ったからであり、そのため合計特殊出生率も粗出生率も低かった。多くの場所で経済的に成功するチャンスが少なくなり、西ヨーロッパのもっと豊かな土地へ移住する可能性が開かれたため、膨大な数の人々が流出する一方、入ってくる人は、まったくといっていいほどいなかった（ロシアは例外で、旧ソビエト連邦の共和国からの移民を受け入れていた）。その典型例はブルガリアで、一九八〇年代の人口は九百万人に迫っていたが、二〇一五年にはかろうじて七百万人。出生率の低さだけでなく、ＥＵ加盟で国外に移住の機会が増えたことで人口が減少したのだ。このようなケースではほぼ必ず田舎の人口が激減する。かつて八百人ほどが住んでいた村で、残った二人の住人のうち一人がこう嘆く。「私はここで息を引き取るだろう。悲しいことだが、マトチナには司祭が一人もいない。私が死んだらどこか他のところから誰かを呼ばないといけないんだ」(64)

近くのモルドバでは、一九九〇年代初めから人口が七パーセント以上減少し、国連の出生率中位推計によれば、今世紀末までにはさらに半分になると予測されている。二〇一五年には、ギリシャとブルガリアの人口の年齢の中央値は、高いほうから七位までに入っている(65)。正教会の世界ではかなり根本的な変化がなければ、一つの国どころではなくその文明世界全体が、次の世紀のいつかに消えてなくなっているだろう。

かつてないほどふくらんだ人口は、十九世紀の初めにブリテンで爆発し、ロシアを含めてヨーロッパ中に、そしてヨーロッパが征服した土地や植民地へと広がった。しかし最後に黒海の岸辺に押し寄せ、その後、後退した。

これまでの説明は地上の土地と人口の半分以下しかカバーしていない。はるか遠くの大陸では、西洋の規模とスピードをはるかに上回る、大きな流れが展開されることになる。

第八章
日本・中国・東アジア 老いゆく巨人たち

人口増と工業化で日本は列強の一員へ。戦後も奇跡の成長を遂げるが、少子高齢化の最も深刻な国へ転落。毛沢東の大躍進と文革の大混乱を経て中国は人口世界一に。だが一人っ子政策の後遺症が襲う。

Japan, China and East Asia The Ageing of Giants

日露戦争がヨーロッパへ与えた衝撃

一九〇五年五月、南ロシアの農民だった二十四歳のアレクセイ・ノヴィコフは、戦艦オリョール号で日本海へと向かっていた。以前、政治的な姿勢によりロシア帝国海軍から追放されていたが、前年に戦争が勃発して戻ることを許された。艦隊は一九〇四年十月にバルト海を出て、六か月かけて目的の場所へと入った。極東の海で、ノヴィコフら乗組員たちは、戦略でも装備でも日本海軍のほうが上回っていることに気づいた。ロシア側は数隻の船を沈められ、艦隊は戦力を失った。日本側が受けたダメージは「射撃訓練をしていれば」受けなかった程度ですんだ。[1]ノヴィコフは幸運だった。戦争捕虜としてしばらく過ごしたあと、彼はロシアに戻って再び革命に関わったが、やがて著作を始めた。約七万人の同胞たちが戦争で命を落とした。ロシアは八隻の戦艦と数多くの小さな船を失った。それに比べると日本の被害ははるかに小さかった。

それは思いもよらぬことだった。ヨーロッパ人は世界の支配者であり、自分たちの思い通りにして、自分たちの好きなところに帝国を広げていくはずだった。確かにその何年か前に、ブリテン人がボーア人を抑えるのは難しいことが証明されたが、アフリカで何世代もの間に確立された民族とはいえ、ボーア人はヨーロッパ系なのだ。非ヨーロッパ人が反撃などするはずない、そしてもちろん勝つことなどあるはずがなかった。ニコライ二世皇帝はいとこのドイツ皇帝ヴィルヘルム二世から、キリスト教と白人種を守るために、日本と戦うようせき立てられていた。ところが結果は、皇帝をはじめ多くの人たちの〝黄禍〟への過度な不安をさらにあおることになった。

日露戦争はロシア人だけではなく、本質的に優位であると思っていたすべてのヨーロッパ人にとって衝撃的だった。日本の勝利の要因は人口ではなく――ロシアのほうが日本よりもはるかに人口は多かった――戦略的なものだった。それでも人口学的な要素もあった。日本は上り調子であり、日本人は非ヨーロッパ人で初めてマルサスの罠を逃れた国民となった。陸軍と海軍の近代化とともに、産業の近代化が起こり、日本はロシアを倒す戦艦をつくることができるようになった。日本は近代世界に参入したと同時に、まさにヨーロッパ中心部の発展とともに起きた人口離陸と人口拡大の道を突き進んだ。近代以前の人口動態を抜け出した最初の非ヨーロッパ人が、近代に入って初めてヨーロッパ人の鼻をへし折った大国になったのは偶然ではない。

日本、中国、そして東南アジアには、現在、世界の人口の三分の一が住み、だいたいヨーロッパと北米が経験したのと同じ変革をうまく成し遂げた。その先鞭をつけたのが日本だった。日本と中国は、この地域の中で、人口学的な見地から前例のないことが起こった二つの国だ。日本はマルサスの縛りを突破した最初の非ヨーロッパ国であり、いまや世界で最も高齢化が進んでいる。中国は世界史上最大の人口を抱えている。どちらの国も長い歴史と制度、複雑な社会を備えていたが、やがて西洋と密接に関わることを余儀なくされ、特に人口面で変わらざるをえなくなった。

日本がどのように西洋に対抗するようになったのかについては多くの議論がある。〝人口転換〟について言及することは、ヨーロッパ中心主義のモデルを非ヨーロッパの人々に押しつけることだと、以前から言われている。[2] どの地域であれ、ヨーロッパの経済的、社会的組織のモデルを採用しなければ、人口学的に（暗に他のどんな領域でも）興味深いことは起こらないと言っているようなものだと。ある意味では公平な批判かもしれないが、実はその批判はヨーロッパにも当てはまる。十九世紀以前のヨーロッパにも、人口面では独自の浮き沈みがあった。特に黒死病が流行したときは、大陸の人口は数世紀前と同じレベルに後退した。しかしここでのポイントは、人口転換までは何も起こらないということではなく、（定義はともあれ）近代化が起こって初めて、ある程度まで画一的で予想どおりの道筋を、少なくとも一定期間たどるということだ。十九世紀半ばに突然、他の世界と再び関わるようになった日本は、長い歴史の中で複雑なプロセスを経ていた。人口についても同じことが言える。しかし十九世紀後半から二十世紀前半の日本が、都市化と産業化のうねりに押し流されていたとき、国の歴史上、真に革命的なことが起こっていたのは間違いない。

徳川期の農業改革でまず増え、そして止まる——間引きと禁欲

昔の日本の人口統計を把握するのが難しい理由は、まずデータの問題がある。工業化以前はどの国でもそうだが、二十世紀以前の日本の人口統計にはむらがあった。まだ結

論が出ていないことも多い。しかし概略はいくらか明確になっている。日本の人口はまず、十七世紀初頭から始まる徳川時代の、政治的に安定し農業改革が起きた時期に増加した[3]。十六世紀後半から十七世紀前半は、年間約一パーセント増加していた可能性がある。この時代、世界の他の地域では、人口学的には後退の時期だった。中国は明代から清代への移行時期で混乱状態にあり、ヨーロッパは三十年戦争の恐怖を経験し、ブリテン諸島は内戦に巻き込まれ、イングランドのアメリカの植民地は足場を固め始めたばかりで、人口に関してはまだ頼りなかった。対して日本の十七世紀は平和で繁栄し、その結果として人口が増加した。しかし十七世紀半ばには、二千六百万から三千三百万人くらいのレベルで人口増加は止まっていた[4]。一七二一年から一八四六年までの推計の最低値から最高値をとっても、日本の人口増加率は百年でせいぜい五パーセント程度と考えられる[5]。

　なぜ日本の人口が長く横ばい状態にあったのか。一つの考え方は、国内が安定し戦争はなかったが、マルサス理論における他の人口減少の要因（飢饉や洪水）が起こりやすく、十八世紀初頭の日本の人口は、国が養える限界の状況にあったというものだ。そうなると人々はマルサスが描いた貧困の中で生活していたということになる。もう一つの考え方は、人々はマルサス理論における必要最低限のレベル以上の生活を維持していた――言い換えると、生活レベルを下げればもっと多くの人口が養えた――が、それは社会体制が主に嬰児殺しと妊娠中絶によって人口を抑制していたからというものだ[6]（マルサスはそのような抑制策は決して容認しなかっただろう。彼はコミュニティが飢えと貧困の限界まで人口を増やすことを避ける可能性はあると認めていたが、その手段として倫理的に容認できるのは純潔と晩婚による性行為の抑制だけだった）。当時の日本では、嬰児殺しは全出産の十パーセントを占めたと考えられており、場合によっては二十パーセントという説まである。その根拠として、性別の選択による中絶ができなかった時代に、男女の人口比が偏っていたことがあげられる。十八世紀の東日本の一部の地域では、嬰児殺しは間引き（稲の苗を抜いて減らすこと）と呼ばれていた。場合によってそれは事実上の義務と考えられ、子だくさんの親は反社会的、あるいは犬のように子を生むと非難された。ある裕福な地方の商人の日記には、どの子を生かしてどの子を死なすべきか占いによって決め、自ら嬰児殺しを行なったことが書かれている[7]。

こうした状況で、またデータの有効性を考えれば、嬰児殺しと出生率の低下を切り離すのは難しい。中絶に関しても、一八七〇年から段階的に禁止され、特に一八八二年以降に処罰対象になるまでは、人口抑制のための一般的な方法だった[8]。その後、いつごろまでふつうに行なわれていたかは定かではない。中絶と嬰児殺し以外に、禁欲と別居も十七世紀後半から十八世紀の日本に、いわゆる〝低出生率の文化〟を生み出すのにひと役買ったように思える。本当のところ、人口増加が抑制された主な要因は、性行為の節制と避妊法の普及だったのか、中絶や嬰児殺しだったのか、判断するのは難しい。いずれにしても、この解釈が正しくて、日本人が限界まで人口を増やすのを避けて、多少なりとも余裕のある生活を享受していくらかの資本を蓄えていたとすれば、この点では十八世紀のイングランドと似ている。

コストが低く熟練した労働者が存在——工業化への潜在力

一八六八年の鎖国の終焉と王政復古の大号令による明治時代の始まりは、大きくいえば封建時代の終わりと近代国家の誕生だった。当初、工業の発展と人口面での進歩（つまり人口転換を通しての進歩）は緩やかだったが、十九世紀後半から二十世紀初頭にどちらも加速した。公式データでは、一八七五年から一九二〇年の間に粗出生率が千人当たり二十五・四人から三十五・七人にまで増えたとされている。しかし他のデータでは、一八七五年の時点ですでに千人当たり三十人を超えていた、さらに三十六人だったという説まである。公式データによれば死亡率は上昇しているが、下降しているというデータもある。下降するほうが人口転換の初期段階に起こる現象と合致している。[9] おそらく後者のほうが可能性は高いと思われる。工業化初期の都市はあまり整備されていなかったとしても、農民の置かれた状況はもっと悪かったので、より多くの人が都市に住むようになって、寿命が延び始めた可能性は高い。人口増加の根底にある状況は、少なくとも一九二〇年まではあいまいだったが、人口が二千六百万人から三千三百万人の間で長く横ばい状態だったのが、その後、増加し始めたことは間違いない。一九一四年には人口は五千二百万人にまで増え、一九二四年には五千八百万人を超えている。[10] 十九世紀後半、日本の人口増加率は年一パーセントを超え（UKの工業化の離陸期と同じ）、一九一五年の増加率は一・五パーセント近かった。[11] これはその数年前のロシアと肩を並べる数値で、一九二〇年代後半には年間一・五パーセントを超えた。[12]

第一次世界大戦前の数十年間で、西洋の旅行者や国外移住者たちの回想録や手紙には、自分たちの専門のこと、専門外のこと、どちらについても書かれている。それらの著者の多くは外交官の妻たちや宣教師たちで、彼らは日本の華道や神社を描写し、寺や山の景色について熱く語っている。しかしそのとき日本で起こっていたことが、二世代前にUKが経験していたことに酷似していることに気づいていた人はほとんどいないようだった。そうした文章は、当然ながら不快な人種差別的ステレオタイプに満ちている。日本研究と文献学研究者で東京帝国大学の名誉教師だった（そのため他の著作家よりも知識があった）バジル・ホール・チェンバレンは一八九一年に、日本の貿易商は、西洋と三十年ものつきあいがありながら未熟であると書いている。

平均的な地元の商人は時間の正確さや真実の重視、どんな小さな約束も守るといったことに、まだとてもうしろむきである。少額のことについても文句を言う。[13] 損失をともなう契約を破棄することが軽蔑に値するとは思っていないのだろう。

（チェンバレンの人種差別観は驚くことではない。彼の弟ヒューストン・ステュワート・チエンバレンはリチャード・ワグナーの義理の息子で、晩年はヒトラーとの個人的な出会いで衝撃を受け、彼を来たるべき有望な人間と賞賛した。）それでも漆塗りの壺や芸者についての話で読者を奪い合っていた大半の人とは違い、チェンバレンは少なくとも日本の経済や工業の発展について触れている。

過去三十年間の主な進歩は工業の発展である。鉱山が開かれ工場も建てられ、新たな生産が始まった。日本の石炭は東洋ではすでによく知られている。銅とアンチモンは大量に輸出されている……かつては輸入されていた物品の多くが、国内で生産されるようになっている。

コストが低く熟練労働者が存在していることを思うと「あと必要なのはビジネスを熟知している経営者だけで、日本の産業の将来はきっと明るい[14]」。

ほとんどが日本の急激な近代化を見逃していた西洋の評論家たちの中にあって、もう一人の例外は、エンジニアでもありジャーナリストでもあったスタッフォード・ランサムである。彼は一八九九年にこう書いている。「日本人のすばらしい適応力は、あっという間に西洋流の製造方法を習得してしまうことに表われている」

日本の近代産業はいまや国のあちこちで見られる……大阪はまさに工業都市へと急

速に発展している。同地をイングランド人が日本のマンチェスター、スコットランド人がグラスゴー、フランス人がリール、ドイツ人がハンブルク、アメリカ人がシカゴと呼ぶのも無理はない(15)。

人口と工業の組み合わせで起きたこと

工業と国力は、日本の人口増加と表裏一体である。アングロ・サクソンの増加が、UKとUSが世界の大部分を支配する原動力となったのと同じく、日本も人口と工業の両面が強化されたことで(前者がなければ後者もない)、ヨーロッパから(特に日露戦争後)〝大国〟と見なされる立場へと押し上げられた。アジアには他にそのような国はなかった。日露戦争(一九〇四〜〇五年)での華々しい勝利によって証明された日本の近代化と変革は、アングロ・サクソンひいてはヨーロッパ人が生来的に持っている強みと誤解されていたものが、本当は民族的な強みではなく、人口規模と経済力や産業力の組み合わせにすぎないことを実証した。これらの要素がなければ、日本は積極的に拡張主義をとってロシアに勝ち、中国や東南アジアの国々を圧倒し、ブリティッシュ・エンパイアやアメリカ合衆国にならって帝国を(短期間とはいえ)インド国境から太平洋まで広げることはなかっただろう。日本が中国の広範囲を征服し支配したことは、人口の力だけでは不十分であり(なんといっても中国の人口は常に日本を上回っていた)、日本が人口と工業の力の両方を備えていたからこそ可能だったのだ。

一九二〇年以降に初めて近代的な人口調査が行われ、データ収集法が確立した。出生率が少しずつ低下するとともに都市化が進み、死亡率が急速に低下して、人口転換の理論どおりに、人口は急増する。[16] 人口増加は経済環境の向上によって押し上げられるが、日本国内には人口過剰を警戒する議論があった。日本は農地に適した土地と比較すると、世界で最も人口密度が高い国だった。[17] この懸念が一九三〇年代の帝国主義的拡張を正当化する動機になり、そのために利用されたのは確かである。[18] しかし日本人の移住者（広がっていた国境の内でも外でも）の規模は小さかった。北米とオーストラリアの入国規制が一九六〇年代までずっと続いていたこともあるが、征服した地域（中国の満州）へ移住する日本人はいたものの、母国の人口規模は実質的にほとんど変わらなかった。[19] 日本からの移住者が年間一万人を超えることはめったになく、人口増加（そして当然、第一次世界大戦以前のヨーロッパ人の国外移住）の規模に比べるときわめて少ない。一九三〇年代には、日本在住の韓国人のほうが、韓国在住の日本人より多かった。[20] 満州は日本のカナダにはならなかった。多数の日本人が定住することはなく、余剰人口の受け皿になったわけでもなく、日本のための穀物生産地にもならなかった。

大日本帝国とナチスドイツは、人口政策が似ていた

多くの面で、大日本帝国のジレンマ、建前、政策はナチスドイツと似通っていた。工業化によって人口が増大し、工業従事者の数が増えるにつれて農産物の輸入が増え、そ

の代金は工業品の輸出によって支払われた。一九二〇年代末には、日本は米の消費量の七分の一を輸入に頼っていた。[21] これは自立できずに国際貿易に頼っていると見なされるという、国家主義者にとっては気に入らない状況だった。日本とドイツの国家主義者は、貿易に依存せずに自国民を養うための余分な土地の必要性を訴えた。ロンドンとワシントンに駐在していた日本の大使は、それぞれの国に対して、人口増加を理由に帝国主義的拡大を正当化した。アメリカに対しては、日本の人口の増加を示して「国民が生存するためにもっと広い領土の絶対的な必要性」を認識するべきだと主張した。[22]

しかし日本がそれだけの土地を獲得しても、人口過剰なはずの母国から送り出す移民で、その土地を満たすのは難しいことがわかった。ヒトラーはウクライナをドイツの牧草地にするという願望を抱き、日本は独自の〝ワイルド・ウェスト〟が必要だとアメリカに訴えたにもかかわらず、人口拡大と同時進行する領土拡大というアングロ・サクソン型モデルはうまくいかなかった。この二国は、一方で母国の切迫する人口圧力を理由に国外進出を正当化していたが、同時に自国の力と地位を向上させるべく、人口圧力をさらに高める出産奨励策を推し進めていた。日本では一九四一年からあからさまな出産奨励政策がとられた。一九六〇年代初頭までに人口を一億人に増やすことを政府が目標に据え、そのための報奨金を出したのだ。[23] 二年後、首相がその目標は日本が今後も繁栄して存続するために必要だと述べた。[24]

一九四五年の日本人口は、まだ世界最大級だった

日本の工業発展、人口増加、そして帝国主義の高まりに、すでに大国になっていた国々が刺激され反応した。一八九五年の時点でドイツ皇帝ヴィルヘルム二世が〝黄禍〟という言葉を使い、三年後にはロシアの陸軍大臣が、日本と中国が動かせる軍隊について懸念し[25]、イギリスの新聞『スペクテイター』は「日本軍の一階級が中国をコントロールし、その陸軍と海軍を組織している」と懸念を表明している。同じ年、ブリテンの首相が「強大な力を持つ国々が、年々大きくなっている」と不安をあらわにした[26]。これらは人口のことだけを言っているわけではない。中国の規模と日本の成長を混同している部分はあるが、脅威の根底にあるのは、東アジアの人口動態だと認識した上での言葉なのだ。ブリテンの対応は日本と条約を結んで海軍を強化し、ライバルのロシアに対抗するため利用することだった。ロシアはブリテンより近く、極東の国土をめぐる野心の対立があったことから、日本と戦うことを選び敗れた。いずれにしても日本の人口増加と脅威となる可能性、それに工業と軍隊の進歩が合わさり、一九〇〇年から一九四五年の東アジアと太平洋地域の国際関係が形成された。

ヨーロッパの国々がそうであったように、日本の工業発展と人口増大はつながっていて、人口増大によって獲得された力と資源がなければ、その後の帝国主義的拡大も考えられなかった。日本の戦争犠牲者の数は三百万人で、これは個人的、歴史的な悲劇では

あるが、統計的には人口増加がピークにあった時期のせいぜい三年から四年の増加分である。そのため一九四五年の日本は工業や道義は崩壊していたが、人口はまだ世界最大級だった。勝者側だが大きな人的物質的損失をこうむったロシアと同じように、第二次世界大戦が終わったときの日本には、少なくとも一つは重大な強みがあった。急速な人口増加にともなう人口モメンタムである。

戦後の短いベビーブーム、そして合計特殊出生率一・三へ

第二次世界大戦直後、日本は空前のベビーブームがあった。その注目すべき性質は、絶対的な意味でもアメリカや西ヨーロッパとの比較でも、一気に人口が増えたこと、もっと重要なのはそれが短期で終わってしまったことだ。一九三〇年代後半に千人当たり三十未満にまで落ちた粗出生率は、一九四七年には三十四・三まで上昇した。[27] この時点で（そしてこのときはもう信頼性の高いデータがあった）、日本の合計特殊出生率は約四・五で、戦後の西洋のどの国よりも高かったが、その後、急激に低下した。[28] 一九五〇年代初めにはすでに三まで落ち、一九六〇年代には二になっていた。一九六〇年代半ばから一九七〇年代半ばにやや上昇したが、二を大きく上回ることはなく、その後また、ゆっくりとしかし着実に低下し始め、今世紀の初めには女性一人が生む子の数が一・三人というきわめて低いレベルになった。[29] 現在、最新の国連のデータによれば、やや持ち直してはいるもののそれは本当にわずかであり、合計特殊出生率はまだ一・五未満であ

ることが示されている。[30]

仕事と育児が両立しない文化、男女格差も先進国最下位に近い

日本ではいったい何が起こったのか。他のどんな国でも同じだが、日本における出生率の低下の原因について、はっきりしたことは言えない。ただし低出生率は一般的に、収入の増加、都市化、女性の教育、特に高等教育と相関関係がある。一九五五年の女性の高等教育機関への入学率は五パーセントと、男性の三分の一にも満たなかったが、四十年後には五十パーセントとなり、男性を超えた。[31] これらの要因が、職場や家庭における女性への伝統的な姿勢と組み合わされると低出生率のパターンにはまるのはすでに述べたとおりだ（婚外子はUKでは全体の五十パーセント近くにのぼるが日本ではわずか二パーセント）。そして現在の日本の出生率は人口置換水準を下回っているが、南ヨーロッパあるいは東ヨーロッパの多くの国とあまり変わらない。実を言えばやや高いくらいだ。全体として、出生率の変化のパターンは西洋の場合と似ているが、人口の大きな変化はあとで起こるほど速くなるという説どおり、スピードはいくらか速い。もちろん出生率が低い明確な理由を特定することはできない。しかしこのテーマについては多くの興味深い事例証拠と意見がある。神戸市外国語大学の人口統計学者は次のように述べている。

あなたが独身なら、結婚にふさわしいよいパートナーを見つけるのは難しい。もし結婚していて夫も働いているなら、子どもを持つ余裕はあまりない。時間も体力も残らない。子どもがほしいなら、あなた（たいていは妻）は仕事を続けるか辞めるか選ばなければならない。二者択一なのだ。[32]

ヨーロッパで起きたのと同じように、女性の教育と、束縛からの解放の時代、女性が働きに出たり、職場で出世したり、出産や育児と両立したりするのが難しい文化の国では出生率は低下する。世界経済フォーラムの賃金の男女格差ランキングで、日本は常に先進国中最下位に近いのも驚くことではない。東京在住の三十二歳の女性の次のような経験は、ごく一般的かもしれない。

三年前に恋人にプロポーズされました。そのとき断ったのは、仕事のほうが大事に思えたからです。その後は男性とつき合うことに興味を失いました。将来の問題が持ち上がるとぎくしゃくしてしまうんです……上司は、女は結婚したら妊娠すると思っている。そうしたら辞めなければならない。専業主婦になれば自分の収入はなくなる。私みたいな女性にはそれができないんです。[33]

平均寿命の延びが出生率低下を補っていた

日本の若者はしだいにセックスや交際を拒否して、一人でできる娯楽（電子ゲームの場合が多い）を好むようになっているという説もある。[34]

出生率の低下と、それがきわめて低いこと以外に、第二次世界大戦以降の日本の人口統計学上の目立つ特徴は平均寿命（出生時平均余命）の延びである。一九五〇年代初めにはすでに平均寿命が六十歳を超えていたが、十九世紀には三十五歳をやっと超えるレベルだったことを思えば、それ自体が大きな進歩だった。[35] さらなる都市化と工業化により日本人の食生活、食品貯蔵技術、住居環境、医療が向上したおかげで、寿命はさらに延び続けた。現在の日本の平均寿命は八十三歳を超えている。これはどの国連加盟国、国連がカバーする地域より長い。香港人の平均寿命は日本人より長いが、その差はわずかである。日本人の平均寿命は、アメリカ合衆国より五年近く長い。[36] 日本女性はいまや世界でも一、二を争う長生きの集団で、過去百六十年、毎年三か月ずつ寿命を延ばしてきた。[37] 人口に関してどのような問題があろうと（これについてはのちに論じる）、このすばらしい成果について日本は評価されるべきだ。日本は乳児死亡率も千人当たり二人と、フランスやドイツの三人、アメリカの六人と比べても、世界で最低レベルを誇っている。[38]

出生率は低下しても、寿命が延び続けて死亡率も下がったために、日本の人口は長期にわたって増え続けていた。これは標準的な人口モメンタムだった。たとえ長期的な人口置換水準に達しなくても、若者が多く出産し絶対数を増やす一方、老人は比較的数が少ないので死亡率も低い。どこかの時点で、これが人口を押し上げる力にはならなくなる。年齢が高めの層がどんどん長生きになって人口が増えるようになるのだ。増える数（誕生）が少なくなっても、減る数も少なくなるのだ。

日本は出生率が低いまま、人口は二十一世紀に入っても増え続けたが、増加速度は落ちていた。戦後から一九七〇年代後半まで、人口増加率は一パーセントを超えていたが、一九八〇年代には半減し、一九九〇年代にはさらに半減した。二十一世紀最初の十年は戦後のレベルの十分の一となり、二〇一二年にはとうとう一億二千八百万人で頭打ちとなった。[39]この時点で、人口の自然減は年間二十万人以上になるが（死者数と誕生数の差。移民は考慮しない）、実際の減少速度は、少数とはいえ移民のおかげで、やや遅くなっている。[40]今世紀半ばには、日本の人口は八千万人（現在の三分の二未満）まで減少する可能性がある。[41]国連の予測では、日本は今世紀末までに現在の人口の三分の一を失うという。この人口減少は始まったばかりだが、何十年も前から予想されていた。政府は一九八九年の出生率が、〝丙午（ひのえうま）〟（この年に生まれた女の子は夫の命を縮めるという迷信がある）の年より低かったことに衝撃を受けた。[42]

日本はいくつかの点で他の国とは違っている。アメリカや西ヨーロッパは差し迫った人口減少を、第三世界（西ヨーロッパの場合は東ヨーロッパからも大量の移民が流入している）からの移民である程度補い、それが人口の民族構成に影響を与えている。日本はそのような状況を真剣に予期していなかったが、近年はささやかながら外国からの移民が見られる。

中央値四十六歳、「史上最も速く高齢化の進んだ国」

日本と西洋のはっきりした違いが移民ならば、日本とロシアのはっきりした違いは平均寿命である。ロシアの人口が減少している要因は、高いままの死亡率と低い出生率だが、日本の場合、平均寿命の延びが出生率の低さを相殺して、人口減少は遅れている。今後も日本人の平均寿命が延び続けなければ、人口減少は速まるだろう。つまり日本は民族的にはほとんど同質だが、どんどん老いているということだ。

日本が特に興味深いのは、そこには出生率が低く高齢化する社会の姿があるからだ。この点で日本は先駆者である。人口転換のスタートは遅かったにもかかわらず進行が速すぎて、特に高齢化についてはヨーロッパやUKを追い抜いてしまった。世界の人口増加速度は落ち、いずれ逆転すると思われるので高齢化は避けられない。日本の年齢の中央値は現在四十六歳で、これはイタリア、ドイツとともに世界で最も高い。米国より九歳も高いのだ。[43] 日本の人口は、歴史上最も速く高齢化が進んでいる。[44] 六十五歳を超える人は、一九五〇年には二十人に一人だったのが、二〇〇五年には五人に一人にまで増えている。[45] 二〇〇五年から二〇一五年の間だけで、日本の人口は横ばい状態になり、百歳以上の人の数はほぼ三倍になった。[46]

これによってヨーロッパと同じ高齢化の影響が生じたが、その規模はもっと大きかった。ブルガリアやイタリアでは過疎化したのは村だったが、日本では一部の都市近郊の地域でもそれが起こっている。そこで物理的な崩壊という差し迫った問題が生まれている。日本にはすでに八百万軒の空き家がある。「東京はやがていくつものデトロイトに囲まれることになるかもしれない」と、ある不動産業者がぼやいている[47]。地方の状況はさらに悪く、かつて学校が建っていたところにクマまでがうろついている。村では子どもの数が減り、バスで遠くの学校まで通わなければならない[48]。歴史的に子どもの数は少なく、現在では子を持たない人も多く、家で孤独死し、少なくともしばらくは気づかれない日本の老人は、最高で三万人に及ぶだろうと推定されている。死後数週間、あるいは数か月たった死体が発見されたときに必要な清掃と消毒を行なう事業が成長している[49]。

経済後退、そして年金、介護、医療へも影響

日本のこの急速な高齢化は経済に大きな影響を与えている。産業革命の流れでみたように、経済と人口のつながりは単純ではなく、だいたいは双方向に働いている。人口動向が経済発展に影響を与え、経済発展が人口動向に影響を与える。日本の場合も西洋の場合と同じように、経済発展と人口増加はだいたい同時に起こっている。そしてどちらの場合も、人口の増加および生産性向上、一人当たり収入の増加の結果、GDPが増大している。これは一八六八年に日本が明治維新を迎えたとき、そして一九四五年以降、人口が急増する一方で出生率が低下し、労働人口が増加したことの恩恵を受けていたとき、そのどちらにも当てはまる。目を引くのは、労働可能年齢の人口の割合が最大にな

ったまさにそのとき、同国の経済的活力が枯渇したように思えたことだ(50)。

現在の日本では、二〇〇四年に大きな改革を行なった年金制度が、かつてないほどの困難に陥っている。高齢者の増加はまた、介護と医療に大きな負担となっている（特に介護労働に移民を受け入れていないのでなおさらである）。日本が世界一年齢が高く高齢化が急速に進んでいるという事実と、二〇一五年の日本の債務残高GDP比が、OECD内でギリシャやイタリアの百数十パーセントよりはるかに高い二百四十八パーセントと、世界ワーストワンであることには関連があると思われる(51)。

経済だけでなく政治も高齢化による影響を受ける。人口増加と積極的な帝国主義が、日本の第二次世界大戦参入へとつながった経緯を見てきた。一九四五年の敗戦以降、日本は平和主義への道を進み、防衛面ではドイツと同じく米国の庇護のもとで、防衛に費用をかけることも外国への介入も避けてきた。二〇〇五年の防衛費はGDPのわずか一パーセントだった。米国は四パーセント、UKとフランスは約二・五パーセントである。しかし日本の平和主義は、少なくとも西洋の目からは、軍事行動よりも経済活動と関連しているように思える。一九九〇年代前半までは、日本の経済と金融が世界を席巻するという文献が多く書かれた。しかしそれ以降、そのような意見はすっかり減り、かつては西洋より優位にあった日本経済が、今では劣勢になっている。一九七〇年代から一九八〇年代、日本経済による世界支配への脅威論が最高潮だったとき、日本の人口は米国の約半分だった。二〇一五年には日本脅威論が一般的な論説から消滅していたが、このときの人口は米国の約四十パーセントで、さらに減り続けた[52]。近年は限定的に軍事政策が変化しているとはいえ、日本の防衛は基本的に米国に依存している。以前は冷戦下の、現在は主に中国への脅威に対するものだ。日本にとって人口と国の運命を切り離すことはできないようだ。拡張主義の時代は遠くなった今、日本が人口の高齢化、そして近い将来始まるであろう人口減少をどう乗り越えるかが問題になるだろう。この点について先駆者となる日本から、他の国は学ぶことがあるかもしれない。

中国——初めて人口が十億人を超えた国

中国は河川管理のために歴史上きわめて規模の大きい土木工事を行ない、何百万もの人に水と電気を与え、何百万人も転地させている。その中国が人口の潮流を管理するために、歴史上、最も壮大な——最終的には無駄になった——事業に手を出したのも驚くことではない。

中国は人口規模でははるか昔から他の国を上回っていた。とはいえ、いまやその点ではインドに抜かされかかっている。経済規模については、いくつかの指標ではすでにアメリカを追い越している。ただし一人当たりベースではない。この世界的な人口大国は、長いこと眠りについていると言われてきたが、過去二十年ですっかり目を覚まし、世界がこれまで見たことのない規模、範囲、スピードで近代化を遂げている。十四億というとほうもない人口が現在の中国をつくり、ここまで到達するまでにも中心的な役割を演じている。

一つの国と国民として古代から存在していたという点で、中国はヨーロッパとは一線を画している。ヨーロッパの国々は少なくとも千年は遅れている。中国は人口が十億人を超えた初めての国で、一九八〇年代にそれを達成した。その人口規模のために、世界の主要な政治・経済大国でなかったのは、特に悲惨な時代だけだ。中国は十五世紀以降、海外へ進出することは選ばなかったかもしれないが、人口規模と比較的進んだ技術のおかげで、他の大国から支配されることもなかった。新たな王朝が生まれては消えたが、外部からそれが現れたときも——清朝のように——基本的に中国の体制と文化に吸収された。

しかし十九世紀、中国は数の上では人口大国ではあったものの、人口動向にしても工業面にしても、急成長して勢いづいていたヨーロッパの国々のような進歩が果たせず、アヘン戦争（一八三九〜四二と一八五六〜六〇）と義和団の乱（一八九九〜一九〇〇）という代償を払うことになった。その理由はとても興味深い問題であり、それをテーマにした文学が生まれた。人口で比較すれば取るに足らない日本でさえ、一八九四年から韓国の統治や台湾の支配をする立場に取って代わり、一九三〇年代には中国の広い範囲を獲得して支配することができた。それは絶対的な数の力ではなく、人口増加の勢いと経済活力を合わせた力のおかげだ。

それでも人口規模に工業の進歩が重なると、再び世界の大国への入り口に立ち、少なくとも人口では自国に劣った国の覇権に挑むだけの力を得た。中国のケースでは、工業が発展する前（一九八〇年代）に人口面で前進した（一九七〇年代まで）。総合すると、人口モメンタム、そして産業モメンタムが、同国を再び国際的な舞台へと押し上げた。中国が歴史的に高い地位を占め大きな役割を果たしてきたのは、主にその驚くべき人口動向のおかげだ。

日本にとって一九四五年は特別に重要な意味を持つ。戦争で連合国の前に屈し、広島と長崎に原子爆弾を落とされ、アメリカを覇権国家とする新しい国際的な枠組みの中で、ゼロから国を再建しなければならなかった。中国にとっては、内戦が終わって中華人民共和国が成立した一九四九年が出発点としてもっと重要である（またこれ以降、多少なりとも人口統計のデータの信頼性が高くなった）。しかし中国の人口動向とそれが果たした役割について理解するには、どうしても昔のことを知る必要がある。

西洋より早くマルサス的限界に達していた

昔の中国の人口動向については正確なデータが不足しているために、把握するのが難しい。王朝の交代はあっても、一つの国として続いていた中国には、十八世紀半ばまでさかのぼる公式の人口データがあり、少なくとも十四世紀後半の明時代に始まる公式の記録に基づいて人口が推定されている。(53) このデータの信頼性については疑問の余地がある。その推定値をさらにさかのぼって比較すると、中国の人口は西暦紀元から十七世紀半ばまで増加していなかったようだ。紀元二年と十七世紀半ばの人口は、どちらも六千万人である。[54]マルサス主義の研究者が、この間に飢饉、伝染病の流行、戦争のサイクルが五回あり、人口が減少したのちにある種の自然な限界と思われるところまで回復したことを確認している。

当時の中国は西ヨーロッパとは著しく違っていた。長期にわたって浮き沈みに苦しんでいるのは同じだが、状況が進展することなく千五百年以上が経過していたのだ。しかしこれを〝後進性〟の証と見るべきではない。その期間の大半で、中国は世界的に最も技術が進んだ地域だった。そのため、このパターンは逆に見るべきなのだ。中国は西洋よりはるかに早く、独自のマルサス的限界、あるいはその近くまで達し、灌漑や稲作の技術を習得して、その農業システムで養えるだけの人口を抱えていた。マルクスも中国については、抑制が働かず、国が養える最大限まで人口が増え、人々が貧困と飢餓の中で生きている社会の原型と認識していた。

中国の人口増加が正確にはいつ始まったかは明確ではないが、十七世紀半ばから十九世紀半ば、まさに日本の人口が停滞していた時期に勢いを増していたようで、一八五〇年には四億三千万人に達していた。[55]人口増加率は二百年以上、一パーセントを超えていたことになる。それができたのは、資本投資を含めた農業の強化、灌漑、肥料使用の増加により農作物生産量とそれで養える人口を増やしたおかげだが、生活水準はとても低かった。[56]さまざまな時期の同国の人口の推定値は、いくらかの記録はあっても、正確なところはわからない。そして一六五〇年から一九二九年の人口増加率は、せいぜい〇・五パーセントと目されている。十九世紀のブリテンの状況とは違って、大量の移民が国外に出たわけではない。中国人の国外移住、特にアジアの他の国への移住はないわけではなかったが、一九四〇年に、満州の中国人を〝海外在住の国民〟とみなしても、中国以外に住む中国人は二千万人程度でしかなかった。これは他の中国人が住む土地、たとえばマレー半島などに比べれば、かなり多いかもしれないが、当時の国内の人口の五パーセントに満たない。[57] 十九世紀の半ばから人口増加速度は、一八五〇年から一九四七年の間に〇・二五パーセント程度にまで低下したようだ。[58] 少なくともその理由の一部には、二千万人の死者を出した太平天国の乱があった。

この二百年の人口増加とその後の減速を証明する出生率と死亡率のデータはあまりないが、この時期の出生率と死亡率が、少なくとも現代の基準では高かったのは間違いない。つい最近まで日本より中国のほうが、マルサス主義者と人口転換理論の支持者が主張する、近代以前の状況に近かったと一般的に考えられていた。[59] しかし現在ではこれにも異議が唱えられ、一部の歴史家が中国は日本と同じように、広く行なわれた嬰児殺しを含め、いくつもの技術を使って人口を限界にまで増やすことなく、マルサス的な最低限の水準以上の生活をしていた可能性があると述べている。[60]

大躍進のかけ声とはうらはらに

およそ二十五年にわたる毛沢東の時代の中国の人口動向の変化は、まったく首尾一貫性のない政府の人口政策によって生まれた非常に極端なケースだった。マルクス主義のイデオロギーによれば、人口は社会体制によって人為的に抑制される。人間が封建主義や資本主義のしがらみから自由になれば社会主義が広まって、その結果、個人の生活水準が向上して人口の絶対数も増えるはずだった。伝統的なマルクス主義者の反マルサス主義にのっとり、毛沢東は一九四九年に、中国の人口が多くなるのはよいことであり、それだけの人間を養う方法を見つけられるはずだ、そして「あらゆるもののなかで、何より大切なものは国民である」と述べている。[61]

これがきっかけとなったのか、あるいは単に人口急増にともなう現象なのか、合計特殊出生率は六に近い高いレベルを維持する一方で、死亡率が低下して人口は急速に増加した。一九五〇年、人口増加率は三パーセントに迫っていた。これはそれまでの年間増加率から見ると飛躍的な伸びで、ヨーロッパや北米をしのぐほど、人口の潮流が強さを増していたことの証である。[62]一部では、特に一九五三年の人口調査で、一九四七年に四億七千万人だった中国の人口が六億人になっていたことがわかると、人口の過剰を警戒する議論が生じた。[63]この数字はおそらく正確ではないが（年間増加率五パーセントというのはにわかには信じがたい）、それでもこの結果で議論の前提が大きく変わった。出産奨励の掛け声はトーンダウンし、避妊具は手に入りやすくなり、〝リベラル〟な見解は、一九五七年から増え始めた産児制限のプロパガンダに取って代わられた。その年に妊娠中絶が合法化された。

一九五八年に毛沢東が「人口はもっと増えていい」と主張して政策が再び変更され、人口抑制策は〝保守主義〟とみなされるようになった。[64] これは「大躍進」政策の一部だった。それは人口学的にも経済的にも、その名前が意味するものとはまったく逆のものになった。急速な近代化のための無茶な計画の連続で、結果的に後退を招いてしまった。それまで人口は、少なくとも数の上では実際に躍進していたが、穀物生産が三十パーセントも減少してその後に飢饉が起こって逆転したと思われる。[65] 毛沢東が無情で人々の生活への気遣いに欠けていることは、共産圏が勝利するためには核戦争もいとわないという姿勢によく表れていた。彼はこう書いている。

戦争が始まったらどのくらいの人が死ぬか想像してみよう。世界には二十七億の人がいて、その三分の一が失われるかもしれない……最悪の事態が起きて（世界の人口の）半分が死んだとしても半分は残る。しかし帝国主義は消滅して、世界全体が社会主義となる。数年後には人口は再び二十七億人に戻っているだろう。[66]

中国内で一九五〇年代に実施された農業政策は、多くの面で（特に集団農場化と〝余剰穀物〟の強制的納入）、スターリンが課したものと似ている。その結果が同じなのも不思議はない。人口規模を拡大させた人口モメンタムの巨大な力と、大躍進によって起こされた集団的な飢餓の間には衝突があった。一九五八年には六に近かった合計特殊出生率が、たった三年でほぼ三まで低下した。これは出産奨励へと戻った政府の人口政策というよりも、当時の過酷な状況から生じた症状であり、それへの反応だった。[67]

この時期の経済的な混乱を乗り越えると、出生率は五から六へと跳ね上がり、当局がまた人口増加を懸念するようになった。一九六〇年代後半の年間増加率は再び三パーセント水準に迫っていた。基本的に上昇傾向にあったこの人口動向が、毛沢東時代の荒廃から急速に回復する鍵となったが、その結果、飢えていた何百万人もの国民にとってはほとんどよいことはなかった。かつては活気に満ちていた田園地域の荒れ果てたようすが、荒廃のあとに続くこの災難の根深さを物語っていた。「不気味な静寂が地方をおおっている。没収されなかった数少ないブタは飢えと病気で死んだ。ニワトリとアヒルはとっくの昔に食肉用にされた」。野生の生物にまで影響は及んだ。

木に鳥はいなくなっていた。木の葉は落ち、皮はむけ、むき出しの棘が空っぽの空に向かって突き出している。人々は口もきけないほど腹をすかしている。樹の皮から汚い水まで、あらゆる食物を奪われたこの世界で、死体は浅く掘った墓に埋められるか、そうでなければ道端に放っておかれる。人間の肉を食べるものも少なくなかった。[68]

大躍進とその後の文化大革命は恐ろしいものだったが、そこで死者が多く出ても人口じように、根底にある人口モメンタムがあまりに大きかったため、人口は増え続けた。

一九五〇年に五億を少し超え、一九六七年に七億五千万人まで増加した。これは合計特殊出生率が一九六〇年代に入っても六を維持し、平均寿命が一九五〇年からの二十年で、四十五歳未満から六十歳を超えるまで延びたおかげである。[69]

一九七〇年から状況が変わり始めた。平均寿命は延び続けたが、出生率は十年で三未満にまで低下した。[70] 実に中国の一九七〇年代は特記すべき年で、人口の潮流はあとになるほど満ち干どちらも強力になることが、ここでも示された。一人の女性が生む子の数が六人前後から三人前後にまで減少するのに、先駆者であるブリテンは中国の五倍、そしてロシアは少なくとも二倍の時間がかかっている。これほどの減少は社会変化――特に都市化と女性の教育――と政治指針が揃ったときに起こる。たとえば一九八一年、都市部の出生率は地方の半分ほどで、しだいに都市化が進んでいた中国の出生率は必然的に低下すると考えられた。[71] 毛沢東は出産増加を熱心に叫んでいたが、その後はトーンダウンし、彼の死後、文化大革命の混乱期を過ぎると、避妊具が以前よりも簡単に入手できるようになった。中国が次にどのような方向へ進むか予想する者にとっては、一九七〇年代の家族の規模と構造の近代化が、何かとほうもないことが起きかかっていることを知る手がかりだった。具体的には中国の世界経済への参入、大規模で急速な工業化、そして人類史上未曾有の規模とみなすのがふさわしい近代化である。中国の大きさを考えればこれほどの変化は今後起こりそうもない。

一人っ子政策

一九七六年の毛沢東の死から数年後、中国は明確な〝近代化〟政策に着手したが、そこでは人口抑制が重要な要素だった。それを指示したのはのちに中国共産党総書記となる胡耀邦だった。彼は一九七八年に「人口問題は何よりも重要である」と宣言した。[72]社会主義は多くを生みだすので、数を抑制する必要はなくなるというマルクス主義的な見解を捨て、人口の増減を計画することは合理的な計画経済の一環であるべきという、はるか以前に提示された見解を復活させた。副首相の陳慕華は「人間の出産を、物質的なものの増加に合わせて増やすこと」は可能なはずだと主張した。[73]家族の人数に関するスローガンは「二人がぴったり」から「一人が最高」に変わった。[74]

一九七九年から二〇一五年までの間、はっきりと「一人っ子政策」が行なわれた。その中には勧告、金銭的報奨、制裁などの措置があった。その政策は一九八〇年に成文化され、一九八〇年から一九八四年まで実施された。[75]場合によっては強制的な措置がとられることもあった。その一方で、たとえば少数民族であるとか、最近では両親がどちらも一人っ子のときは例外とされるなど、周期的に規制が緩和されることがあった。

最初、この政策は特に地方で強い抵抗にあった。農民に土地が返還されて以降、それは国民の利益に逆行することだった。現在の中国の合計特殊出生率は一・二から一・五の間、首都の北京ではなんと〇・七五である。[76]

一人っ子政策開始当時からの誤り

しかし一人っ子政策の大きな皮肉は、ほぼ必要ではなかったことだ。これは二つのやり方で証明できる。第一は、中国国内の歴史的な流れと照らし合わせてみること。一九八一年、一人っ子政策が実施されたときの中国の人口は十億人を超えていた。これはとほうもない数で、中国以外の多くの国が驚き脅威を感じたのと同時に、中国の指導者たちも恐怖を感じたはずだ。それでもこの時点で、出生率はすでに急速に低下していた。十年で女性一人が生む子の数が六人から三人になっていた。この傾向は一九七〇年代から顕著だったので、一人っ子政策の効果とは考えられない。もちろん中国の人口増加も減速していた。年間の増加率一・四パーセントはまだ高かったが、十年前の三パーセント近くに比べれば半分である。つまり中国社会は国の強制的な介入がなくても、独自の力学によって問題に対処していたのだ。

一人っ子政策が不要だったことを示す第二の方法は、外国と比較してみることだ。中国の出生率の実際の動きは東アジア、東南アジアの他の国とそれほど違わない。それらの国の政府が、厳格なトップダウンの政策を押しつけているわけではない。毛沢東の政敵である国家主義者によって支配されていた台湾では、一九七〇年代半ばの出生率は三前後にまで低下していた。つまり本土よりも少し進んでいた（そして毛沢東のようにやりすぎることなく、台湾はもっと速く近代化を進めた）。一九九〇年代後半には一・五～二という中国と同じレベルにまで低下した。これもトップダウンの厳格な政策なしに実現した。韓国は一九七〇年代後半に合計特殊出生率が三まで低下し、一九九〇年代後半には一・五になっている。[77]このように韓国も台湾も――そして他のアジアの国も――一人っ子政策を実施したときの中国と、出発点はだいたい同じだったが、中国共産党が必要と感じた強制的な手段に訴えなくても、出生率は同じくらい、場合によってはさらに大きく低下したのだ（もう一つの比較対象であるマレーシアの中国系の出生率は約一・五で、やはり強引な措置を用いずにこの数字を実現した）[78]。

ここで教訓として引き出せるのは、人口の潮流は独りよがりのエンジニア気取りの権力者よりも、ふつうの人々に任せるのがいちばんいいということだ。教育、避妊法を入手するある程度の機会を与えれば、たいていの男女、特に女性は自分自身のためになる、そして社会の要求にもかなった決定を行なう。少なくとも出生率の低下についてはそうだ。アダム・スミスの言う見えざる手は、経済だけでなく人口にも働きかけるのだ。個人が知識を身につけ自ら決定を行なえるなら、その人たちに任せておけば、少なくとも出生率を低下させる必要性に関しては、彼ら／彼女ら自身の利益にもなり、社会の利益にもなる決定を行なう可能性が高い。しかし中国の指導者たちは、それを認識していなかった。その政策は人口抑制の〝躍進〟で、以前の農業と工業に関する悲惨な政策の必然的な結果と考えられるかもしれない。「このアプローチは、党がじゅうぶんに努力をすれば、あらゆる問題を解決できるというレーニン主義の概念に導かれている」[79]

いつの世でもそうだが、そのようなトップダウンの政策を実施するときは、統計に示される大きなイメージの中にある、個人の悲劇を見失わないようにすることが重要だ。専門職の人間が、二人目が欲しいとこだわっていたため仕事を失う[80]。毎年二千万件の中絶手術が行なわれているが、そのすべてが当人の意に沿って行なわれているわけではない。ある中国人女性は、家族や生まれてくる子が教育を受ける権利に重大な悪影響があると知っていても、子どもをつくる決意をした。

二〇一四年三月、家族計画委員会から来た六〜七人の人が家に上がり込みました。そのうち二人が家で待つ役を割り振られました。他の四人が私を、家の前で待たせていた車に無理やり乗せました。体の不自由な母は、うしろの車に乗せられて病院までついてきました。その日の午後、病院で医者が中絶の薬のオキシトシンを私の腹部に注射しました……その後、医者はもう一本注射し、それは痛み止めだと言いました。でも痛みは収まりませんでした。子宮をきれいにする処置は信じられないほど痛かった。ベッドに横になり、体が切り開かれて壊されるような気がしました。私は泣き続けました。私の赤ちゃんは一言も発する機会さえ与えられませんでした。私の子は政府に命を奪われたのです。[81]

中国のジェットコースター

桁外れの規模、急速な人口増加と出生率低下、中華人民共和国の建国以降、中国は壮大な人口変化の途中にある。政策がどれほど過酷で一貫性のないものであっても、死亡率が低下し人口が増えたのちに出生率が低下して人口が安定するという、典型的な人口変化の経過をたどっている。一九四五年から平均寿命は延び続け、四十五歳未満だったのが七十五歳を超えるまでになった。これは毎年六か月ずつ伸びた計算で、中国の急速な経済成長や生活水準の向上と比べても見劣りしない数字である。この段階でその変化が今後の中国にとって持つ意味を評価するのは難しいが、いくつかのテーマがあるのがわかる。第一に高齢化とその中国経済との関わり。第二に中国の家族の構造。そして第三に中国が〝人口のピーク〟にいつ達するか。しかしその前に、当たり前のことだが、中国が国際的な舞台で目立っているのは、ひとえにそのとてつもない人口規模のおかげだ。過去でも現在でも、中国と同じかそれに近いスピードで経済成長を遂げた国は他にもある。しかし中国の動きに世界が注目するのは、十億を超える人口を抱えているからだ。

中国の高齢化が急速に進むことは、出生率の低下と平均寿命の延びから予測されていた。中国国民の年齢の中央値は、中華人民共和国の成立から四十年間は二十代を維持していたが、二十一世紀にはいって最初の十五年間で七歳上昇した。(82) これはＵＫとアメリカの高齢化の三倍のペースであり、この傾向はこの先も続くだろう。一九七五年から二〇五〇年の間で、六十歳を超える中国人の数は七倍に増え、十四歳未満の数は約半分になると予想されている。中国の六十歳を超える層が人口に占める割合は、二〇三〇年ごろにはアメリカにおける同じ層の割合を超えるだろう(83)。

中国の労働年齢の人口はすでに、比率ではなく絶対数が減り始めた。中国の人口は少なくとも二十一世紀の間はずっと桁外れに大きいままだろう。しかし中国の経済成長を推し進めた動力の一つ――人口増加によって労働人口も増えたこと――は、すでに停止しそうな段階に来ているのだ。将来の経済成長にはもっと労働者の生産性を高めることが必要だが、それだけで中国経済に期待される成長を実現できるかどうかは疑問である。中国が年金の問題をどう乗り越えようとしているかは不明確だ。国の高齢化へのビジョンの欠如が、中国人の貯蓄率を押し上げていると見るのが一般的である。中国人の巨額の貯蓄が、直接あるいは銀行を通して、借金だらけの西洋の政府や消費者へとわたったのが、二〇〇七年/二〇〇八年の金融危機を引き起こした大きな要因の一つである。

男児が増える弊害

中国の家族は高齢化、都市化しただけではない。男の数が多くなるという現象も起きた。一人っ子政策と胎児の性別判定、ひいては選択的中絶が行なわれるようになり、男児百二十人に対して女児百人という不均衡が生じた(84)。選択的中絶は、地方のいまだ家父長的な社会における、家族からのプレッシャーによって行なわれることが多い。ある女性の言によると「［義両親を］責める気にはなりません。彼らのような考え方はごくふつうです。ここでは『できのいい息子がいればいるほどいい生活ができる』といわれています。男のほうが強くてたくさん仕事ができますからね」[85]。こうした男児を好む傾向は大きな影響力を持っている。第一に、子どもが大きくなったときに結婚問題が生じ、大量の花嫁を国外から連れてきても完全には解決できないということだ。第二に、それが人口置換水準を上昇させるということだ。女性が人口の半分未満になれば、女性一人一人がより多くの子を生まないと、人口全体を同じレベルで維持できなくなる。中国の合計特殊出生率が一・五前後（国連のデータでは一・二）というのは、男女の不均衡がない国の数字をはるかに下回っている。男女比の問題以外にも、中国はきょうだいもいとこもめったにいない国になっている。一人っ子は両親と祖父母、場合によっては二組の祖父母に甘やかされて育つ。ここはその心理学的な意味合いや、社会に与える影響について考える場ではないが、これは中国だけの問題ではない。東アジアと東ヨーロッパの多くの国でも、中国と同じくらい、あるいはもっと一人っ子が増えている。しかし男女の数の不均衡という他の国にはない要素がある。そして特殊な歴史的な理由を考えれば、〝小皇帝〟という言葉が中国でできたのは驚くことではない。

迫りくるインド

高齢化が進んでいて、男児が多く生まれているということはあっても、中国の人口は増加を続けている。ただし二十世紀に比べると著しく減速している。まだしばらくは世界一の座を譲ることはないだろうが、それも長くは続かない。一九七〇年代の中国の人口はインドのほぼ一・五倍だった。それが二〇一五年には、その差はたった七パーセントになっていた。インドも上から厳しい人口政策を課せられたが、中国ほど厳格に適用されたわけではなく、また期間も短かった。さらにインドは工業化と都市化に関しては中国に遅れを取っており、中国では人口のほぼ半分が都市部に住んでいるのに比べ、インドではまだ約三分の一である。中国では最近一人っ子政策が緩和されたが、粗出生率にはほとんど影響していないようだ。[86] それは驚くことではない。中国人の意向と行動が、程度の差はあれ同じように少子化を経験している他の東アジアの国と、大きくかけ離れる理由はない。

結果として、インドの出生率は低下していても、平均的なインド女性が生む子の数は、中国人女性よりも一人分多い。[87] 国連の中位推計によれば、インドの人口は二〇二〇年代半ばで中国を抜くと推定されている。また二〇三〇年までに、中国の人口は十五億人くらいで頭打ちとなり、減少し始めると予測している。人口は国家間で争うスポーツ競技ではない。しかし民族紛争のような状況では、競い合いになることもある。[88] しかしどのような未来が待っていても、人口の構成、規模、特徴によってかなりの部分が左右されると考えられる。中国は人口世界一の座をいずれ失うだろう。そしてすでに今、同国は高齢化が急速に進んでいる、せいぜい中所得国である。

少子化韓国、豊かになる前に高齢化するタイ

日本と中国はそれぞれ近代世界の舞台で大きな役を演じ、人口学的な進歩の先駆者となっているが、その人口動向を見ていると、その進歩を上回る国が出てくると思われる。一九六〇年代半ばから、東アジアと東南アジアで二番目に人口が多い国は、日本ではなくインドネシアで、その数は二億五千万を超えている。またその地域には人口が五千万人以上の国が他に五つある。韓国、ベトナム、ミャンマー、フィリピン、タイである（これら五カ国とインドネシアでアジアン・シックスと呼ばれている）。それらの国の人口は合計で七億に近い。アメリカ合衆国の二倍に近い。

アジアン・シックスの二十世紀の人口規模だけを見ると、すぐ目につくことが二つある。一つは、二十世紀半ばから人口が驚くほど増えたこと。一九五〇年には合計で二億人未満だったが、二〇一五年にはほぼ四倍になった。六十五年間の全体的な平均増加率は二パーセントを超える。アジアン・シックスの人口増加は一九六〇年代初めに最高潮に達して三パーセント近くまで延びたが、いまではその半分以下で、低下はさらに続いている。注目すべきことの二つ目は、増加がどのように減速していったかだ。まず死亡

率、特に乳児死亡率が下落する。平均寿命は、たとえば韓国では朝鮮戦争が終わってから三十年で、五十歳未満から七十歳前後にまで延びた。一九五〇年以降、韓国で一歳の誕生日まで生きられない乳児は、千人当たり百五十九人から三人まで減少した[89]。同じ期間で、平均的な韓国の女性が生む子の数は六人から一・二五未満にまで減少した。このため韓国でも日本が経験しているのと同じ、人口学的な問題が生じている。韓国で学齢期の児童の数は、一九八〇年のほぼ半分になっている[90]。

その集団の中には、同様の人口変動パターンをたどっている国がもう一つある。たとえばタイ人の平均寿命はアメリカ人より四年短いだけで、子どもの数もアメリカ人より少ない（一九五〇年代初めは、寿命はアメリカ人より二十年短く、子どもの数はほぼ二倍だった）。子どもを持たないことも、タイの特に都市部ではふつうになりつつあり、それもアジアの他の土地と同じように女性が解放されたことによって起きたと思われる。『バンコック・ポスト』紙の記事に、五十四歳のおばと、二十九歳の姪との会話があった。おばが「私は家も車も学会での地位もある。他に何が必要？　私の人生は完璧よ」と言い切った。姪にはパートナーはいるが子どもはいない。彼女もおばと同じような道を歩んでいる。「子どもを持つのはお金がかかりすぎて……子どもに最善の世話をしてあげられないなら、生まないほうがいいわ[91]」

韓国の年齢中央値は、一九五〇年には十九歳だったのが、今では四十歳とほぼ倍以上になっていて、国連は二〇四〇年に五十歳に達すると予測している。もっと貧しいタイもすぐうしろに迫っている。近年は経済も成長しているが、人口の推移のスピードがもっと速いため、豊かになる前に高齢化が進む恐れがある数多くの国の一つとなっている。

二十世紀に全アジアを席巻したあと、人口の潮流はこの数十年で一気に後退した。人口転換の初期の拡張段階は、アングロ・サクソン、もっと全般的にはヨーロッパ人だけのものではなかった。それと同じく、子どもの数が減って高齢化が進みやがて社会が縮小していく現象も、世界中の多くの社会で見られるようになっている。

少なくとも現在の東アジアは、平和と（ほとんどの国では）人口減少に関わる高度な社会的調和の恩恵を受けている。これは現在の安定と将来の見込みとの間の、先の見えないトレードオフであり、たとえば中東や北アフリカの国にとっては、これから経験することだ。

第九章

若く好戦的な中東と北アフリカ

一九九〇年、イエメンの人口中央値はなんと十四歳だった。石油、政治の腐敗、民主主義の欠如、女性差別などに加えて、若年人口層の多さが、この地域を政情不安定なものにしているのではないか。

The Middle East and North Africa
The Demography of Instability

アラブの春――二十六歳青年の焼身自殺にみる若年人口の急増

二〇一〇年十二月十七日、チュニジアの通りで果物を売っていた二十六歳のモハメド・ブアジジが、働いているとき目にした官僚制度の腐敗に抗議して、自らの体に火をつけた。彼の怒りと不満が、周囲の地域で彼と同じ不満を抱えた何百万人もの人々の共感を呼び、そこからアラブの春として知られるようになる、人々の希望をかけた反乱の連鎖が始まった。この行動によってチュニジア、リビア、エジプト、イエメンの政府が倒れ、シリアとバーレーン政府にも大きな圧力をかけた。しかしその後に起こったのは、待ち望まれていた民主化や解放ではなく、反動と無秩序、そして内戦だった。

アラブの春は終わったかもしれないが、不安定な状態はまだ続いている。それでもブアジジの抗議から始まった運動は、当時の体制がもう続かないことをはっきりと示した。中東と北アフリカは、高齢で長年その地位にしがみついている支配者によって、機能停止状態に陥っていた。リビアのムアンマル・アル＝カッザーフィーやエジプトのホスニー・ムバラク、そしてもちろんモロッコやカタールの王室は、それぞれの国を数十年にわたり、民主制も敷かず責任も持たずに治めていた。一連の出来事には、それぞれの国の人口動向が大きな役割を果たしていた。大西洋から湾岸地域の政権は臣民の頂点に立ち、長年にわたって同じ老齢の君主や大統領が支配してきた。しかしその下で社会は急速に変化していて、その社会変化の大きな特徴の一つが人口動向だった。

　その地域の人口動向の特徴が最もよく表れているのがイエメンである。アリー・アブドッラー・サーレハが一九七八年に権力の座についたとき、この国の総人口（当時まだ彼が支配していなかった南イエメンも含む）は七百五十万人だった。二〇一二年、彼が追放されたときは二千五百五十万人になっていた。一九九〇年代の何年かのイエメンの人口増加率は、なんと年間五パーセントという驚くべき数字だった。これは百年で人口が百倍以上になるペースだ（もしドイツの人口が百年間このペースで増えたら、現在の世界の人口よりドイツ人のほうが多くなる）。これはまったく自然に増えた結果である。つまり死亡数より出生数が上回っていたということだ。イエメンは移民が入ってくる国ではなくなっていた（むしろそこからかけ離れていた。経済的にも社会的にも発展が遅れていて、最近まで国外に移住者が出られるだけの力はなく、国民は貧しくて動けなかった。国境を越える、特に大陸間の移動が始まるのは、ある程度の繁栄と近代化が起きてからだ。十九世紀後半に南欧あるいは東欧からの移民がアメリカに集まってきた例で見てきたように）。イエメンで起こっている人口増加の前には、十九世紀に人口が四倍近くになったブリテンもかすんでしまう。一九九〇年のイエメン人の年齢中央値は、なんと十四歳である。

　イエメンは極端な例だが、それでも地域全体に起きていることを象徴している。一九五〇年、エジプトの人口はドイツの三分の一未満だった。現在ではドイツを超えている。この地域の国の大半は、人口の中央値が三十歳未満、スーダンやイラクは二十歳を下回る。ただし現在ほとんどの国で中央値は急速に上がっている。[1] それほど大きな人口動向の変化がその地域の政治情勢にどのような影響を与えているかは、込み入った問題だ。ただ影響を与えたという事実は間違いない。それほど全体的に若くて活力に満ちた国民が、どのような形であれ、社会的な事件に影響を与えないとは思えない。人口が数倍に増えたのに、それまでと同じでいられる国はない。若い人々は周囲のことすべてに何らかの影響を与える。少なくとも現代の世界では独裁者が安穏とその地位に君臨するのは不可能になり、若くて活力のある人口がどんどん増えている。

民族浄化と宗教浄化の歴史

他の土地と同じように、中東でも人口は戦争と飢餓があると減り、平和なときには増加する。しかしこの地域で人口動向がでたらめな動きではなく、他で見たことのある道筋をたどり始めたのは、近代化のプロセスが始まったときだった。第一次世界大戦が終わるまで、中東の大半はずっとオスマントルコに支配されていたが、ヨーロッパの大国が他国へと進出するようになり、ブリテン、フランス、イタリアといったヨーロッパの大国がエジプト、北アフリカを占領し、ドイツがしだいにオスマン帝国そのものを動かすようになった。そしてヨーロッパ人による占領と支配が人口転換の出発点となることが多かった。

この地域でもデータは不完全だったかもしれないが、オスマントルコではＵＫやアメリカ合衆国とそれほど違わない一八三一年に人口調査が始まっていたのは注目に値する。

その目的は主に軍隊に集められる人間の数を推定することで、そのため対象は徴兵する男性ムスリムに限られていた。そのデータもほとんど中央からの説明なしにまとめられ、一貫性にも問題があった。それでも昔のオスマンの人口調査は、少なくとも人口を推定するために有用な基本情報を提供してくれている。(2)

十九世紀のオスマン帝国の人口動向の理解を難しくしているのは、国境が変化し続け、だいたいは国が小さくなっていたことだ。トルコはバルカン半島のキリスト教国家の攻撃を受けていた。ムスリムによる支配から逃れようとするセルビア人やブルガリア人から、高圧的なコーカサス地方のロシア人から、そして領土を拡大しているブリテン人やフランス人、やはり領土を手に入れようとしているイタリア人から。しかし一八八四年と一九〇六年に行なわれた調査で、だいたい同じ地域のデータを見ると、人口が千七百万人から二千百万人に増えていた。年間増加率は一パーセントに迫っている。(3)

ブリテンは十九世紀に人口がUSや自治領に大量に流出していたにもかかわらず、それと同じ増加率を維持していたが、オスマン帝国の人口増加は、主にコーカサス地方とバルカン半島からの移民に助けられた数字と思われる。二十世紀初めには、それらの地域から五百万人ものムスリムが逃げ出している。(4)こうした難民たちは領土を広げていたキリスト教の大国から逃れようとしていた。ロシアや新興のバルカン諸国を含め、そうした国は今なら民族浄化、宗教浄化政策と呼ばれる活動に手を染めていて、ムスリムがオスマン軍とともに小さくなっていくムスリムの帝国へと後退したことが、オスマン帝国の人口が増加する要因となった。ロシアとセルビアがイスラム教地域に侵攻したとき、ムスリム浄化のやり方がきわめて残酷だったことは、現在ではほとんど忘れられている。ロシアが支配権を拡大してきたとき、コーカサス地方のムスリム人口の九十パーセントが虐殺されたり追放されたりした。(5) 今でも中東全体に存在するチェルケス人として知られる人々は、そのとき逃げてきた人々の子孫である。

その一方で、オスマン帝国の自国のキリスト教徒に対する扱いも似たり寄ったりで、場合によってはさらに悪かった。第一次世界大戦時のアルメニア人の大虐殺では、東アナトリアのアルメニア人のキリスト教徒が百万人以上殺されたが、この不幸な人々に加えられた最大で最も残酷な仕打ちは、ムスリムの大領主たちによるものだった。(6) 汚れ仕事のほとんどは、イスタンブールにいる支配者の指示によって地元のクルド人が請け負っていた。(7) 殺戮にはレイプと女性の奴隷化がともなうことが多かった。その後、生き残った人々は強制的同化と改宗を迫られた。(8) それと同じ殺戮、追放、強制的同化というプロセスは、のちに新興のトルコ人国家によってすぐに西アナトリアのギリシャ人に対して用いられた。それはオスマン帝国が崩壊したあとの、ギリシャ軍の無茶なトルコ侵攻への報復だった。(9)

アルジェリア、チュニジア

バルカン半島やコーカサス地方からムスリムがオスマン帝国に流れ込んでいる時期、

北アフリカでは違う種類の移民が現れた。それはヨーロッパ人の移住者がやって来たことだ。移住先は最初はフランスによって征服されたアルジェリア（一八三〇年から）、その後にやはりフランスの保護領となったチュニジアだった。一九〇〇年にはアルジェリアには五十万人を超えるヨーロッパ人がいて、その四十パーセントはフランスではなく、南ヨーロッパの他の国から来た人々だった。一九一一年には二十万人、主にイタリア系のヨーロッパ人がチュニジアにいた。[10] アメリカ合衆国やブリティッシュ・エンパイアの一部と同じように、増加していたヨーロッパ人が大量に国外に流出することで、その地域の民族構成比が変わるのは避けられず、もう前の状態に戻ることはないと、当時は思えたかもしれない。しかし南アフリカと同じく、そのようなことは起きなかった。人口学的には、ヨーロッパ人の到来は数が少なすぎるうえに遅すぎて、先住者たちの最初の人口変動の嵐と急増に直面することになった。一九四一年にはアルジェリアに百万人のヨーロッパ人がいた。これは約百年前のフランスによる侵攻当時の、先住民族の人口と同じである。しかしこのときムスリム人口は六百五十万人にまで増えていた。[11]

この地域への帝国主義の影響が今でも広く見られるのには、はるかに長く続いたオスマン帝国の影響がバルカン諸国に残っているのと同じで、正当な理由がある。しかしヨーロッパの植民地政策の影響により先住民の人口が急増し、結果的に植民地主義によって、逆に人口学的にヨーロッパ人による支配ができない状況を生み出すことになった。二十一世紀、フランスには相当数の北アフリカ出身者がいるのに、アルジェリアにはヨーロッパ人がほとんど残っていない。このような状況はフランスが占領したときにはまったく予想されていなかった。当時はヨーロッパ人があらゆる地域を征服しそうな勢いだったのだ。アルジェリアがフランス支配から解放されたときには多くの要素が働いていたのはもちろんだが、アルジェリアへの移住者が先住民の人口急増を前に、引き続き支配者でいられるとは思えない。そしてそれはアルジェリアだけでなく、南アフリカやジンバブエでも同じである。ド゠ゴール将軍はアルジェリア先住民とヨーロッパ人との比率が九対一になったとき、フランスが撤退せざるをえなくなると考えていた。[12]

ヨーロッパの支配力の喪失、植民地側の国民の自信の高まり、そして人口の変化、それらの間の直接的なつながりを証明するのは難しいが、強力な状況証拠はある。ヨーロッパの大国が第一次世界大戦後に中東その他の地域の統治を国際連盟から〝委任〟されたのは、おそらく人口学的な要素よりもウッドロー・ウィルソンのイデオロギーに関わるものだが、大戦後のヨーロッパについて細かく読み解くと、帝国に関するムードが変わったことがわかる。その時点で中東と北アフリカの社会は、転換の出発点に立ったばかりだった。出生率と死亡率はどちらも高いままだった。死亡率が低下して人口増加を後押ししていたが、まだ昔ながらのマルサス的な力が働いて増加は抑制されていた。北アフリカでは一八六六年から一八六八年の飢饉で三十万人が死に、二つの大戦間に周期的に起きた伝染病の流行で、アルジェリアの年間死亡率は千人当たり二十人未満だったのが三十五人を超えた。[13] アルベール・カミュの小説『ペスト』は戦争直後のアルジェリアが舞台だが、おそらくもっと前のコレラの流行を題材にしている。しかしペストが完全に過去のものになったと考えるべきではない。つい最近の二〇〇三年に、まさにカミユの小説の舞台となった町、アルジェリアのオランで少なくとも十件の腺ペストの発生が確認されている。(14)

エジプト

オスマン帝国崩壊後、この地域でいちばん人口が多い国であるエジプトは、当時のこの地域の人口動態がまだ近代以前の状態であったことを示す好例である。一八〇〇年のエジプトの人口は約三百万人から四百万人と考えられている。これはおそらく一三〇〇年、ことによると紀元元年と変わらない。(15) しかし十九世紀に同国の人口は二倍以上に増えた。国民の結婚年齢は低く、一九三〇年代、十六歳から十九歳の女性の三分の一が結婚していた（同じ期間での西ヨーロッパの四倍の比率）。そして粗出生率は常に千人当たり四十人を超えていた。(16) 死亡率は安定せず、まだときどきコレラの流行による影響を受けることがあったが、そうした事件の影響は減っていた。国民の健康水準は低く、食生活、住居、衛生設備の状態は悪かった。それでも限定的で基本的なものであっても、近代化が大幅な人口増加を後押しした。二十世紀前半のエジプトは実質的に移民の出入りもなく人口は二倍になった。年間増加率は一パーセントと、十九世紀前半のブリテンと同じ水準だった。(17)

二十世紀半ばから、段階的で不完全だったこの地域の近代化が、より着実、均一、強力に進行するようになった。人口の潮流が力をためていたのだ。ふつうの人の置かれた状況は物質的にはまだ貧しかったが、輸送、教育、医療施設が少しずつ発展し、他と同じようにうまくいくようになっていた。その結果は百年以上前に最初にブリテンで起こり、世界中で繰り返されたパターンと同じだが、ペースはもっとずっと速かった。

どの時代でも、乳児死亡率にはその時代の状況が映し出される。北アフリカ全体の乳児死亡率は一九五〇年から二〇一七年で、二十パーセントから三パーセント未満にまで低下した。中東と北アフリカで最も貧しい国であるイエメンでは同じ期間で、四人に一人以上だったレベルから二十人に一人にまで減少した。平均寿命も大幅に延びた（たとえばリビアでは二十世紀半ば以降、三十代半ばまでしか生きられなかったのが、七十代初めまで生きられるようになっている）。そして人口転換期にある国の典型で、出生率は最初のうちあまり変化しなかった。イラクとサウジの女性は一九八〇年代まで六人の子を持つのがふつうだった。

その結果は他の国と同じく、人口規模は膨らみ、きわめて若い社会が生まれた。一九五〇年代に二千万人だったエジプトの人口は一億人に近づき、九百万人だったアルジェリアの人口は四千万人を超えている。しかもこの間にはフランスへ移住する人も多かった。簡単に言うと、わずか半世紀で人口が四倍から五倍になったのだ[18]。そしてこの現象が人口変動の嵐の中心にあるものだ。つまり人口転換はあとに起こるほど強力で、大幅に人口が増加する。中東や北アフリカを含め、戦後に発展した国々は、イングランドのときの半分の期間で人口が四倍に増えた。これはある意味で「後発者の利益」とでも呼べるもので、人口転換で先行したヨーロッパは、いずれ後発組に追い抜かれることになるだろう。

しかしここでも他のところと同じように、人口の潮流の力は後退し始めている。中東の社会の都市化が進んで識字率が向上するにつれて出生率は急速に低下している。エジプトの女性は一九七〇年代には六人の子を生んでいたが、今ではそれが三人になっている。リビアの女性は一九七〇年代には七・五人の子を生んでいたのが、今では二・五人を下回っている。イエメンでさえ、一九八〇年代後半から子どもの数は半分になった。しかし出生率低下の第一位はイランである。イラン革命が始まったころには女性一人当たり六人だったのが、たった二十年で二人を下回ったのだ。しばらく維持されたのちに急速に低下する出生率、平均寿命の延び、人口の増大は、中東と北アフリカを揺さぶった幅広い発展に影響を与えると同時に、その影響も受けている。

イスラム教、石油と政策

十分でないとはいえ生活の質が向上したことは、乳児死亡率と平均寿命に大きな影響を与えた。最初は高い出生率が維持されるが、やがて都市化が進んで女性が教育を受けるようになり、出生率が下落したという現象を見ると、中東における人口転換の進み方も西洋とアジアに似ていると思うかもしれない。しかし基本的な違いのせいで、中東での転換の経緯はとても独特なものとなっている。

イスラム教の役割は重視しなければならない。ムスリムが非ムスリムの近くに住んでいる地域、あるいは主に非ムスリムの国で少数派として住んでいる地域では、ムスリムの出生率は比較的高い。[19]これはのちのソビエト連邦や当時のバルカン諸国、イスラエル、東南アジアにも当てはまった。そしてインドでも、ある程度までは当てはまった。インドではムスリムが常にヒンドゥー教徒よりも高い出生率を維持し、南アジア全体を見ると、パキスタンの出生率がインドを抜いた。また多数のムスリムを受け入れてきた西ヨーロッパでも事情は同じである。そのためイスラム教社会にはもともと出産を促進する何かがあるのではないかという印象がある。これはフランス人が二十世紀初頭に、ドイツ人は本質的に多産で、次々と子を生み続けて人口を増やすのではないかと恐れていたことを思わせる。また同じころドイツ人がロシア人、特にスラブ人に対してまったく同じ見解を持っていたことを思わせる。現在、ドイツ人とロシア人の出生率は、他の主要国家と比べても最低レベルである。また長期にわたって子どもが多かったわけではなかったことも明らかになっている。ある国や民族集団の現在の出生率と人口増加を、その集団が永続的に持つ特徴と考える傾向があるのはたしかだが、人口動向は思わぬ動きをすることも多い。状況が変われば人口動向も変わる。

イスラム教にしても、他の宗教文化と同じように、もともと出生率が高いということはない。聖書と同じようにコーラン、特にハディースには出産を奨励するような表現がある。「愛情深く子を生める人と結婚しなさい。私は国家の前に、あなたが子だくさんであることを誇りに思うでしょう」[20]。コーランが（イスラム教以前の社会では珍しくなかった）嬰児殺しに反対なのはたしかだ。「貧しさを理由に子どもを殺してはいけない。私たちはあなたと子どもたちのために食物を分け与える。恥ずべき行動に、秘密でも秘密でなくても、近づいてはいけない。アラーが聖なるものとした生命を奪ってはいけない」[21]。しかしどの解釈でも、避妊は禁じられていない[22]。妊娠初期の二〜三か月以内の中絶は許容範囲とみなされていた。ハディースには預言者の次のような言葉がある。

私たちは誰もが一粒の種のままでいる。それは四十日間のことだ。その後さらに四十日たつと、血のかたまりの中にとどまる。さらに四十日たつと肉のかたまりの中にとどまる。そして天使が胎児へと送り込まれ、そこに精神（生命）を吹き込む[23]。

イスラム教の権力者が産児制限に反対したケースはある。たとえば一九六〇年代の、パキスタンのデオバンド派の強硬主義者などがそうだが、これはむしろ例外である[24]。イスラム教の世界では、ローマカトリック教会のように（信者にはほぼ無視されたとしても）、有力者によって全面的に産児制限が禁止されたことはない。ただ人口増加への懸念から、避妊を許可するファトワー（勧告）が、エジプトの大ムフティー（最高イスラム法官）によって一九三七年に出されている。[25]

しかし一部のイスラム社会には、高い出生率に結び付きやすい特色がある。イスラム世界の一部で見られる女性教育への抵抗と、そのために起きる女性の識字率の低さが、高い出生率と関連している。婚姻外の出産がきわめて稀な社会で、結婚しない女性がいるということは、子どもを持たない人もある程度はいるということになる。しかし一夫多妻制が実践されているところ（すべてではないが大半のイスラム教世界）では、女性が結婚せず、すなわち子どもを持たない可能性は低くなる。女性が早婚だと、やはり出生率は高くなる。アラブ世界は全体的に女性の初婚年齢が今でも低い。一方で、モロッコとチュニジアでは、女性の就職率はいまだ世界レベルの半分未満、エジプトでは三分の一未満である。これも出生率の高さに関係している。[26]

つまり出産奨励主義はおそらく、イスラム教というよりもイスラム文化と関連していて、家族計画が広まらない地方が多いこともそれで説明できるかもしれない。たとえばエジプトでは、一九七〇年代でも、家族計画クリニックに参加する女性は十人に一人だった。[27]当時避妊具はそこで入手することが大半だった。しかしいったん方針が採用されれば、効果はすぐに現れる。イランの出生率が短期間で低下したことはすでに述べた。そしてそれは放っておいてもいずれは起きた可能性はあったにしても、国の方針に後押しされたのは確かである。

「こんな地獄に子どもを送り出したくない」――出生率が低下したイラン

実はイランは興味深いケーススタディであり、ある意味では中国に似ている。一九七九年から始まったホメイニ体制は最初は出産を奨励していた。一九八〇年にイラクとの戦争が始まったとき、それまで行なわれていた家族計画プログラムは一部撤廃され、結婚可能年齢が引き下げられた。その後の十年で、すでに高かった出生率がわずかに上昇すると、ムッラー（イスラム教の法学者）が急速な人口増加に懸念を示すようになった。産児制限の許容を確認するファトワー（勧告）が出され、家族計画のプログラムが再び実施され広がった。中東初の国が支援するコンドーム生産施設がつくられた。その結果は目を見張るものがあり、合計特殊出生率は二十一世紀初めには二まで低下した。現在イラン政府はまた考えを変えつつあるようで、最高指導者アリー・ホセイニー・ハーメネイーは人口の高齢化と低出生率への「恐怖で震えている」と言っている。彼は出産を促すため十四項目からなるプログラムを導入した。その中には、無料の産院、出産休暇の延長などが含まれており、また精管切除術（パイプカット）の無料化を中止し、それどころか違法にしてしまった。

しかし女性の識字率、そして教育と都市化レベルが向上している状況で、政府の方針が一変しても、イランの女性の選択に影響を及ぼすかは議論の余地がある。国連の最新データによると、イランの出生率はロシアとそれほど変わらず、人口置換水準以下まで下がり、さらに低下している。親になることを避けようとする都市部の若いイラン人女性の話を聞くと、そこには経済的、政治的な動機があることがわかる。「子どもを持つために仕事を辞めなければいけないなら、どうやって家を借りるお金をつくれというの？」と、テヘランの中産階級の女性が不満を口にした。「こんな地獄に子どもを送り出したくない」と、大学を卒業したばかりで体制に不満を持つ女性は言い、また別の女性は違法な中絶手術を二回受けたことを告白してこう言った。「本当に子どもを持ちたくないと思っています」[28]。しかし若いイラン女性が日本の若い女性たちと同じようなことを口にするのは、政治についての不安だけでなく文化的な要因もあるようだ。彼女たちにとって早婚や出産は、保守主義、宗教、そしてライフスタイルの制約と結びついている。イスラム社会でさえ、第二の人口転換を免れることはできないようだ。そこでは出生率には物質的条件ではなく、個人の価値観や好みが反映され、他の計画を優先して子を持たないことを選ぶ人が多い。

全体として出生率は二以上を維持していて、近年では上昇している地域もあるが（たとえばエジプトやアルジェリア）、イランだけでなくレバノンでも合計特殊出生率が一時は二を下回るところまで低下したのは印象的である。ここでも全体的な事情の中に宗教的な要素がある。中東一帯で、キリスト教徒はイスラム教徒よりも出生率が低い傾向があり、レバノンはその地域の中でキリスト教徒の割合が最も大きい。近年の大幅な出生率の低下は、結婚年齢の上昇と避妊具使用の増加とどこかでつながっている[29]。それらはまた女性の教育レベルの向上ともつながっている。ただ他の土地と比べると、この点でこの地域はまだ遅れている。都市化もまた影響している。この地域の出生率低下には特別な事情は何もない。説明が必要なのは、その遅れに関してだけだ。

宗教的イデオロギーや政策以上に、豊富な石油とその影響抜きに湾岸諸国の成り立ちは語れない。オイルマネーの恩恵は地域に均一に広がったわけではない。たしかに雇用や国外への送金による利益があり、それが一九七〇年代から一九八〇年代の、その地域の高い出生率を支えていたかもしれない。(30) 石油立国自体の人口パターンはかなり特殊で歪んでいる。合計特殊出生率は高いが低下傾向にあり（たとえばサウジアラビアでは一九八〇年代に七を超えていたのが、現在では三を下回っている）、医療の質が比較的高いために平均寿命が長い（ＵＡＥでは一九五〇年には四十五歳未満だったが、今は七十五歳を超えている）。しかし人口に関して何よりも大きいのは移民の流入である。その大半が賃金の安い未熟練労働者だ。たとえばカタールでは、戦後に人口が二万五千人から二百五十万人に増えた。これは自然増によるものではなく、労働者の移住によるものだ。もともとのカタール人は人口の二十パーセントに満たない。(31)

人口増加に寄与している基本的な力――特に乳児の死亡率低下と高い出生率の維持――は珍しいものではないが、ここではそれが他とは違う形で働いている。この地域では他の地域に比べて、人口増加が外的要因、主に西洋からの支援プログラムや、最終的には地域のオイルマネーからの資金を通して実現されたものであることが多いと言えるかもしれない。現在のエジプトは一部、アメリカやサウジアラビアからの援助によって、国民を養っている。それらの支援がなければ、そして外部から提供される医療や福祉プログラムがなければ、寿命を七十歳前半まで延ばすことは難しかっただろう。そのことによってエジプトには、事実上、自力で人口を増やした（絶対数については他の面についても）ブリテンや中国とは違う、人口学的な弱みが生じている。もし原油価格が下落してサウジアラビアからの支援が打ち切られたら、あるいはエジプトとアメリカの政府に不和が生じたら、エジプトの国民は危機に瀕するだろう。現在、中東からヨーロッパへと地中海を越えている移民の問題は、いずれこれから起こることの前兆とみなされるかもしれない。絶望して空腹なエジプト人が一億人も地中海沿岸に居並ぶ光景は、ヨーロッパがこれまでに経験したどんな移民危機よりも強烈なものになるだろう。

中東と北アの問題点

歴史と社会科学では因果関係がよく問われる。国家政策はどうあれ、人口動向は外的な因子として、外部から社会に持ち込まれて一方的に影響を与えるものではない。むしろ社会そのものから現れるもので、その環境に起因すると同時に、環境によって形成されるものだ。それでも因果関係は人口動向のパターンから、世界の動き方とそこで起きる出来事へとたどることができる。そして人口の潮流が歴史の流れを決めることはないが、その形をつくる。そしてたいていの場合、人口の動きが違えば異なる結果が生じる。

人口動向は中東や北アフリカの社会経済的な欠点から切り離すことはできず、多くの場所で政治的腐敗を助長している。国家の破綻と内戦は、若年層が多く人口が急増している土地、特にその人口が経済にうまく組み込まれず、社会に生産的な寄与をする機会がないところで起こりやすい。

中東と北アフリカは、特に政情不安、民主主義や人権の欠如、そして社会経済的発展の遅れと関係する問題を多く抱えている。石油立国は高いレベルの生活や福祉、医療を国民に提供しているが、ここでも教育や労働者の生産性は低い。地域に不足しているものや失敗には正面から取り組む必要があるが、そのための感度を上げる前に、三つの点を認識しておかなければならない。第一に、この地域の欠陥の一部は人口動向に起因するが、簡単に解決できるものではない。西洋の政治経済の制度を持ち込んだところは明らかに失敗している。第二に、この地域にあふれている陰謀説をはねつけるのは簡単だが、善意からのものであれ、外部からの介入が役に立っていないことが多いのは否定できない。そして最後に、地域の欠陥をすべて宗教的な文化に帰するのは間違いである。歴史上、イスラム教がきわめて革新的で繁栄している社会の基盤だった時代がある。

この地域の収入レベルには大きなばらつきがある。一人当たりベースだと、本書で取り上げる国の中には、世界有数の裕福な国も含まれる。それは炭化水素の存在のおかげだ。カタールは人口が比較的少なく、天然ガスを大量に輸出しているため、世界でも屈指の一人当たり収入が高い国だ。しかしこの地域全体の成功や失敗は、単純に収入ベースでは評価できない。さらに経済面だけでも、アラブ世界には誇れるものがほとんどない。一九九九年、石油価格が高騰する前、アラブ諸国の総体的経済規模はスペインより小さかった。(32)トルコは近年、経済的に前よりうまくいっているが、それでもせいぜい中所得国家である。そしてイランの経済成長は国際社会との対立と、それによる制裁によって妨げられてきた。それが軽減されたのは比較的最近のことだ。

腐敗と女性差別が繁栄を妨げている

収入が大規模な石油や天然ガスの生産に頼っているといった偶然の効果を考慮に入れたうえで社会経済的発展を分析する一つの方法は、収入が同じ程度の国と、人材開発のレベルを比較することだ。二〇〇二年の調査では、貧富を問わずアラブの国の圧倒的多数が、人材開発のレベルについては、収入レベルが同じくらいの他の国を下回っていた。(33)そのような調査で用いられる人間開発指数（ＨＤＩ）（教育、健康、収入を重視）には欠点もあるが、個人の尺度を見ると同じ状況が浮かび上がってくる。まず就職率が低いのが目につく。全体的に雇用が少なく、特に女性の雇用率が低い。人口全体の雇用率は四十六パーセントで、この指数についてはアラブ諸国が他のどの地域よりも悪い。(34)一人当たりの水の消費量は世界平均の二十パーセントで、イエメンでは二パーセントだ。これは生活水準の低さを物語っている。(35)乾燥地帯で水の消費が少ないのは当然だという反論があるかもしれないが、乾燥地帯での水不足は、たとえばアメリカ合衆国南西部（あまり持続的ではないが）とイスラエル（より持続的な）などでは、保全、再利用、脱塩などを通じてうまく対処されている。水不足が問題なら、食糧不足も問題である。この地域全体の穀物輸入量が供給量に占める割合は半分を超える。世界全体では十五パーセントである。[36]つまり中東と北アフリカは自給率が特に低い地域なのだ。よく指摘されることだが、エジプトはかつてローマ帝国の穀倉地帯だったが、いまや増加中の大規模な人口への食糧供給は輸入に頼っている。エジプトが食物を自給できないのは、人口規模が大きくてさらに増加しているからというだけでなく、農業生産性が低いためだ。

教育にしても、特に女性に関しては、アラブ世界はわずかしか進歩していない。識字率が大きく向上したといっても、二十一世紀初めのアラブ諸国の女性の識字率は、東アジアやラテン・アメリカを下回っている。[37]これは職場の女性の比率にも反映されている。中近東は他のどの地域よりも低い。[38]上級教育についても、アラブには評価されている大学がほとんどない。世界大学ランキングによると、トップ二〇〇にイスラエルの大学が四校も入っているのに、アラブの大学は一つだけだ。[39]一九八七年のデータでは、よく引用される論文の数は、エジプトはイスラエルの二千分の一のレベル、石油で豊かなクウェートでさえ、引用される論文の数はイスラエルの七十分の一のレベルである。[40]

以前から変わらないことだが、この地域の害は人口学的なものだけではない。民主的な制度が十分に浸透していない多くの場所では、石油も起業家精神より利潤追求の文化を育むという、害悪のもとになることがわかっている。国が石油のような、比較的利用しやすい富の源を管理していると、金持ちになるいちばん簡単な方法は、ビジネスを立ち上げたり真に価値のあるものを提供したりすることではなく、できるだけ金が集まるところに近い地位に就くことだ。腐敗がはびこる文化は、社会の下方へとしみこんでいく。中東と北アフリカは対立する大国の板挟みになることが多かった。そうした大国は、特に冷戦中、自分たちの指示に従う弾圧的な体制を支援してきた。国内に目を向けると、中東の多くの文化圏に見られる強烈な女性嫌悪（ミソジニー）が発展を妨げていることは否定できない。これからは女性が抑圧される社会が繁栄することは難しくなるだろう。最近までのサウジアラビアのように、女性が男性の承認なしに、運転どころか外に出ることも許されない土地で、女性が成長するのは難しい。しかしこれも人口動向と密接な関係がある。人口学的、人間的な進歩の中心には、女性が自分の体と出産を管理できる状況がある。これを妨げる文化は行き詰まる可能性が高い。

増える子どもたち、教育の機会は少ない

この地域には特に若い層が多く、人口は急速に増加しているが、同じような人口動態を示している他の国は、急速な経済成長と社会的進歩を経験している。たとえば中国では、経済的離陸の期間中も人口は急速に増加していた。適切な環境にあれば、人口の急増も経済的な利点となる。しかし先に述べた困難のいくつかについて、少なくとも原因の一部は明らかに人口圧力にある。他の国が水の問題を解決しているのは本当だが、人

口が少なければ、中東の既存の水源への圧力はそこまで大きくならないはずだ。同様に、農業の生産性が今より向上すれば問題解決するのは間違いないが、利用可能な土地の広さと現在の生産性レベルを比較すると、人口が減れば、一人当たりの食料が多くなる。教育の低さには多くの原因があるが、学校や大学に通う年齢層の人口が急増することで生じるニーズを満たすのが困難であることも原因の一つである。

同様に、人口増加にともなって需要が生まれることもあるが、市場、貿易、教育といった、他のシステムがうまくいっていないところでは、労働人口が急激に増加すると、雇用の問題を解決するのがより難しくなる。また教育レベルが低く資本投資が不足しているところでは、増え続ける人口を労働力に組み入れて、生産性を上げるのも難しい。二〇〇二年の国連の報告書では、アラブ世界の六歳から十五歳の子どものうち、一千万人が学校に行っていないと推定されている。いまは大人になっているその子たちが、グローバル化する世界にどのように適応しているか想像もできない[41]。それ以降も、アラブ世界の多くで見られる混乱のため、特に何百万人もの子どもが学校に行けないシリアでは、将来の状況はもっと悪くなっているかもしれない。またこれらの国々では依存人口比率が極めて高いという事実も、景気動向に悪影響を与えている。依存人口比率とは、生産年齢外の人口と生産年齢人口との比率である。先進国は高齢者の数が増えて依存人口比率が高くなるが、これらの国々でその比率を押し上げているのは、投資と世話と教育が必要な子どもたちだ。

若年失業率が社会不安へ

中東で出生率が急速に低下すると、経済発展のチャンスが増えるはずだ。従属人口指数（小さいほど生産人口が多い）は一九八〇年には九十を超えていたのが、二〇二〇年には六十未満になる（と推定されている）[42]。このいわゆる「人口ボーナス」は生産人口に対して子どもの数が減っているときに当てはまると考えられている。これはトルコの経済成長の要因の一つと考えられ、また日本やインドネシアでも一つの要素であったと言われている。ここでも、原因を細かく分析することは難しい。これらの国々は経済・社会が成長して出生率が低下した国でもあるからだ。そして原因と結果は常に切り離せるものではない。出生率が低下すると女性が解放されて就業できるようになり、資本投資のための資金が増える。しかしこれらの要素がうまく働くのは、経済が女性労働者を取り込み、社会がその雇用を受け入れ、法律や統治の構造、政治の安定が定着して、資本が経済に吸収されるときだけだ。

アラブ世界はどうかと言えば、残念ながらこれはほとんど当てはまらない。若年層がふくらむ〝ユースバルジ〟の状態で、失業率が高い。これは社会的な混乱と暴力を引き起こしやすい。中東の場合、それに宗教的原理主義の高まりも重なった[43]。この原理主義そのものが、直接的な人口学的ルーツを持つ。イスラム教で出生率と信仰心の強さとの結びつきが見られるのは、他の宗教でも同じである。そして信仰心が厚い集団のほうが子孫を残すとすれば、他の要素とともに人口動向も、イスラム保守主義と、場合によってはジハード主義の発展を後押しする力となるだろう。[44]このように、人口動向は社会的経済的苦境の唯一の原因ではないが、構成要素の一つではある。

この地域の問題の多い人口動向そのものが、家族計画政策の失敗によるものという部分はある。出生率が低下しているとはいえ、中東と北アフリカの多くで、そのレベルはいまだ高く、この十年で逆行し始め、上昇しているところさえある。避妊具はどこでも簡単に手に入るというものではない。モロッコでは出産可能年齢にある既婚女性の三分の二が避妊具を使っているが、イラクではかろうじて半分、スーダンでは十分の一である。[45]

中東のアラブ世界は物質的な苦境を経験しているうえ、政治的発展の停滞にも苦しんでいる。それはこの地域を支配している弾圧的な政府が、ほとんどの土地の国民から民主主義における権利と人権を奪っていること、そして近年そのような政府の一部が崩壊し、社会から秩序が失われ内戦状態になっていることの両方に見られる。この地域の人口は全世界の人口の六パーセントだが、現在のように政治的不安定の波におおわれる以前から、武力紛争の五分の一がこの地域で起こっている計算である。[46]このような数字を持ち出したのは、（もう十分に流布している）責任の配分の話でもなければ、包括的な説明をしようとする試みでもなく、少なくとも部分的にでも人口動向に由来する対立が起きている範囲を示そうとするものだ。

この地域の政治的失敗は、世界の他のほとんどの国と比較すると、おのずから明白である。フリーダム・ハウス（国際NGO団体）の二〇一四年の指数では、イスラエルを除くすべての国が、〝自由ではない〟か〝部分的に自由〟に分類されていた。[47] ほとんどの国が独裁政権からの迫害と、無秩序状態か内戦の間に立っている。これを書いている時点で、イエメン、リビア、レバノン、シリア、イラクの領土全体を通して、機能している政府機関は一つもない。そして近年のきわめて不安定な状況が、エジプトとバーレーンを襲っている。

この地域には民主主義がほぼ完全に欠けているが、トルコは一部民主化しているとみなすことができる（最近まではできたというべきかもしれない）。専制支配と無政府状態は対極の位置にあると思うかもしれないが、前者は後者の前触れであり、そこから第三段階として安定と民主化へ向かうと考えられる。[48] このモデルによると、長く独裁的あるいは権威主義的な政府の支配を受けている国が、安定や民主主義に直接移行することは起こりえない、あるいはとても難しい。そこに行くまでに、市民の対立と暴力が起きる時期があるかもしれないが、それは単に無秩序に陥ることではなく、望ましい終点へ向かっての転換と見ることができる。これはアラブの春の楽観的な解釈だろう。しかし今の時点で、本格的に無秩序を抜け出してリベラルで民主的な秩序を取り戻し、第三段階へと進んでいるアラブの国はほとんどない。この地域でいちばん人口が多い国であるエジプトは地獄の淵をのぞき、以前の状態に戻ったように見える（チュニジアは先に進む

とても珍しい)。可能性はあるが、今はまだ同国が例外であると言うのは早すぎる。そして例外だとすれば、

人口動向が経済的社会的発展の失敗に寄与していたように、この支離滅裂な状況にも影響を与えているのは間違いない。不安定や対立、そして人口動向の間につながりがあることを示す証拠はたくさんあり、〝ユースバルジ〟は政治的暴力のリスクを高めるということについては、大方の意見が一致している。[49] ティーンエイジャーから二十代半ばまでの人口が多いところでは、内紛が起きる可能性が高い。そして日本やドイツのような高齢化が進んだ社会は特に秩序が保たれ、イエメンやコンゴ民主共和国のような若い国で特に紛争が多いのは偶然ではない。そう考えると、近年、中東のアラブに暴力的な事件や紛争が頻発し、それ以前に紛争を避けるにはきわめて厳格な体制による締め付けが必要だと思えても、決して驚くべきことではない。国外への移住者が増えれば、ある程度、国内体制への圧力は減るが、それは結局、問題を外に出すだけになる可能性がある。世界の他の地域は、アルカイダやＩＳＩＳによる暴力的なテロなしに、ようやく人口転換を遂げたのだ。

つまり政情不安を人口だけで説明することはできないが、人口が密接に関わっているのは間違いない。若さと人口急増なしに、中東と北アフリカでこれほど激しい争いが起こるとは、ほぼ考えられない。第一次世界大戦以前の半世紀、ヨーロッパ中で起きた人口拡大がなければ、あれほど大きな戦いになるとは考えられなかった。ニューヨーク

（9・11）やマドリードやロンドンの同時多発テロ、そしてイエメンやシリアなどで起こっている紛争は、少なくとも一部は中東イスラム圏でその数十年前から起きていた爆発的な人口増加に起因している。一九八〇年から二〇一〇年の期間、この世界でいちばん紛争が多い地域の人口増加率は、世界全体より丸一パーセント近く高かった。一九八〇年、中東アラブで十五歳から二十四歳の人口が占める割合は、世界全体における割合と同じだった。三十年後、それは世界全体の割合より二十パーセントも高くなっていた。(50)

シリア内戦は人口学的な戦いでもあった

議論はあるにしても、シリアの内戦は政治・宗教的な対立であると同時に、人口学的な戦いでもあった。フランスから一九四六年に独立したとき、シリアの人口はたった三百万人だった。六十年後の内戦前夜には二千万人を超えていた。この人口爆発の理由はおなじみのものだ。死亡率の下落と、下がらない出生率。結果を予測するのはさらに難しい。とはいえ、今世紀の初め、シリアが干ばつに見舞われたとき、何万人もが田舎から町や都市、特にダマスカスに向かった。そのはずれにはだいたい収容施設があり、彼らは疑いの目を向ける政府によって足止めされた。移住者の多くは多数派であるスンニ派だったため、ダマスカスなど以前は少数派（キリスト教徒、イスラム教アラウィー派、ドルーズ派）が多く住んでいた都市の人口の構成比を変えることになった。少数派にはバアス党政権支持者が多かった。そのため首都のまわりを、貧しく軽んじられていた多数派であるスンニ派が取り囲むという、激しい反乱が起きかねない状況が生じた。そしてその後の紛争の要因が世界温暖化にあると主張する人は多く[51]、たしかに気候条件もその一部ではあるが、どれもシリアの人口がそれ以前の数十年で爆発的に増えていなければありえなかった。

因果関係は常に双方向に働いている。人口動向がシリアの内戦にひと役買っているのと同時に、内戦が人口動向を左右している。大まかに言うと、人口の四分の一が国外に逃亡し、四分の一が国内で転居させられた。政府は故意にある地域の民族比を変えて、スンニ派の力を削ごうとしているという非難の声がある。一方で、多数の死者が出るのはショッキングではあるが、それ自体は（国外移住と違って）シリアの人口に統計的な影響は与えていない。本書の出版時点の推定では五十万人が死んでいるが、これは近年のシリアの一年間に増加した人数と同じである。だからといって個人の苦しみが減るわけではないが、この状況は、第一次世界大戦時のヨーロッパや、スターリン主義全盛のロシアのように、人口の潮流が満潮を迎えたとき、大量殺戮という恐ろしい行為で遅らせることはできても、止めることはできないことを教えてくれる。

そして若者はドイツへ向かう

教育レベルが低く、政治的に取り残され、世界経済に加われない若者の急増は、不安定な状況を招きやすい。若者支援プログラムに取り組んでいるヨルダンの女性がこう言っている。「若い人たちが教育を受け、経済的なチャンスを得るための壁は高くなる一方で、社会や市民活動に関わる機会がほとんどありません。彼らはどんどん闇へと追いやられ、力を奪われ不満をためています[52]」。経済が発展していないところでは、大学卒業生が仕事を見つけるのは特に難しい。二〇一四年、大学を卒業したばかりの若者の三十四パーセントが職についていなかった。初等教育を受けただけの層では二パーセントである[53]。職のない大学卒業者はたいてい都市に住んでいて活動家になりやすい環境にあり、教育程度が低い農場労働者よりも政治的に過激な行動に走る可能性が高いことがわかっている。そして社会的保守主義を若い世代も支持しているところが一部にはあるが、多くは反発している。特に女性は教育機会を得たのに、社会でも職場でもひどく差別される状況に直面して不満を感じやすくなる。サウジアラビアでは最近になって、一部の仕事に女性が就けるようになった。教育レベルの高い女性はそれでも、父親や夫の許可を得なければならないため束縛されていると感じている。「お金が必要でも夫は私が働くのを許してくれないでしょう……母と旅行することも許してくれません[54]」。中年から老齢期の女性はそのような状況を受け入れてきたかもしれないが、若い女性たちは反発する。そして若い世代の数が多いほうが問題は大きくなる。

増加する若者の不満は国の内側に向かうが——二〇一〇年以降、政治的に不安定な状態が続いている——同時に外へも向かう。その結果がヨーロッパへ向かう移民の波だ。これはアラブ世界だけでなく、アフガニスタンのような、政治的に不安定でまもなく労働市場に参入する世代が急増しているのに機会がない国でも同じである。二〇一五年のEU諸国への亡命希望者は、シリアからが三十五万、アフガニスタンからも十五万人を超えていた。その年の最後の三か月だけで、五十万人近くがドイツへの亡命を希望したのだ。[55]この流れは人口に深く根ざしていて、ヨーロッパの人口動向に深刻な結果をもたらすだろう。最近ではテレビに、人々が列をなしてバルカン半島を通ってドイツに向かおうとする姿や、地中海を越えてイタリアに向かう姿が映し出されている。こうした移民は若く出生率が高い国からやってくるのが常で、そのほとんどは高齢化が進み出生率が低い国へ向かう。移民が生じるのには多くの理由があり、過去数百年間、向かう方向はさまざまだったが、若者が多く機会や仕事がない、あるいは人が多すぎて競争が激しい社会から出て行くというパターンは変わらない。中東イスラム圏で起こっていることが、しだいに世界全体に大きな影響を与えるようになっている。一九七〇年、イスラム教徒は世界の人口の十五パーセントを占めていた。二〇一〇年にこの数値は二十三パーセントに上昇していて、今世紀半ばには三十パーセント近くになると予測されている。[56]もし本当にそうなったら、イスラム教は世界最大の宗教であるキリスト教とほぼ肩を並べることになる。

アラブ人とイスラエル——対立の人口学

二〇一〇年末からこの地域の暴動が始まるまで、中東とその対立はイスラエルと近隣のアラブ諸国、とりわけパレスチナ人との対立と見なされることが多かった。たとえば二〇〇九年に南アフリカのデズモンド・ツツ師は、イスラエル・パレスチナ問題の解決についてこう述べている。

(イスラエルとパレスチナの問題が解決できないなら) 他の問題すべてをあきらめなさい。核軍縮もテロとの戦いに勝利することも断念しなさい。ともに親しく友好的に生きるという希望も捨てなさい。これこそが問題であり、それは私たちの手の中にある。

この提言は当時としても特に問題だったが、翌年に争いが中東全体に広がると、さらに正当性を見いだすのが難しくなった[57]。

イスラエルとパレスチナの対立に、少なくとも西洋で必要以上の注目が集まるのには、いくつか理由がある。一つはシオニズム運動が、最初はヨーロッパの反ユダヤ主義に反発したヨーロッパ系ユダヤ人と密接な関わりがあった。第二に、長い間、中東地域は政府が社会を掌握していて政治的な事件がほとんどなかったために、どうしてもイスラエルとパレスチナの対立にばかり目が向けられる。第三に、この対立は根本的に違う文化と由来を持つ人々の間の対立と見なされることが多い。そのほうが西洋のニュース視聴者にとっては、スンニ派とシーア派、あるいはドルーズ派とキリスト教マロン派の対立よりも理解しやすい。そして最後に、少しの皮肉 (だが真実) を交えて言えば、ヨルダン川西岸地区の乱闘を、エルサレムの快適なアメリカンコロニーホテルから報道したり、そこからガザ国境へと足を伸ばしたりするほうが、一九六〇年代のイエメンの内戦を取材したり、一九八〇年代のイラン・イラク戦争の最前線の泥沼からニュースを祖国に送ったりするより、はるかに楽だった。メディアがあれほど自由に振るまえた地域は他にない。

最初はイスラエルと近隣諸国の、やがてイスラエルとパレスチナとの間のものになっていった争いは、犠牲者の数から言えば、常に他の紛争よりもささやかなものだった。それなのに西洋では、その地域で起こる他のもっと凄惨な争いよりも注目される傾向がある。一九五〇年以降、イスラエルが関わった紛争での死者は、最も多い推定で約五万人、だいたいの比率はアラブ人二人に対してイスラエル人一人だ。イスラエルとパレスチナの間の紛争におけるイスラム教徒の死者は、二十世紀半ば以降、現在のシリア、リビア、イエメンの惨事が起こる前でも、イスラム教徒の死者全体の一パーセントにすぎない[58]。それでも多くの人にとっては、これこそが中東の紛争なのだ。

エジプトの革命と争い、リビアの政治崩壊、そしてシリアやイラクにおける内戦とISISの台頭で、イスラエルとパレスチナの対立は、やや目立たなくなっている。しかし本書の目的からすると、アラブとイスラエルの対立を理解しておく価値はある。他で広く論じたように、この紛争の中心には人口の問題があるからだ[59]。これは三つの視点から見ることができる。それは委任統治領パレスチナとイスラエルへの大量のユダヤ人流入、ユダヤ人とパレスチナ人の出生率、そして一九六七年の六日戦争（第三次中東戦争）でイスラエルが獲得した領地の行く末である。

大量のユダヤ人が流入

イスラエルという国家は、ユダヤ人の移民がいなければ存在しなかった。彼らは最初オスマン帝国領パレスチナ、その後はイギリス統治領パレスチナ、そして一九四八年以降は国家としてのイスラエルそのものに向かった。この人口移動には、〝押し出される〟要素と〝引き寄せられる〟要素の両方があった。引き寄せる力とは、シオニズムと故国としてのイスラエル国土、押し出す力は、以前ユダヤ人が住んでいた土地での反ユダヤ主義や迫害である。第一次世界大戦以前は、パレスチナに六万人のユダヤ人がいた。近年移住してきたシオニストもいれば、宗教的理由で何百年も前から少しずつ移住してきた人々の末裔もいた。その多くが戦争で移動を余儀なくされたが、バルフォア宣言、ローザンヌ条約、イギリス統治領の保護のもとに、イシューブ（パレスチナのユダヤ人コミュニティ）が復活した。大戦の間の期間に、そこに最初は東欧のコミュニティから、その後一九三三年からはドイツでナチスの迫害を受けたユダヤ人が移住してきた。一九二五年には三万人以上、一九三五年には六万人を超えるユダヤ人の移民がいた。この二年が二つの大戦間の時期におけるピークだった。(60)

この時点で、ホロコーストについて言及しておかなければならない。ユダヤ人にとってのこの悲劇は、人口学的な面から言うと、近代の戦争や災害は人口の潮流を逆行させることはできないという原則の例外である。第一次世界大戦のあった一九一〇年代の前後の十年間も、以前ほどの勢いはなくてもヨーロッパの人口は増え続け、人為的な飢饉やスターリンや毛沢東による迫害があったロシアと中国でも、人口は増え続けた。逆に、比較的少数の集団が、容赦のない独裁者の標的にされると、破壊的な打撃をこうむる可能性がある。一九三九年、ヨーロッパには九百五十万人のユダヤ人がいた。それが一九四五年には三百八十万人に減っていた。[61]世界全体ではユダヤ人の数はいまだホロコースト以前のレベルに戻っておらず、全人口に占める割合では、だいたい百五十人に一人だったのが、いまでは約七百五十人に一人にまで減っている。

ユダヤ人の絶望的状況が高まる一方、アラブ人の反対の声が大きくなり、ブリテンがユダヤ人の移民を制限する方向に政策を変更したにもかかわらず、一九四八年までにイギリス統治領パレスチナのユダヤ人の人口は、第一次世界大戦後のレベルの十倍に増えていた。国家存亡をかけた戦争に直面していても、イスラエルは移民受け入れを優先し、建国後の五年でユダヤ人の人口は倍以上になった。[62]直後の波はヨーロッパを追われた人々の収容所から、その後はユダヤ人が差別、迫害、場合によっては排除されていたアラブ諸国から押し寄せた。現在、モロッコに残っているユダヤ人の数は、おそらく一九四〇年代のピーク時の一パーセント程度である。アラブの国の多くは、かつてユダヤ人が何万人、何十万人もいたにもかかわらず（そのコミュニティはイスラム教以前にまでさかのぼる）、いまや一人も残っていない。もっと最近では、イスラエルへのユダヤ人移民は、ロシアと旧ソビエト連邦だった土地からやってくる。一九九〇年、ソビエト連邦からほぼ二十万人のユダヤ人がやってきた。一九六八年から一九九二年の期間では、総計七十五万人を超えていた。[63] 第一次世界大戦後から一九四八年に独立するまでの間に六万人から六十万人に増えたイスラエルのユダヤ人の人口は、一九四八年からさらに十倍の六百万人まで増えた。つまり世界のユダヤ人の人口は、絶対的にも、そして相対的にも減っているが、イスラエルでは急激に増加しているのだ。

数字だけ見ても、移民がイスラエルの血液であることは明らかで、それがなければこの国は誕生しなかった。生き残りとか繁栄以前の問題だ。そのためアリーヤーと呼ばれるイスラエルへのユダヤ人移民は、シオニズムには絶対必要なものだった。同国には確固とした人口基盤が求められていた。特にパレスチナ人の出生率はきわめて高い。イスラエルの指導者たちはユダヤ人は多数派でなければならないということを常に明らかにしていた。イスラエルの首相レヴィ・エシュコルは「どこかの土地で、この土地で、私たちは少数派でいることを止めなければならない」と述べた。[64] イスラエル建国時の首相、ダヴィド・ベン＝グリオンは、数字にこだわっていた。「移民の力がなければ、国家の基盤を確立できず、使命は果たされず、救いの見込みもない」[65]

イスラエル独立戦争時の一九四八年から四九年にかけて起こったアラブ人のパレスチナ脱出は、シオニストたちによって計画されたものか否か、これについては歴史的に活発な議論が行なわれている。しかしこの議論の的になりやすい問題の現実がどうあれ、もしアラブ人の大半が近隣諸国、あるいはもともとイスラエルの支配下になかったパレスチナの地方に移住しなかったら（させられなかったら）、イスラエル建国は難しかっただろう。同様に、イラク、モロッコ、イエメン、その他アラブ諸国から、何百万人ものユダヤ人が押し寄せることがなかったら、特にその救済と創造がもともと計画されていたはずのヨーロッパのユダヤ社会が崩壊したあと、存続することは難しかっただろう。バルフォア宣言のあとにやってくる移民がいなければ、現在のイスラエルのユダヤ人の数は六百万などほど遠く、せいぜい二十五万人くらいだっただろうと推定されている。[66]そのようなシナリオでは、イスラエルという国は成立しない、したとしても生き残れるとは考えられなかった。

〝競争的生殖〟

アラブとイスラエルの対立における、人口学的に特筆すべきもう一つの面は出生率である。ある集団全体の出生率がなぜあるレベルになるのか、その理由を証明するのは簡単なことではない。一般的にいちばんいいのは、よく似た集団の出生率と比較する、指導者の言動に注目する、出産の選択の背後にある理由を把握しようとする、あらゆる研究を調べることだ。パレスチナとイスラエルの場合、どちらもきわめて出生率が高く、それはかなりの程度、紛争と〝競争的生殖〟とでも呼ぶべきものによって動かされていることは、自信を持って言える。イスラエル国内でもヨルダン川西岸地区とガザ地区でも、パレスチナ人の人口増加速度は速かった。一九六〇年代のイスラエルのアラブ人女性は九人もの子を生んでいた(67)。イスラエルのアラブ人の数は、一九四八年から一九四九年の戦争後には十五万人を少し超えるくらいだったが、その四十年後には八十万を超えていた。年平均成長率は四パーセントを超える(68)。二十一世紀初頭、ガザ地区とヨルダン川西岸地区の出生率は約五で、モロッコの二倍だった。前者の女性はほぼ読み書きができるが、後者の女性の識字率はおそらく五十パーセント未満なのに、この数字である(69)。パレスチナのこのきわめて高い出生率の理由の少なくとも一部は、イスラエルとの対立、そして急増するユダヤ人の人口と張り合おうとする気持ちに帰することができる。ヤーセル・アラファトはパレスチナをイスラエルとの人口競争に駆り立てたとされ、イスラム原理主義組織ハマスはパレスチナ人について「情け容赦のない人口戦争」のさなかにあると説明している(70)。あるイスラエル人の人口学者が、アラブ人の学校長を訪ねたとき、彼が生殖器を示す手ぶりをしながら「これが我々の唯一の武器だ」と言ったと語っている(71)。

これらの地域でパレスチナ人の数を増やす別の要因としては、平均寿命の大幅な延びと乳児死亡率の低下があげられる。六日戦争のとき占領された地域の乳児死亡率は、千人当たり約百だった。それ以降、他にもイスラエルによる占領の効果があるかもしれないが、乳児死亡率は千人当たり二十と、この地域全体の平均以下にまで減少した。同時期に平均寿命は五十代半ばから七十代半ばまで延びた。[72] これはＵＫの困窮地域（グラスゴーなど）や、米国の貧困州などと肩を並べる数字である。これは他の土地でも見られる近代化のパターンと一致している。たとえば一九六七年以前、ガザ地区やヨルダン川西岸地区に大学は一つしかなかったが、現在ではその種の施設が六つもある。

パレスチナ人の出生率は近年急激に低下している。現在ではイスラエルとヨルダン川西岸地区のアラブ人女性一人が生む子どもの数は三人前後だが、ガザ地区ではもう少し多い。その経過のパターンはほぼ通常どおりだが、戦争が大家族主義につながり低下が遅れた。イスラエルのユダヤ人の出生率の変化は、もっと変則的だ。シオニストたちのパレスチナへの移住が始まったころ、移民は主にすでに人口転換を経ていた東ヨーロッパのユダヤ人家族で、一九四八年以降、中東からのユダヤ人がイスラエルに入ると、その出生率も近代社会にとっての〝ふつう〟レベルにまで急速に低下した。ユダヤ系イスラエル人の出生率は一九九〇年代半ばに二・五にまで下がったが、再び上昇した。現在では女性一人が生む子の数は三人、そしてイスラエル生まれの女性だと三・五人である。[73] これは他のどの先進国より、少なくとも丸一人分、あるいは五十パーセント多い。

これはある程度までは、イスラエルの超正統派（ハレディム）の出生率がきわめて高いために起きている現象だが、世俗の現象でもある。またそれが戦争への反応かどうか確かめることはできないが、米国のユダヤ人（数百万人しか住んでいない）の出生率は、国内でも最も低いレベルだ。イスラエルのユダヤ人の出生率が高いのは、ユダヤ教やユダヤ人らしさのようなものではなく、彼らが置かれた特殊な状況に関係があり、同じくらい近代化が進んでいる国よりも、共産的な意識が強くて個人主義が少ない社会、そして戦争で子どもを失う可能性が高い社会が反映されているのではないか。超正統派のユダヤ人の出生率が並はずれて高いのは本当で、イスラエルの出生率向上に大きく寄与している。ハレディムにとって、子だくさんは名誉あるものの証である。しかし超正統派でない、およびそこまで信仰心が深くない人のどちらも、宗教は同じでも（あるいは信仰のない）イスラエル以外の国に住むユダヤ人より出生率が高い。イスラエルが直面する最大の人口学的難題は、ユダヤ人が多数派を維持すること――少なくとも一九六七年時点の水準で――ではなく、近代の教育に抵抗するハレディムが増加し、働くよりも一生涯、研究を続けることを好む男性が多いという状況のなか、経済的成功を維持することかもしれない。

イスラエルのフェミニストや、特に多くの子を望まない、あるいはまったく子どもを持つことを望まない女性たちは、出産を奨励する文化が社会に根付いていることを指摘している。それは高額の児童手当や、不妊治療をしている夫婦への支出が一人当たりベースで世界一といった政策を、はるかに超えるものだ。社会学者のラリッサ・レメニックはこう述べている。「子どもを生んで育てることは、イスラエルの国民的スポーツだ……女はみんな、教育やキャリアや他の実績は関係なく、母になりたがるのが当然と思われている」。フェイスブックで、子どもを持ちたくない女性のためのページを運営している女性は「幼稚園から高校、軍隊、そしてそのまま結婚、子どもという、まっすぐなレールが敷かれている国で、母親になりたくないと言うのはとてもたいへん」と不満を訴える。(74)

ヨーロッパのように落ち着く日は来るか

ユダヤ人の大規模な移住と、その出生率の再上昇がなければ、イスラエルは控えめに言ってもかなり困難な状況におちいっていただろう。しかし（以前ほど顕著ではないとはいえ）出生率の高いパレスチナ人と対立したことで、イスラエルは六日戦争後に獲得したガザ地区とヨルダン川西岸地区の運命に関して、動きがとれなくなっていた。イスラエル人の多くは、イデオロギーと安全保障上の理由から、それらの地区の併合を望んでいるが、今のところそれが実現したのはエルサレム（イデオロギー的にきわめて重要）とゴラン高原（少数のシリア人ドルーズ派しか住んでいない）だけだ。領土とそこに住む人々を正式にイスラエルに組み入れれば、アラブ人とユダヤ人の人口がほぼ同数となり、シオニストの願望である、ユダヤ人が多数派を占めるという夢は失われることになる。民主制を誇っているイスラエルは、併合する地域の住人にも市民権を与えざるをえないため、ヨルダン川西岸地区は〝占領地区〟のままになっている。イスラエルはガザ地区からは完全に撤退したが、領空とほとんどの国境はまだ支配下に置いている。

ガザ地区とヨルダン川西岸地区の運命に、人口動向が果たした役割はごく一部だが

――イデオロギーや経済、安全保障の問題も目立つ――それは重要な意味を持つものの、あまり評価されていない。一九六七年の（第三次中東戦争）勝利のあと、当時首相代行だったイーガル・アロンが、人があまり住んでいないヨルダン渓谷を併合し、もっと人が多いヨルダン川西岸地区の西側をヨルダンに委ねることを提案した。目的は広い領地を確保しながら、アラブ人を増やさないためだ。これはイスラエルの正式な政策にはならなかったが、ユダヤ人移民の定住場所を決めるときの指針となり、それが主にヨルダン渓谷となった。イスラエルがパレスチナとオスロ合意に達したとき、パレスチナが支配する土地とイスラエルが引き続き支配する土地の間の国境は、だいたいアロンの提案と一致していた。このときアロンの時代からはじまっていた人口の多いアラブ人地区へのイスラエル人の定住が認められた。アリエル・シャロンが建てた壁を正式な国境にしようという提案が正式になされたことはないが、シャロンはそれを安全保障のためだけではなく、人口学的に必要なものとみなしていると言われている。(75)

ガザ地区に関しても、その命運は人口に左右されている。アリエル・シャロンは最初はユダヤ人がそこに定住することを指示していたが、パレスチナ人の数か月間の人口増加数が、全ユダヤ人の人口と同じだったという指摘を受けた。それだけの人口を吸収することはできない。ガザ地区から撤退したことで、シャロンはイスラエルの支配下にある地区全体の約一パーセントの地域を明け渡したが、百万人を超えるパレスチナ人を直接抱え込むという難題を手放すことができた。それが二〇〇五年のガザ地区撤退の主な理由である可能性は高い。イスラエルが引き続き支配する地域——一九六七年以前のイスラエルにヨルダン川西岸地区とゴラン高原——では、特にヨルダン川西岸地区の出生率が低く、さらに低下していることを考えれば、パレスチナ人が多数派になることはまずないだろう。それでも人口展望と同じように、正確な数と割合も重要で、それをめぐって多くの議論が生じている。人口に由来する対立の中心には、そうした問題があると思われる。[76]どちらにしても、現在イスラエルが支配している地域に、多数派になれるかどうかはともかく、今後も多数のパレスチナ人（アラブ人）が住み続けるのは間違いない。

前にも述べたとおり、人口動向がすべてを決めるわけではないが、それは見えざる手として働く。一九八七年のパレスチナ人の一斉蜂起（インティファーダ）のとき、ガザ地区とヨルダン川西岸地区のパレスチナ人の年齢の中央値はわずか十五歳だった。二〇〇〇年の、第二次インティファーダのときも、年齢はそれほどあがっていなかった。現在、パレスチナ領の人口の年齢中央値は二十歳を超え、今世紀半ばには三十歳近くになっているだろう。この先インティファーダは起こりにくくなると言いたいわけではないが、始まりそうになるたびに、立ち消えになっていることは注目に値する。中央値が二十歳の社会はまだ若く、権利を奪われ憤っている若いパレスチナ人が数多くいて、彼らがいつ反乱を起こすかわからない。しかし社会の年齢が上がると、その可能性は消えていく。彼らの大義を推し進めるために他に何を頼るにせよ、パレスチナが今後も、若くて家族もおらず失うものを持たない若者のむき出しの怒りと暴力に頼れるとは思いにくくい。今後二十五年でこの地域に思いがけない人の出入りがなければ、両陣営の人口はだいたい同じとなり、現在の膠着状態が続くことになるだろう。

この地域は全体として、人口学的には悲観的にならざるをえない根拠がある。膨大な数の若者があふれていて、今後も不安定な政情が続く可能性がある。しかしこの大きな人の波を生産的な方向に導くことができれば、必ずしも破壊的な結果につながるとは限らない。モロッコからイランにかけて起きている急速な出生率の低下に、規範と予測が変わりつつあることが見て取れる。現在の中東と人口の年齢構成が同じだったころのヨーロッパは、暴力的で戦争で荒廃した大陸だった。中東の人口動向がヨーロッパと同様になれば――数十年前よりかなり近づいていると思える――現在のヨーロッパのように平和になるという希望が持てる理由があるのだ。

第十章
未来の主役か
サハラ以南のアフリカ

現在、人口学的に最も強烈な砂嵐に襲われている。今後四十年間は、ナイジェリアはじめアフリカの人口増が、世界へ最大のインパクトを与える。それは、われわれが見てきた人口の歴史から予測できる。

Nothing New Under the Sun?
Final Frontiers and Future Vistas

太陽の下の国、ラテン・アメリカ

人口の潮流の顕著な特徴は、グローバルであるということだ。最初はブリテン諸島とその子孫である北米そしてオーストラレーシア（オーストラリアとニュージーランド、ニューギニア及び近海の諸島）の人々の間だけの現象のように見えた。その次は純粋にヨーロッパだけの現象に思えた。しかし二十世紀後半になると、この現象は人種、民族、宗教、大陸を問わず、世界中で共通していることがわかった。ただしいつ起こるかというタイミングは大きく違っている。それはラテン・アメリカと南アジアという、二つの広大で複雑だがまったく違った地域を見れば明らかだ。どちらもそれぞれ異なる独自の歴史を持つが、すでに本書ではおなじみの人口変動パターンは共通している。

一方、サハラ以南のアフリカについては、人口学上の最後の未開拓地と言える。いまだ人口転換のまっただなかにある、地球上最後の広大な地域だ。アフリカがこの転換を通過するペースは、地球全体の未来に大きな意味を持つだろう。人口転換がいずれ起こるのはほぼ確実だが、正確にいつ起こるかは、今の段階ではわからない。

ラテン・アメリカは三つのまったく異なる地域に分けられる（少なくとも人口規模はまったく違う）。南米、中米、カリブ海地域だ。これら三つの地域は文化的にも人口学的にも異なっているため、別個に検討するのが望ましいが、相対的な視点を失うべきでもない。二〇一五年、南米の人口は四億人を超え、中米は一億七千万人強、カリブ海地域は四千万人をやっと超えるくらいだった。

満潮から干潮への避けられない変化の中でも、この地域の出産パターンには目を引かれるものがある。戦後、これら三つの地域では女性一人が五人から七人の子を生んでいた。それが二〇一七年には、三つの地域すべてで二人から二・五人になっている。ミュージカル『ウエストサイド物語』では「プエルト・リコ、すてきな島……いつもハリケーンが吹き荒れ、常に人が増えている」と歌われたが、それが初演された一九五七年、このカリブ海に浮かぶアメリカ自治領は女性一人当たり五人近くの子を生んでいた。現在ではそれが一～一・五人になっている（実を言えば一九五〇年代も、出生率は高くても、アメリカ本土へ集団で移住したため人口は増えていなかった）。

平均寿命の延びと乳児死亡率の低下は、すべての社会に実現可能な目標だ。自分の命を長らえさせ、死の瞬間を先延ばしし、自分が愛する者、特に子どもの命を守りたいと望むことは、生物学的に不可欠で、人間の摂理の一部である。この点では、どんな人間も同じである。そのような本能が組み込まれた種だけが、生き残って勢力を拡大することができる。しかし自然は子をつくろうとする本能も授けた。誰もが子どもを欲しがるわけではない（とはいえ欲しがる人が多い）が、ほぼ誰もがセックスをしたいと望む。人間がセックスと妊娠を切り離して、妊娠のためでないセックスが可能になったときから、出産は選択の問題になる。しかしたいていの社会では、子どもの数を制限できるようになれば、実際に制限するようになる。特に生んだ子がほぼ確実に長く生きられる社会ではそれが顕著である。この点ではラテン・アメリカもカリブ海地域も例外ではない。一九五〇年代、この地域全体では、千人当たり百二十八人の子が一歳の誕生日を迎えられなかった。それが最近のデータによると、千人当たり二十人未満にまで減少している。これでもまだ多い方だが（最低レベルの先進国の五〜六倍）、当然のことではなく祝福すべき大きな変化と受け止めるべきだ。地域全体の平均寿命も、二十世紀半ばには五十歳前後だったのが、現在では七十五歳になっている。(1)

これらの地域を第二次世界大戦後の六十年で〝遅れた地域〟から〝近代化された地域〟になったとまとめてしまうのは単純化がすぎるが、たとえば識字率や一人当たり収入を見れば、多くの国にその見方が当てはまる。アルゼンチンが二十世紀半ばには多くの面で進んだ近代国家だったのは、かなりの部分、その前七十年間のヨーロッパ人の大規模な移住と投資のおかげだ。一九五〇年にすでに進んでいた国々はほとんど進歩しなかったが、遅れていた国々はめざましい進歩を遂げた。アルゼンチンの平均寿命は一九五〇年代から十年ほどしか延びていない。これは出発点の水準の高さと、その後、同国が政治・経済的な大きな問題に直面したことの証である（それでも七十五歳は米国より四年短いだけで、悪い数字ではない）。逆にホンジュラスやグアテマラのような国では、出発点が低いために、進歩の幅はもっと大きく、同じ期間で平均寿命は約三十年延びている。(2)

最大国ブラジルの出生率低下——侮れないテレビドラマの影響力

データは以前より入手しやすくなったが、地域ではなく国ごとにまとめられている。国全体のデータを掘り下げることができなければ、有用な見識が失われてしまう可能性がある。ブラジルは注目すべき国で特筆に値する。人口学的にも実際の人口でも、この地域最大の国であり、ラテン・アメリカの全人口の三分の一、南米の人口の半分を擁している。経済的に進んでいて、主にヨーロッパ人が住んでいる地域、その他にも特にアフリカ系の人口が多く、まだ発展のレベルははるかに低いが出生率は全体的に下がっている北東部の地域、その両方の地域を含むため、細かく調べる価値がある。一九六〇年代初頭、北東部の女性一人が生む子の数は、全国平均を一・五人上回っていた（全国平均六人に対して七・五人）が、一九九〇年代初頭には、その差は一人になっている（二・五人に対して三・五人）[3]。このように出生率は国家間の差だけでなく、国内における地域差も小さくなっている。

ブラジルの着実な都市化は、他の地域と同じように、出生率の低下と密接に結びついている。一九五〇年にはすでに、リオのような都市部の出生率は全国平均より二十五パーセント低かった[4]。国全体の都市化が進むと、都市部の（低い）出生率がふつうになった。これは世界の他の地域と同じである。この傾向は帝国時代のドイツや毛沢東時代の中国でも見られた。二十一世紀の初めには、ブラジルはすでに四分の三が都市化していられない)、世界中で見られる。人口転換は経済発展と連動し、目覚ましい成長をとげるより先に、出生率が大きく低下すると同時に平均寿命が大幅に延びた。

ブラジルにおける出生率低下の直接的な要因は、避妊具使用の増加と妊娠中絶という一般的なものに思えるが(そしておそらく婚姻形態の多様化)、よく議論にのぼる社会的要因は、マスメディアへのアクセス、特にテレビドラマの視聴増加である。そうしたドラマは核家族を特徴とする近代的な生活を描き、それを普及させるのに大きな役割を果たしている。[6] テレビが出生率を下げるというのは「夜に他にすることができる」からではない。性行為の回数が減っても、それで必ずしも出生率が下がるわけではない。セックスの回数が少なくても、タイミングさえよければ、生涯に六回か七回妊娠することは可能だ。適切な環境でのテレビは、違う人生観を提供するものであり、教育と同じで、自分が何をやりたいかを考える助けとなる。テレビが出生率に与える影響は、セックスよりも人生観と関わっている。そしてそれは単なるこじつけではない。ブラジルでの調査によると、特に社会経済レベルが低い集団では、テレビドラマの視聴が出生率に大きな影響を与えていることが示されている。[7] 昔は出生率を低下させる条件は、物資的に豊かになり教育が進歩することだった。最近ではもっと簡単で安価な方法がある。もちろん女児によい教育を受けさせ、大人の女性に雇用機会を与えるほうがずっといいし、そうなれば少なくとも集団レベルでの出生率は必ず低下する。しかし単に出生率を下げるためだけなら、避妊具を与えて少人数の家族を肯定的に描くテレビドラマを見せれば、もっと安価に実現できるだろう。教育を受けた女性が六人以上の子どもを欲しがることはまれだが、教育がなくても、車や冷蔵庫を買いたいと思っている人は、それほど多くの子は欲しがらないだろう。結果的に、タイからブラジルまで、まだ比較的貧しい国でも、出生率が人口置換水準以下にまで下がりつつある。この大転換はしだいに速度を上げていて、経済発展の波に追いつき追い越そうとしている。その結果、比較的貧しい国や中所得の国でも、豊かな先進国に近いレベルにまで出生率が下がろうとしているのだ。

女性一人が生む子の数が一・五強に落ち込んだキューバ

特に速く変化しているのがキューバである。早い時期に出生率が低下していたため、革命の前からキューバの女性一人が生む子の数は四人未満だった。一九五九年にカストロが政権の座についたあと、社会主義体制による中絶の取り締まりとの関連で出生率はまた上昇したが、のちに逆転した。一九七〇年代に人口置換水準に達し、現在は女性一人が生む子の数は一・五人強となっている。これはヨーロッパや東アジアでも最低レベルに近い。出発点が低かったのは、この島国の経済発展が近隣の多くの国と比べて高い水準にあったこと、そして主にヨーロッパ系の人口が多かったことがあげられる（アルゼンチンとウルグアイの人口に占めるヨーロッパ系の人々の割合も考慮すべき重要な要素である。これらの国も二十世紀の出生率が比較的低かった）。カストロ政権は妊娠中絶に関する政策をひっくり返しただけでなく、一九七〇年代半ばからは避妊具の入手を容易にした。(8)この政権の妊娠中絶に関する政策が揺れ動いたのは、ソビエトや中国を思わせる。社会主義によって豊かな社会が実現するという最初の見方――マルクス主義と同じく、資本主義によって増大する人口が経済的苦境に追い詰められるという主張――が、のちにもっと柔軟なものに変わった。これは女性の選択の権利意識の高まり、増加する人口への懸念、そして安価な避妊法の増加などによって変わったのかもしれない。現在キューバとドイツの女性の出生率がほぼ同じというのは驚くべきことで、貧しい国でもすでに大家族ばかりではないという事実が示されている。

寿命の延び、そしてまだ高くても低下しつつある出生率を考えると、この地域はいまや消えかかっている人口爆発を経験するだろうと思われていた。そしてまさにそのとおりのことが起こった。一九五〇年代以降、ラテン・アメリカとカリブ海諸国の人口は、一億五千万人から六億人へとほぼ四倍になっている。年間増加率は一九六〇年代は三パーセント近かったが、現在はかろうじて一パーセントである。それは言い方を変えると、二十五年ごとに倍増するのと七年ごとに倍増するのとの違いである。ラテン・アメリカの国の中でも、特に増加スピードの速い国があるが、そうした国は出生率の低下速度が遅く、寿命の延びもさらに大きくなると予想がつく。グアテマラはその好例だ。一九五〇年以降、人口は五倍以上に増えた。しかしそこでも増加速度が落ちているのは明らかだ。一人の女性が生む子の数は七人から三人にまで減り（それでもこの地域の水準からすると高い)、年間増加率も過去五十年で三パーセントから二パーセントへ低下している[9]。この地域の年齢中央値は十代から三十歳近くにまで上がっている。

メキシコは多くの面でこの地域の典型だったが、アメリカに近いことで他より目立ち、注目されることについては第六章で述べた。一九七〇年代、メキシコの女性は一人当たり七人近くの子を生んでいて、そのころヒスパニックは〝永遠の子だくさん〟のイメージが生まれた(これはその百二十年前にアメリカがメキシコの半分を併合したころからすると大きな進歩だ。当時のメキシコには人がほとんどおらず、メキシコ人はヤンキーが大挙して押し寄せてくる前に、アメリカ先住民と同じように、消滅すると考えていた人もいた[10])。しかしメキシコ人は、外からの傲慢な侵入者に無視されるのではなく恐れられる存在となった。その理由は数が急増していたからだ。もちろんメキシコの女性が以前より子を多く生んでいたわけではなく、生まれた子の生存率が上がり、平均寿命が延びた結果、かつてのアメリカ人のように、数が急激に増えていたということだ。

メキシコはアメリカへ入るより、アメリカから出る人が多くなった

メキシコ人の米国への大量移住は、貧しくて若い国と、豊かで比較的年齢が高い国が隣り合っているときにほぼ必ず起こることだ。若者たちは経済的チャンスを求めて移動し、高齢化が進み、工場や農場、庭園、老人ホームなどでの働き手を求めている国にある程度までは引き込まれる。しかし米国へ膨大な数のメキシコ人が流入する時代は終わ

ったのかもしれない。二〇一二年くらいから、アメリカに入るより出ていくメキシコ人のほうが多くなっているのだ。[11] それはメキシコでの将来の展望が上向きになっていることと関係がある。アメリカからメキシコに戻った人がこう言っている。

メキシコは活気に満ちていて、こちらにいるほうが娘の将来は明るいと思った。娘は医学を勉強したがっていて、メキシコで学校にいければコスト的に助かる。もし……娘がメキシコで暮らしたいと思ったら、どうするかは彼女が選ぶことになるだろう。[12]

メキシコの生活水準の向上は、人口動向の変化にもつながっている。メキシコは出生率が下がったときに生じる人口ボーナスを経験しているさいちゅうだ。経済とは関係なく、メキシコの若者の数の増加は止まっているので、ドナルド・トランプが主張する壁が、少なくともメキシコ人がアメリカへの流入するのを防ぐために必要かどうかは、おおいに疑問が残る。

多様な宗教の南アジア、二〇二七年にはインドが中国を抜いて世界一へ

南インド——インド亜大陸（本書ではインドだけでなくパキスタン、バングラデシュ、アフガニスタンまで含む）には十七億五千万人が住んでいる。これは人類全体の四分の

一、そして南米、中米、カリブ諸国の人口合計の約三倍の数だ。その土地だけでなく人口についても、群を抜いて優勢なのがインドである。ラテン地域におけるブラジルよりも存在感は勝っている。インドの人口は約十三億三千三百万人で、二〇二〇年代のどこかの時点で、中国に代わって世界最大の国家となると予測されている。すでにそうなっているという人もいる[13]（最近まで貧しかった国で、しかもこれだけ人口が多いと統計データに不確実なところがあっても不思議ではない。しかし大多数の見解としては、インドの人口が中国を抜いて世界最多となるのは二〇二七年以降である[14]）。

南アジアの人口の爆発的な（いまは少し減速しているが）増加は、世界の他の地域よりも遅れて始まった。一八九一年から一九二一年までの期間、英領インドの人口増加率は年間〇・二パーセントにすぎなかった[15]。一九二〇年代には人口が減少した[16]。英領時代の終わり近くまで、飢饉がまだ人口動向に大きな影響を与えていた。しかしその時代の終わりには、人口は着実に増加し始め、それ以降、人口は四倍近くにまで増えた。

南アジアとラテン・アメリカの大きな違いは宗教の多様性である。それは人口学的に大きな意味を持つ。ラテン・アメリカは全体的にローマ・カトリック教徒が圧倒的に多い。現在ではブラジルやグアテマラといった国に、福音派のプロテスタント教徒が多く移住しているが、少なくとも歴史的にローマ・カトリック色が強い。南アジアは宗教的にもっと多様である。インドは八十パーセントがヒンドゥー教徒だが、イスラム教徒や、もっと少ないシーク教徒などの数も増えている。アフガニスタン、パキスタン、バングいているところだと、これが重要になる(17)。

これらの地域の人口動向の変化は、だいたい宗教の違いで説明できる。一九四七年の独立直後(スリランカの場合は一九四八年)、アフガニスタンのイスラム教徒の出生率は、インドより一・五、パキスタンは〇・五高かった。それ以降、インドの出生率は着実に低下し、一人の女性が生む子の数が六人近かったのが二・五人になった。スリランカはイギリス植民地時代後半から〝模範的植民地〟と考えられていて、インド亜大陸の他の国より経済的に進み、初期の出生率低下を経験し、二十世紀最後の二十五年間はほぼずっと二・五を下回っていた。スリランカは初期に人口転換を経験しながら、出生率は人口置換水準近辺で安定していることは注目に値する。出生率が人口置換水準を下回り、さらに低下し続けた他の多くの先進国とは違う。スリランカのような国は、いったん合計特殊出生率が置換水準を下回っても、その後ずっと回復しないわけではないことを示す例である(ただし下回ったままのことが多いが)。これは重要な前例になるかもしれない。もし世界中で大幅な人口減少が起こることを心配するなら、他の国もスリランカにならって、出生率が人口水準に届いたあと下がり続けず、その少し上のレベルを維持する必要があるからだ。他に問題があるにせよ、安定しているという意味で、スリランカは人口学的な模範国になった。同国の出生率は二を少し上回った数値をほぼ三十年間維持していて、経済学で言う〝ゴルディロックス〟の状態にある。熱すぎず冷たすぎず、速すぎず遅すぎない。

南アジアのイスラム教国は、どこもそれぞれ違った運命を進んでいる。バングラデシュは女性中心政策を推し進め、一九七〇年代初めにパキスタンから独立して以降、一人の女性が生む子の数が七人から二・五人未満にまで減少した。これはイスラム教国がうまく出生率を低下させた驚くべき例として取り上げられるかもしれない。それができたのは決して偶然ではなく、家族計画クリニックをつくったり、家族計画カウンセラー（すべて女性）を村から村へ訪問させたりといった積み重ねがあったからだ。出生率の低下にともない、バングラデシュは悲惨なレベルの貧困から抜け出し、十パーセントを超えていた乳児死亡率もわずか三十年で三パーセント前後にまで低下させた。長期的にはいずれ安定するだろうが、それは今世紀半ばに人口が二億人に達したあとのことだろう。

パキスタンは、出生率の低下についてはバングラデシュほど成功してはいない（バングラデシュはパキスタンから独立）。それでも一九七〇年代以降、六・六七から三・六七まで低下している。これは大幅な減少だが、アフリカをのぞく世界の先進国の水準としては高い。その主な理由としては、パキスタンの宗教指導者の多くが産児制限に反対していることがあげられる。イスラム教全体に見られる現象というわけではない。

アフガニスタンの出生率は戦後の時期はその地域で最も高く、ソビエトの侵攻と撤退、ムジャヒディンやタリバンの侵入を経て、世紀の変わり目まで出生率は高いままだった。

今世紀に入ってからようやく、おそらくはＮＡＴＯ軍の駐留とそのときから始まった社会プログラムのおかげで、出生率が下がり始めた。効果は急速に表われているが、まだほんの短い時間しかたっていない。アフガニスタンの出生率はアフリカ以外ではまだ最も高く（小さな東ティモールは除く）、女性一人が生む子の数は五人を超える。これは中東では最も出生率が高いイエメンより一人分多い。ただしこれは入手可能な最新の国連のデータである。最近の情報ではアフガニスタンの出生率は急速に下がっていて、すでに五人を下回っている可能性がある。すでに見たように、イスラム教自体は、必ずしも出産奨励主義というわけではないが、伝統的なイスラム社会では出生率の低下が始まるのがきわめて遅いように見える。しかし他と同じで、いずれはそこにたどりついている。

インドの出生率は地域によって大きく異なる。最も高いのはヒンディーベルトと呼ばれる北部の貧しい州で、最も低いのは女性の教育に力を入れている南部のケーララ州などだ。ケーララやタミル・ナードゥ州などは、すでに人口置換水準を下回っている。また宗教による違いもある。パキスタンとアフガニスタンの出生率がインドよりも高いように、インドのイスラム教徒は、多数派のヒンドゥー教徒よりも多くの子どもを持つ。一九九九年のデータによると、インドのイスラム教徒の出生率は、ヒンドゥー教徒より二・五も高いことになっているが、これは事実とは考えにくい(18)。現在ではその差はもっと縮まっていると思われるが、まだそれなりに大きい。インドのイスラム教徒の人口増加速度は落ちているとはいえ、まだ人口全体の増加率の一・五倍であり、イスラム教徒の割合は、二〇〇一年から二〇一一年の間で、総人口の十三・四パーセントから十四・二パーセントに増えている。[19] 独立からその後のインドとパキスタンにおける無秩序で暴力的な住民移動が行なわれていたときは、十パーセントに満たなかった。イスラム教徒の出生率の高さと人口に占める割合の増加は、インドでは議論を呼ぶ問題であり、大陸間の緊張を高める材料だった。二〇一五年、モディ政権は、イスラム教徒の人口増加速度が、国全体の人口増加より速いことを示す人口調査を公開して物議をかもした。モディの政敵は、人口に関して多数派のヒンドゥー教徒の不安をかきたて、自らの政治的地位を強化しようとしたとして、彼を非難した。

インドの行き過ぎた家族計画

インド全体での出生率の低下の要因はごく一般的なもの――経済発展、女性の識字率向上、都市化――に帰することができるが、政府（インド政府だけでなく米国政府も）が人口抑制のためにとった強硬的な方針も大きな役割を果たした。[20] インドは家族計画を公共政策に欠かせないものとした最初の国の一つである。その政策には結婚の法定年齢の引き上げや、人口が増えても選挙区の代表の数を増やさないといったことも含まれた。これは地方の政治家が、全国レベルでの影響力を高めるため人口を増やそうとするのを防ぐためだ。[21] 一九七〇年代、首相のインディラ・ガンディーとその息子のサンジャイ政権下で、自発的な不妊手術を勧める活動が暴走し、非常事態宣言の最悪な行き過ぎの一つとして悪名をとどろかせた。一年で六百万人以上の男性がパイプカットを行ない、下手な手術で二千人が命を落とした。[22]一九七五年から一九七七年で合計一千百万人の男女が不妊手術を行なった。一部の地域では手術を拒絶した農民が水を止められ、また別のところでは指示に従わなかった教師の給料が差し止められた。ある記者がインド北部のハリヤーナ州の村で起きたことを次のように語っている。

ウタワールの村民は拡声器から流れる声で起こされた。それは十五歳を超える男はすべてナハホドル通りのバス停に集まるようにという命令だった。男たちがそこに行くと、警察がまるで隠れた容疑者をさがすように村に踏み込んできた。村民が声をかけると、通りにいる男たちは結婚できる状態にあるとして……そこから不妊手術のための病院に連れていかれた。[23]

このような方法の評判があまりにも悪かったことが、家族計画政策が挫折した主な原因である。

こうした行き過ぎは広く見られたが、長くは続かなかった。一九七七年、非常事態宣言は解除され、インディラ・ガンディー率いる国民会議派は、強制不妊手術のスキャンダルのせいで政権から一掃された。しかし中国の出生率が一人っ子政策が始まる前も後も減っていたように、インドの出生率も強制的な策がとられる前から、そしてそのあとも着実に減り続けていた（第八章で述べたように、この流れは逆転はしないだろう）。中国からインド、そしてバングラデシュまで、どこを見ても同じ教訓が得られる。たとえ女性教育や経済発展で思うような成果が得られなくても、人々は自分で選ぶ機会を与えられれば、生む子の数を減らす選択をする。強制的な措置は残酷で、死に結びつくことさえある。そもそも強制する必要などまったくないのである。

南アジアの平均寿命も、おなじみのパターンに従っている。独立以降、インド人の寿命は三十代半ばから六十代後半になっている。インド人の平均寿命は世界平均からするとまだ短いが、（まだごく初歩的なものとはいえ）公衆衛生と個人医療、食生活の向上のおかげで大幅に延びている。パキスタンの平均寿命は、独立時のインドより少し先を行っていたが、現在ではやや遅れているものの、大きく進歩している。アフガニスタンも、一九五〇年代には三十歳だったのが、いまでは六十歳を超えている。これもまた人口の潮流のパワーの証で、物質的環境がそれほど大きく向上しなくても、アフガニスタンのように過去四十年間、国内に暴力と流血の事態が繰り返されていても、平均寿命が劇的に延びることはありうる。

この地域の他を圧するほどの数が、ブリテンがマルサスの罠を脱出したときと同じくらい確実に、世界の歴史と権力者たちを動かしている。中国と同じように、インドのような大国を国際社会が無視できるのは、その国が貧困に襲われたり動きが取れなくなっていたりする間だけだ。持続可能な経済発展への第一歩を踏み出したときから、インドは経済大国への道を突き進んでいる。まだ貧しくても急速に人口が増えているインドは、今後の世界経済の牽引役として、しだいに頼られる存在になっている。出生率の低下とともに、インドは人口ボーナスの恩恵を享受し始めている一方、中国ではその効果が薄まっている。インドと中国、どちらも無慈悲で不要な強制的な人口抑制策ばかりではなく、女性が選択できる良識的な政策も進めてきた。一部には経済発展速度の遅さ、そして一部には文化的要因のおかげで、インドでは人口ボーナスが長続きするという予測がある。対して中国は労働力の減少と人口の高齢化という難題が差し迫っている。

サハラ以南のアフリカ

人口の潮流は思いがけないコースを進むことがある。それでも、いろいろな意味で、そのコースはある程度は予想がつく。これまでの大きなサプライズは、長期的な視点で見れば、マルサスの罠から抜け出したことだが、今となってはほぼ普遍的なことに思え、最貧国でもこの現象が起こるよう手助けする責任を、豊かな国が負っている。罠から抜け出すことができれば――急速に死亡率が低下して人口が急増する――ごく標準的な過程を経て、最終的に出生率は人口置換水準に向かって低下する。その後は何が起きるかわからない。たとえば個人の選択、個人主義、人口置換水準を下回る出生率という、第二の人口転換が普遍的なものになるかどうかはまったくわからない。おそらくまだじゅうぶんに時間がたっておらず、新しいパターンが見えてこないのだ。十九世紀初めのマルサスや、第一次世界大戦前にＵＫに住んでいた人は、国の出生率が低下したことを嘆き、それが世界中で起こるようになるとは気づいていなかった。どんな時代でも歴史的に何よりも重要な要素は、社会も文化も違うところで、この転換が起きているということだ。

言い方を変えると、人口学的な発展は、違う時期に違う映画館で上映される映画のようなものだ。いくつもの場所で上映されていて、エンディングはわかっている。少なくとも理論的には、世界のほぼどこでもそれは通用すると思われる。ＵＫでは一八七〇年代から第一次世界大戦までの期間に、女性一人が生む子の数が約六人から三人まで減少した。インドでも同じことが同じくらいの期間（二十世紀の半ばから終わりまで）で起こったが、二十世紀後半に転換が起こった他の多くの国に比べれば、そのペースはゆっくりとしたものだった。一般的に出生率が低下する時期が遅いほど速度は速くなるが、インドの例が示すように、常にそうなるわけではない。一方で平均寿命が延びる速度が速いのは、国がすばやくそして比較的安価に、死亡率を低下させる技術や政策を取り入れることができるためだ。

世界全体より二倍の速さで増加

サハラ以南アフリカは、人口転換の最後のフロンティアだ。これは二〇一七年に国連が出したデータからすぐに見て取れる。合計特殊出生率が四以上の四十八の国と領土のうち、七つを除くすべてがサハラ以南アフリカの国である。出生率が高い十か国のうち九か国がアフリカだ。平均寿命が短い三十か国はすべてサハラ以南アフリカの国である。乳児死亡率が特に高く、年齢中央値がきわめて低い三十の国のうち、サハラ以南アフリカ以外の国はたった二つだ。サハラ以南アフリカの人口は世界全体の二倍の速さで増加している。[24]これはランダムに起きていることではなく、本書の読者なら気づくはずの、とても明確なパターンの一部である。サハラ以南アフリカ全体が、出生率は高く、平均寿命はまだ短いが急速に延びているという人口転換の初期段階にある、ということは子どもがどんどん生まれ、死者数が減り、人口が膨れ上がっているということだ。つまり現在、人口学的に最も強烈な嵐に襲われているのがこの地域なのだ。

ここまで〝サハラ以南アフリカ〟については、慎重に話を進めている。それはすでに見たように、北アフリカの地中海沿岸諸国では、状況がかなり違っているからだ。とは言っても、サハラ以南アフリカ自体も型にはまってはいない。まず南アフリカはそのものが独自のカテゴリーである。いくつもの問題を抱えてはいるが、その物理的なインフラと政治制度が揃っていることで、いまだ大陸では羨望のまとだ。原因であれ結果であれ、その人口動向は発展の状況と一致している。合計特殊出生率は約二・五と、大陸全体の半分だ。乳児死亡率はいまだ千人当たり四十人弱と多いが、千人当たり六十人近くという大陸全体の水準よりはずっとましである。年齢中央値は二十六歳で、この地域の平均より五歳以上高い。アフリカ南部の他の国も、それほど遠く離れてはいない。ボツワナは合計特殊出生率が三を下回り、レソトとスワジランドも三をわずかに超える程度である。南アフリカ政府は引き続き産児制限を優先して、無料の避妊具支給を行ない、自主的な選択を重視している。これは大陸の模範であり、他の問題に直面しても、経済資源に圧力をかける若者が、収拾がつかないほど増えることはなさそうだ。

エイズが寿命を縮めていた

しかしある面で、南アフリカは期待外れだった。平均寿命は六十歳弱で、サハラ以南アフリカ全体より少し長いくらいだ。乳児死亡率を急速に低下させた実績を考えると、これは逆の意味で驚く。寿命が延びなかった理由はエイズである。アフリカのほとんどの地域がこの病気に苦しめられていたが、南アフリカは特に悲惨だった。南アフリカの平均寿命は、現在より一九八〇年代後半のほうが長かったのだ（それ以降ずっと低いままだが、今は戻りつつある）。ある報告によると、二〇一三年には南アフリカの学齢期の少女の三十パーセント近くがＨＩＶ陽性だった。ＨＩＶの治療薬やエイズ予防薬は、昔よりはるかに入手しやすくなっているが、最近まで、その使用を妨げていたのは価格だけではなかった。南アフリカの元大統領タボ・ムベキは、エイズに対してＨＩＶとの関連に異議を唱えるという、非正統的なアプローチをとった。ムベキが政権を去ったあと、ＨＩＶ感染患者への抗ウイルス剤の使用は倍以上になり、その効果が表われ始めて、ゆっくりとだが平均寿命は長くなっている。[25] これはジェイコブ・ズマのうれしい遺産の一つだった。ただそれが役に立ったのはたしかとはいえ、まだなすべきことはたくさんある。南アフリカの人口五千五百万のうち七百万人がＨＩＶ陽性で[26]、毎週何千人もが感染していると推定されている。

エイズに関しては、国の大きさに比例して隣国のボツワナのほうが、破壊的な影響がある。ボツワナの平均寿命は六十歳を超えていたのが、一九八〇年代から二十一世紀初めまでの間に、五十歳を下回るようになった。現在、成人の四人に一人がエイズに感染している。世界中、特にジョージ・Ｗ・ブッシュ政権下のアメリカからの資金援助により、ボツワナ政府は積極的に問題に取り組み、成果をあげている。ある小さな村では毎週のように葬式が行なわれていた。村人の話によれば「とても具合の悪かった人が、少しずつ元気になって身のまわりのことができるようになっています。歩けさえしなかった人が、いまでは村中を歩き回っています」[27]。昔は虐殺という人口を減らす力に対抗していたのは、人口の潮流自体の勢いだった。いまは国際コミュニティの介入も助けとなっている。

出生率に関して、アフリカの他の国ではあまり進展がない。全体的に避妊具の使用率は四十年前に比べれば高くなっているが、世界から見ればまだ最低レベルである[28]。それでも出生率が大幅に低下している国もある。エチオピアの女性が生む子の数は、一九八〇年代に比べて三人近く少なくなっている。ただそれでも一人当たり四人を超えている。ケニアは一九六〇年代から出生率は半減した。当時は女性一人がなんと八人以上の子を生んでいた。しかし現在では四人強である。例にもれず、都市化と個人の意識の高まりによって、避妊具が入手できるところではその使用が多くなっている。ケニア郊外に住むある人物はこう言う。

生活コストが高くなっていて、私が世話できるのは今いる子だけだと感じます。もっと子どもができたら、それを養えるだけの収入が得られる仕事はないでしょう。だから養える以上できないよう、避妊することにしたのです。(29)

百年前のブリテン、五十年前のプエルト・リコでも、まさにこのような考えが広がって出生率が下がったのだ。

ケニアの例は、アフリカの女性ももうしょっちゅう妊娠するわけではないことを示している。おなじみの都市化の恩恵が（ゆるやかにではあるが）行き渡るようになり、女性は産児制限の方法を学び、家族の人数のモデルが変わった。ユニセフの報告によると、ケニアの十八歳から二十四歳の女性の八十パーセント以上が、読み書きができるという。読み書きできる女性は極端な大家族を望まないだけでなく、子どもを増やさないすべを知っている。

しかしアフリカの他の国では、出生率が低下する速度は遅い。この地域で最も人口が多いナイジェリアは重要な意味をもつ。出生率はゆっくりとではあるが低下しているものの、まだ女性は一人当たり六人弱の子を生んでいる。ウガンダでも事情は同じだ。またコンゴ民主共和国の出生率はいまだ六を超える。この広大で無秩序な国から出されるデータを信用するならば、ではあるが。(30)

若い大陸

よいニュース——そして一般的にはさらなる出生率低下の前触れ——は、乳児死亡率と平均寿命が、ほぼすべての地域で向上していることだ。乳児死亡率は二〇一〇年代でも千人中六十人という恥ずべき数だが、これでも一九五〇年代の三分の一であり、現在も下がり続けている。最悪なのはシエラレオネと中央アフリカ共和国で、千人中九十四人が一歳の誕生日を迎える前に死ぬ。ただこうした乳児死亡率が最も高い国でも、たとえば一九五〇年代のロシアよりはましだということは指摘しておいたほうがいいだろう。平均寿命は六十歳未満とまだ短いが、これも二十世紀半ばのロシアと同じレベルで、当時のサハラ以南アフリカの寿命より二十年長い。(31)

出生率が高く乳児死亡率が低下していることを考えれば、アフリカが若い大陸であることに異論はないだろう。サハラ以南アフリカの年齢中央値は十八歳前後で、これは六十年間ほとんど変わっていない。これは驚くことかもしれないが、平均寿命の延びを見ると、近年の人口増加の要因は老人が比較的少ないことと、子どもの生存率が高くなったおかげで若者の数が多いことなのだ。アフリカ人の年齢中央値は、ヨーロッパ人の半分以下だ。これは恵みにも災いにもなりうる。若者の人口が多いと、現在の中東のような政治的不安定や暴力につながるが、活気が生まれて経済成長は促進される。ブリテン、ドイツ、ロシア、中国と、多くの国がその道を通ってきた。国の数の多さと文化の多様性を持つアフリカは、両方の影響とそれ以外のことも経験するだろう。すでに大陸の若い世代が、ルワンダからコートジボワールまで、急速な経済成長を後押ししている。同時にアフリカは世界でも類を見ないほど破壊的な戦いを（あまり報道はされないが）経験している。はっきりした数字はわからないが、近年のコンゴ民主共和国の内戦では、五百万から六百万人が死んだ。対立は下火になっているように見えても、落ち着いた状況であるとはとても言えない。

これから四十年は、アフリカの人口増加が世界へインパクトを与える

いずれにしてもアフリカの人口爆発は、人口の潮流の現象の範囲内とはいえ、注目に値する。過去四十年で最大の世界的ニュースが中国の経済成長だとすれば、これからの四十年ではアフリカの人口増加になるだろう。それが起きる原因は、他の地域の場合とほぼ同じである。しかし一八〇〇年以降の人口に関して、最も変化が大きいのはアフリカの出生率低下の速度かもしれない。地上の大半の土地については、ここからよほど突発的なことがなければ、どのようなことが起こるかだいたいわかる。まず寿命が少しずつ延びる。特に現在、短命な国で（六十歳を下回る国は、今はサハラ以南アフリカ以外に

もほとんどない）少しずつ延び、出生率は人口置換水準を下回るか同レベルになる。細かいことが、特にそれぞれの地域にとって重要になるだろう。イスラエルとパレスチナの出生率は、戦いの結果を左右するかもしれない。ラテン系アメリカ人の出生率がアメリカ人全体の出生率と同じになれば、ラテン系がどのくらい増加したかを判断する材料になる。世界的な視点では、将来についてあまり心配することはない。しかしアフリカにはそれが当てはまらない。アフリカの大きな人口モメンタムが（災害がなければ）維持されるということは、もし出生率が急速に低下しても、子どもを生む年代の女性がとてもたくさんいて、自然死する老人が少ないため、人口はまだ大幅に増加するということになる。さらに出生率の低下速度が、地球の人口がどこまで増えるかということに計り知れないほどの影響を与えるだろう。

　サハラ以南アフリカは一九五〇年以降、人口が一億八千万人から十億人近くと、約五倍になった。昔のアフリカの人口が少なかったことは、明確な証拠で示されている。地理的な要因だけでなく、何百年にもわたるアラブ人の奴隷貿易、そしてもっと短期間で集中的に行なわれたヨーロッパ人とアメリカ人による奴隷貿易により、アフリカの土地から人が根こそぎにされてしまったためだ。大西洋の奴隷貿易だけで千二百万人が連れていかれたと推定されている。[32] イスラム諸国の奴隷貿易では千四百万人と言われているが、もっと少ない推定もある。[33] 一九五〇年代のアフリカ大陸全体の人口が、ヨーロッパの半分に満たなかったのは驚きだが、アフリカの面積はヨーロッパの三倍ということを知ると、驚きはさらに大きくなる。現在のアフリカの人口はヨーロッパの一・七倍程度だが、二一〇〇年には、アフリカの人口が現在の四倍に増える一方、ヨーロッパの人口規模は小さくなっていると考えられる。少なくともそれが国連の予測である。多くはアフリカの出生率の低下と、移民の流入のペースで決まるだろう。

ナイジェリアの将来性

特に信じがたいほど人口が増加しているのがナイジェリアである。ナイジェリアの人口は約一億八千万人、二十世紀半ばのサハラ以南アフリカ全体の人口と同じだ。ブリテンから独立した一九六〇年のナイジェリアの人口は約四千五百万人で、宗主国よりも少なかった。現在、その人口はＵＫの約三倍である。国連の出生率の中位推計では、今世紀末にはナイジェリアの人口は約八億になると予想されている。それが実現したら、ナイジェリアの人口が世界の人口に占める割合が、百五十年で一・五パーセントから七パーセントに跳ね上がることになる。

同時にナイジェリアは急速に都市化が進んでいる。旧首都ラゴスの人口は一九七〇年には百五十万人だったが、四十五年間で二千万人以上に増えた。この巨大都市の生活は、他のアフリカの巨大都市と同じく、先進国から来た人々にとってはそれほど魅力的ではない。ある特派員はこう言っている。

鼻を突くにおいがする青い煙の厚い層が、ラゴスの湾を囲むように存在する海辺のスラムの上に浮かび、朝日も夕日も差し込んでこない。この小屋のさびた屋根にまとわりつく人工のかすみは、スラムの経済を支えている魚の燻製小屋から生じている。島と本土をつなぎ、通勤や通学者が毎日通っている道路橋から、都市に広くはびこる貧困全体を一望できる。[34]

それでも地方から貧しい人々が次々とやってくる。人が増え続けもっと過酷な貧困の展望しかない田舎から逃げ出してくるのだ。かつては辺境の植民地だった土地が、二十一世紀の初めには帝国の首都を見劣りさせるほどの大都市になるとは誰も想像していなかった。ラゴスはいまやアフリカだけでなく世界中に点在する、田舎では吸収しきれないほどの大幅な人口増加がなければ生まれなかった巨大都市の筆頭である。

インドや中国と同じように、これほどの規模で人口が増加している国々は、遅れを取り戻せば必ず世界の舞台で重要な地位を占めるはずだ。ナイジェリアはいくつもの難題を抱えているが、経済のエンジンがかかり始めているのは間違いない。スタートの助けとなったのは石油の力だが、ある意味、石油は災いでもあり、不労所得を当てにするメンタリティを生み、経済と社会のあらゆるレベルで腐敗がはびこりやすい。アフリカ大陸で最大の経済国は南アフリカかナイジェリアか、これは意見が分かれるところだ。用いられる評価方法、為替相場、それに計算のタイミングによって違ってくる。それでもナイジェリアは少なくともこの地域の超大国になる可能性はある。もちろん人口動向だけでその国の行く末が決まるわけではないし、多くはナイジェリア人のエネルギーと創造力を経済成長につなげられるか、あるいは腐敗が発展の妨げになるかどうかにかかっている。ナイジェリアはすでに莫大な軍事予算を持っている。それは主に国内のイスラム教徒の脅威に対抗するのに必要なものだが、同時に国連の平和維持活動に大きな貢献もしている。同国は国内の安全保障問題に直面しており、常に分裂の危機にある。一九六〇年代のビアフラ戦争はその一例である。ナイジェリアの人口が今後、爆発的に増えることはほぼ間違いない。つまり地域だけでなく世界の舞台でも、大きな役割を果たすようになることも確実なのだ。同国がその可能性を認識できるかどうかが、この地域に大きな影響を与えるだろう。

あとから思えば、人口動向の変化は異なる地域を次々と襲うつむじ風のように見える。それと同時に、あるいはそれが通過したあとに、社会的、経済的発展が起きる。この見方では、アフリカの今後はきっと他の地域と同じような方向に進むと思う人が多いだろう。そして大陸の北と南ですでにそれは起きている。しかし将来を予測する材料として、歴史は決して当てになるものではない。それでも人口動向のパターンについては、第一段階と第二段階はほとんどの地域ですでにはっきりしていて、第三段階も多くの土地で始まっている。アフリカ人の親も、子どもができるだけ長く生きることを強く望んでいる。そして適切な物質的資源を与えれば、その望みを実現させるために使う可能性が高い。都会化が進んで教育レベルが上がり、家族計画についての知識を得られるようになれば、アフリカの女性も、チリ、中国、ベトナム、ベネズエラの女性たちと同じように、六人も七人も子を生もうとは思わなくなるだろう。しかしこのプロセスが加速しても、アフリカにはまだ大きな人口モメンタムがある。つまり今後何十年かは、出生率が低下しても人口は増えるということだ。出生率が高い時期に生まれた若い女性の層が厚いため、たとえ個人が生む子の数がその母親より少ないとしても、集団としてはやはり多くの子が生まれてくるはずだ。また全人口に比して老人の数は比較的少ないため、死者の数も少ないうえに寿命も長くなっている。その結果、誕生数が死亡数をはるかに上回り、出生率が落ちても人口は増え続ける。

人口動向の未来、ひとつめは〝増加するグレー〟(高齢化)

人口学的には〝未来に織り込み済み〟なことが多く、それらはほぼ確実に起こる。そしてこの人口動向の未来は、三つの色にまとめられる。増加するグレー、同じく増加する緑、そして減っていく白。

〝増加するグレー〟から始めると、出産の減少と寿命の延びが重なって、社会がどんどん高齢化する。どこでも出生率が低下し、平均寿命が延びているため、人口の高齢化が見られる地域はどんどん増えている。世界の人口の年齢中央値は一九六〇年からすでに七歳くらい上がっている。先進国ではこの期間に十歳以上、東アジア全体では十六歳、韓国では驚くべきことに二十二歳も上がっている。過去六十年間に、サハラ以南アフリカ以外で年齢中央値が上がっていない国や地域はほとんどない。しかしそのプロセスはまだ始まったばかりだ。国連の中位推計では、今世紀末には、男女問わず年齢平均値は現在より十二歳上がり、四十歳を超えるとされている。これはつまり、一九六〇年から二一〇〇年までの期間で、せいぜい二十歳だった年齢中央値が四十歳を超えるということだ。記録破りの国が多い中で特に年齢が上がるのはエチオピア（現在の平均年齢が十八歳で、二一〇〇年には四十七歳近く）だ。ポーランドからスリランカ、シリア（現在は二十歳弱、二一〇〇年には四十歳超）、日本などを含め、多くの国で中央値は五十歳を超える。大まかな予測では、今世紀末までにはリビアの年齢中央値が、現在の日本を上回ると考えられている。それほど高齢化した社会はこれまで見られなかった。レナード・バーンスタインの『ウエストサイド物語』に戻ると、この舞台が初演された一九五七年のプエルト・リコ人（ニューヨークではなくプエルト・リコの）の年齢中央値は十八歳前後だった。二一〇〇年には、五十五歳近くになる。[35] 年齢設定を現実に近づけるなら、バーンスタインはミュージカルをストリート・ギャングの話ではなく老人ホームの話にしなければならないと言っても、それほどの誇張にはならないだろう。

平和で活気がなく低リスクな社会

この著しい高齢化が世界にどう影響するかを予想することはできないが、年齢中央値が二十歳前後の社会（一九六〇年）と四十歳を超える社会（二一〇〇年）とでは根本から違う。起こると思われる政治、経済、技術的な変化だけでなく、純粋に人口の高齢化による変化があるからだ。高齢化による変化には、よい面と悪い面の両方がある。楽観的に考えると、世界はもっと平和で順法精神にのっとった場所になる。これまで見てきたように、社会の若さとその内部での暴力や犯罪には、強い相関関係がある。若い社会がすべて犯罪や戦争に巻き込まれるわけではないが、高齢化社会はほぼすべて平和である。高齢者が武器を取ったり犯罪者になったりする可能性が低いだけでない。若者は、特に数が少ないところでは、老人よりも大切にされ、時間や労力をかけて育てられる。数多くの息子がいる母親よりも、たった一人しか息子を持たない母のほうが、子どもに武器を持たせ（本物であれ仮想であれ）、敵に立ち向かわせようとする可能性は低いだろう。一方で、平均年齢が高い社会は、活力が失われ、革新的でリスクを恐れない行動を避ける傾向がある。たとえば投資一つをとっても、高齢者は株式より安全性の高い債券などを好む。これが現実の市場、ひいては経済に影響する。不動産についても、独居の高齢者のための施設の需要が増え、子どものいる家庭のための家の需要はどんどん減る。この影響は先進国の多くですでに現れていて、世界に広がりつつある。

年金と介護がプレッシャーに

年齢中央値は社会全体の年齢を表すものだが、最も注目されやすいのは高齢者の増加数だ。その理由は、高齢者福祉が進んでいる先進国の社会保障制度に大きなプレッシャーとなるからだ。これはよく〝支援比率〟（高齢者の人口を労働年齢の人口で割る）として表される。これは老人一人を支える（定義はどうあれ）労働年齢の人間の数である。日本では二〇五〇年にこの数字が一に近くなる。西ヨーロッパは日本より低いとはいえ、二〇五〇年には二〇〇五年の二倍になる、つまりそれだけ社会が老いると予想されている。[36]先進国の年金は大きな改革がなされなければ二〇五〇年までにＧＤＰ比で二倍になる。高齢者の医療サービスの需要増大も、すでに負債のＧＤＰ比が危険なほど高いと考えられている先進国にとって、財政上の難題となるだろう。[37]

〝より年齢の高い高齢者〟も急速に増加するだろう。ＵＫには現在八十五歳を超える人が百四十万人いて、二十年後には二倍、三十年後には三倍になる。ベビーブーマーが高齢化の先端からもっと進んだ段階へと突入する。[38]第二次世界大戦以降のような社会保障制度は、ポンジー・スキーム（訳注・出資してもらった金を運用せず配当に回す詐欺の一種。自転車操業）の性質があると主張する人もいる。これは新しい世代の労働者が前の世代よりも多くないとうまくいかない。高齢者の年金が現在の税金で賄われているなら、たしかにそのような性質があり、社会が高齢化すると現在のような形の社会保障制度は続けられなくなるだろう。しかし同時に、子どもを持たない人が増えて高齢者の世話をする人がいなくなると、国への依存度も高まる。ＵＫの二〇一七年の総選挙は、〝公的介護〟が大きな争点だった。つまり老人の日常的な手助けをしてくれる人に対し、今後は誰が金を出すかということだ。全人口に対する老人の割合がほんのわずかなら、このような問題がこれほど注目されることはなかった。しかしこれは今後起こることの予兆にすぎない。

高齢化は社会保障制度が整った先進国でも大きな問題かもしれないが、発展途上国ではもっと深刻だ。国が豊かになる前に、高齢化を乗り越えなくてはならなくなる。先進国では、財源はどうあれ、高齢者の介護のためにタイやフィリピンなどから若い労働者を集めることができる。少なくとも入国管理局がそれを認めているのであれば。しかし老人が増えている発展途上国では、それはかなわないぜいたくだ。タイの年齢中央値は今世紀半ばに五十歳に達するが、それまでの数十年で、タイが包括的な老人介護サービスをまかなえるレベルに発展する可能性は低い。以前は老人になるまで生きられた少数の幸運な人を、何人かの子や孫が世話をしていた。もう子孫がおらず、国がその溝を埋められないなら、老人が治療も受けず放置されたまま死ぬという状況が、世界的に珍しくなくなるだろう。この点で唯一の希望はテクノロジーの進歩だが、その分野の先頭を走っているのが（現在、最も高齢化した）日本なのは驚くことではないだろう。日本では老人の基本的な世話をしてくれるロボット、友だちやペットとして行動するロボットまで開発中だ。(39)

人口動向の未来、ふたつめは〝増加するグリーン〟（環境に優しい世界へ）

この先何が起ころうと、世界は高齢化という（グレーの）道を歩み始めているが、今よりも環境に優しい（緑の）社会になるチャンスはいくらでもある。これは人類はいまだ地球を破壊する人口爆発のさなかにあるという社会通念には反しているかもしれない。たしかに人口が爆発的に増える一方、生活水準が大幅に向上したことが、環境に大きなダメージを与えた。人類は生活空間や食料生産のために地上の土地をどんどん占領し、近代の生活様式によって大量の環境破壊物質が生まれたのは間違いない。炭素放出が問題になっているのは、生活水準の向上ばかりではなく、人口の規模が大きくなったことも原因である。それで一部の環境活動家の間で子どもを減らすことを勧める声が、特に先進国で高まっている。[40] 一方で、そのような影響を抑える、あるいは逆転させるのに、これまで人間の創造力が大きな役割を果たしてきたし、今後もそうなる可能性は高い。人口の増加率が低下したことで――過去四十年ほどで、全世界で年間二パーセントだったのが一パーセント前後にまで低下――より環境に優しい星になるチャンスが生まれている。世界の人口は増え続けるが速度は落ちて、今世紀末には増加率ゼロに近くなるだろう。しかし人間によるイノベーションの速度は必ずしも落ちるわけではない。そして平均年齢が上がっても、教育レベルは上がり、ネットワーク化が進み、多くの情報にアクセスできるようになるだろう。つまり適切な資源の配分や投資を行なえば、一ヘクタール当たりの作物生産量の増加率が、人口の増加率を容易に上回るはずだ。それで現在よりも食糧事情がよくなれば、自然に戻せる土地も増えて、もっと緑の地球に住める可能性が高まるかもしれない。

他の資源についても同じことが言える。燃費のよい自動車の生産や食物の貯蔵や輸送法の向上など、効率性が人口増加速度を上回れば、サステナビリティが高まる可能性がある。日本からブルガリアまで、人口が減り始めたところでは、急速に自然が取り戻される。アフリカの出生率の低下速度が予想よりも遅かったために、国連の現在の予測では世界の人口は今世紀末まで百十億を超えて増加し続ける。しかし増加速度は現在の十分の一、一九六〇年代から一九七〇年代前半までの二十分の一で、そのころには人口も安定し始めているはずだ。[41] 前に使った比喩をもう一度使えば、人口は最初はゆっくり走っていて、やがて猛烈なスピードで走り出す車のようなものだ。しかし最近は大幅に減速しているので、今世紀の終わりまでに止まる可能性が高い。

人口動向の未来、三つめは〝減っていくホワイト〟(白人の減少)

かなり確実に予測できる第三の色は〝減っていく白〟である。アングロ・サクソンから始まった人口の爆発的増加は、その後、他のヨーロッパ人へと移行し、世界の白人の人口は十九世紀の初めから二十世紀半ばにかけて、絶対数でも相対的にも並はずれた拡大を遂げた。これは政治的に大きな影響を与え、それがなければヨーロッパの帝国主義が広範囲に及び、世界に絶大な影響を与えるとは想像もできなかった。しかし死亡率の低下と高い出生率の維持(そのため人口増加率が高い)を同時に可能にしたのはアングロ・サクソンだけではなく、ヨーロッパ系の人々だけでもなかった。最近まで、世界で最も出生率が低く、最も高齢化が進み、人口増加速度が遅かったのはヨーロッパの国々であり、近代で初めて人口減少が始まったのもこの地域だった。しかしもっと最近では、北東アジアの人々が追いつき始め、場合によっては、そしてある面ではヨーロッパ人を超えている。そして他もそのあとにつづくのは間違いない。すでに述べた通り、タイの女性が生む子の数は、すでにブリテンの女性よりも少なくなっているが、タイにはまだ〝人口モメンタム〟がある。

ヨーロッパ人でなくてもヨーロッパ的な小家族を選ぶ人もいるが、この人口モメンタムはまだしばらく力を失うことはない。すでに見たように、人口転換を経験する時期が遅いほど、その程度は激しくなり、二十世紀中に人口転換を迎えた国は、十九世紀のブリテンよりも人口増加率が高い。これは世界で白人の人口が減っていること、そしてその傾向は今後も続くことを意味する。いわば「先行者〝不〟利益」ということになる。早い時期に人口転換を迎えた人々は増加率も低く、世界の人口に占める割合が減少し始めている。

ヨーロッパ系の人口の減少は、二つのレベルで見られる。世界全体を視野に入れた大陸レベル、そして国ごとのレベルだ。大陸のレベルから始めると、一九五〇年代、ヨーロッパの帝国主義が終わりかけていたとき、ヨーロッパ大陸の人口は、世界の総人口の二十二パーセントを占めていた。圧倒的に白人が多いカナダ、オーストラリア、ニュージーランド、そしてアメリカ合衆国を加えると、二十九パーセントを占めた。六十五年後、ヨーロッパ大陸の人口は十パーセント、〝広範囲な白人世界〟の人口は十五パーセントにまで低下した。国連の中位推計によれば、これら二つの数値は、今世紀末にはそれぞれ六パーセント、十一パーセントとなっている。[42] ヨーロッパの国の多くで、すでに人口減少が起こりつつあり、移民が入ってこなければまもなく減り始める国もある。国連の予測が正しければ、ブルガリアとモルドバは今世紀末には現在の人口の半分まで減り、ラトビアもそれに続くだろう。ドイツは十パーセント、イタリアは二十パーセント減少する。

さらにこれらの国でも白人が減る。今世紀半ばには、〝ホワイト・ブリティッシュ〟はUKの人口の六十パーセントにまで減るかもしれないが、移民、あるいは祖先が移民の人々の多くがヨーロッパ系であるのは間違いないだろう。[43] 米国の白人人口の比率は、一九六五年には八十五パーセント、二〇〇五年には六十七パーセントで、今世紀半ばには五十パーセントにまで減ると予測されている。[44] どちらの国でも、〝ミックス〟の比率が目立つようになり、急速に増える可能性が高い。

アングロ・サクソン、そしてもっと広いヨーロッパ世界は、十九世紀半ばからの急速で長期にわたる人口増加の実験場だった。そしておそらくこれからも、これらの国々は人種、民族、国家に関して、はるかに流動的な世界の試験台になるだろう。米国に住むイタリア系の人を〝白人〟と呼ぶ、あるいはスペイン系の人を〝非白人――ラテン系〟

とするべき確たる理由はない。米国のヒスパニックの多くは、スペイン人と先住民の混血であることが多いが、そうなるとシチリア人自体が、部分的に非ヨーロッパ人となるかもしれない。やはり区別は絶対的なものではない。白人の相対数の減少と対照的なのは、今もこれからもアフリカの発展ということになるだろう。二十世紀半ば、何世紀にもわたり、隅に追いやられ、植民地化され、奴隷制度の犠牲にされてきた時期を過ぎたあと、サハラ以南アフリカの住民は世界で十人に一人にすぎなかった。それが今世紀末には、四人に一人になる見込みだ。アフリカはまだ貧しく若いので、ヨーロッパへの移住を促す圧力は強い。これまでのところアフリカの人口増加は、町や都市へと流れ込んだ人々の間で起こっている。しかし繁栄が一定のレベルに達すると、経済的な救済を近くの巨大都市よりはるか遠くに目を向けるほうが、より現実的となる。

テクノロジーによる想像外の未来も

これまでの数世紀、世界は恐ろしい速さで変わっていて、その流れは今も加速しているようだ。これはテクノロジーだけでなく、人口動向にも関係がある。これらの二つは相互に関わり合っているからだ。ヨーロッパ人による世界支配は、ヨーロッパ系の人口の拡大がなければ考えられなかった。そのためヨーロッパ人の減少が世界的に大きな影響を与えるのは避けられない。現在その影響の多くは、かつて〝ホワイト（白人主流）〟だったがしだいに〝マルチカラード〟の国になりつつある国で感じられる。いずれ国際的環境にも必ずその影響が及ぶだろう。それは純粋に数の力によるものかもしれないし、それに関連する経済力によるものかもしれない。

しかし歴史は予測を平然と裏切る。ほぼブリテンが支配していた世界に生きた百年前のロンドンっ子たちにとって、現在の世界の様相は衝撃的だろうし、もうブリティッシュ・エンパイアが存在しないことに驚愕するだろう。パリっ子たちもまた、アルジェリアにおけるフランスの実験が終わり、北アフリカには自分たちの人口の痕跡が残っていないのに、自国には北アフリカ出身者が数多くいることに驚くだろう。将来の人口動向は、すでにある程度まで進行中だ。世界的な伝染病の流行や集団移動がなければ、二〇五〇年にナイジェリアやノルウェーに五十歳の人がどのくらいいるか予想がつく。しかしまだサプライズが起こる可能性はあり、それは科学技術によって引き起こされるかもしれない。マルサスの法則が二回も破られた要因はテクノロジーだった。人間を養う地球の生産能力は、新しい土地の開墾と、人や物の新たな輸送方法、新たな食糧生産方法の発達で飛躍的に向上した。対照的に人口の増加は、人間が自然の欲求を抑えなくても、人々の選択によって安価かつ容易に抑えることができた。

将来の科学技術によって、人口動向が今は想像できないような方向へ進むこともありうる。高齢化が逆転したり、人間が何百年も生きられるようになったりしたら、世界の人口はどのようになるだろうか。それが出生率にどう影響するだろうか。出産とセックスが完全に切り離され、クローンやデザイナー・ベビーを〝店頭で〟注文できるようになったら何が起こるだろうか。技術の助けがなくても、思いもよらなかった方向に人口動向が進むことも考えられる。アフリカ南部でも急激な出生率低下がほぼ確実になり、それが予想よりはるかに速くサハラ以南アフリカに広がり、アフリカの人口バブルがはじける可能性がある。ヨーロッパの国の多くで出生率のささやかな上昇が見られ、それが〝テンポ効果〟が終わったあとまで続くと思われる。それは以前では考えられなかったことだ。イスラエルの女性が三人の子を持つなら、ブリテンや米国の女性がそうしてはいけない理由はない。ブリテンとアメリカへの影響は絶大だろう。一方、米国とＵＫでは、平均寿命の延びが鈍る予兆が見られるが、それは認知症や、豊かなライフスタイルから生じる糖尿病などが原因と思われる。[45] 二〇一一年からＵＫの男性の平均寿命は一年、女性は一年半短くなっている。[46] これはたまたま起きたことかもしれないし、新しい流れの始まりかもしれない。もしここから新しい現象が起きるとしたら、やはりアングロ・サクソンが先駆者である。

社会の流れも意外な方に進むかもしれない。そこそこ運がよくてタイミングが合いさえすれば、セックスの回数が少なくても子どもをたくさん生むことは可能なので、セックスをしたいという欲求が全体的に減退しても、出生率が下がるとは限らない。しかし最近の日本に現れた〝草食系〟と呼ばれる、恋愛や性交渉に興味がないように見える若者たちが、出生率が低い社会の一般的な文化の一部になるのかもしれない。セックスや人間関係への関心の低さが西洋の若者でふつうになっていることを示す証拠もある。[47] データの分類はいまだ〝男〟と〝女〟だけだが、ＬＧＢＴＱの認知の高まりが、人口動向と、当然ながらその測定法に大きな影響を与える可能性はある。

将来に何が起こるにせよ、一つだけ確かなことがある。これまでと同じように、人口動向と地球の運命はこれからも互いに関わり続ける。誕生と死、結婚と移住が私たちの生活の中で特に重要な出来事である限り、人口が歴史の方向性を左右し続けるだろう。

付録1　平均余命の計算のしかた

平均余命は、他よりも高齢化が進んだ社会や、他の条件がすべて同じであれば、死亡率（総人口に対する死亡数の割合）が他より高くなる社会があるという事実を説明するもので、ある社会の人々がどのくらい長生きするかを示すのに最適な尺度である。ある年の出生時平均余命――この方法は十七世紀のイングランドで生命保険会社が初めて用いた――を計算するには、その年のすべての〇～一歳の子に対する、その年の〇～一歳の子の死亡率が必要だ。その率を、すべての一～二歳の子に対する、その年の一～二歳の子の死亡率に足す。この作業を累積が五十パーセントになるまで続ける。五十パーセントに達した年齢が、その年の出生時平均余命である。乳児死亡率が高い国ではあっという間に数値が積み上がるので、すぐに五十パーセントに達する。そのため乳児死亡率が高いと平均余命が短くなり、乳児死亡率が下がると平均余命が大幅に延びる。若者どころか中年が死ぬのが珍しい社会では、この数値が五十パーセントに達するのがはるかに遅れる。

つまり出生時平均余命は、ある人に何が起こるかについての予測というよりも、ある年のある年齢コーホートにおける死の発生率、死ぬ可能性を知ることで何が起こると考えられるかを予測するものだ。

通常は男女別で示されるが、男女合わせた人口全体で示されることもある。男女別のデータでは、性別による違いが明確になる。たとえばロシアではその差はきわめて大きい。一般的に女性より男性の平均余命のほうが短いが、ロシアではそれが特に顕著であり、それは今後も続くだろう。男性と女性の平均余命を個別に見ることで、社会についての有用なことを知ることができる。ロシアの場合、男は女よりずっと早く死んでいると知ることが、ライフスタイル、アルコール消費量、男女別の自殺率の調査につながり、平均余命の短さの社会的要因をより深く理解できる。

四一五頁の表は生命表と呼ばれるものである。これは二〇一五年のシンガポールの例で、A列はその年の初めの年齢、B列はその年齢の人々のその年の死亡率が示されている。二〇一五年一月一日から同年十二月三十一日の間で、〇～一歳の子の死亡率は〇・二一四パーセント、九十歳の人々の死亡率は十二パーセント強である。C列はこれらの確率の累計である。〇～一歳の死亡率が〇・二一四で、一～二歳の死亡率が〇・〇一二なら、〇～二歳では〇・二二六だ。このC列の確率は、各年齢コーホートの死亡率が足されていきどんどん高くなる。この表では八十一歳のところで五十パーセント近くまで達している。シンガポール人は出生時には八十一歳まで生きると〝考えられる〟。実際は、シンガポールのこの年の新生児が大きくなるころには平均余命がさらに延びて、それより長く生きる可能性は高い。繰り返すが、〝平均余命〟はあくまで、将来が今と同じ状況であるなら、何歳まで生きると考えられるかを示すものだ。

年齢が上がったときの平均余命も計算できる。二〇一五年に七十歳のシンガポール人は、一歳や二歳、七十歳未満で死ぬことはなかったので、新たな計算が必要だ。B列の確率を足していくのは同じだが、スタートは七十歳になる。それがD列の数字だ。二〇一五年に七十歳のシンガポール人は八十三歳まで生きられると考えられ、平均余命は十三年である。

A	B	C	D
年齢	死亡率（%）	0歳からの死亡率の累計	70歳からの死亡率の累計
52	0.249	3.049	
53	0.281	3.33	
54	0.316	3.646	
55	0.353	3.999	
56	0.39	4.389	
57	0.428	4.817	
58	0.468	5.285	
59	0.508	5.793	
60	0.549	6.342	
61	0.593	6.935	
62	0.646	7.581	
63	0.711	8.292	
64	0.783	9.075	
65	0.857	9.932	
66	0.937	10.869	
67	1.037	11.906	
68	1.169	13.075	
69	1.319	14.394	
70	1.474	15.868	1.474
71	1.636	17.504	3.11
72	1.826	19.33	4.936
73	2.057	21.387	6.993
74	2.313	23.7	9.306
75	2.575	26.275	11.881
76	2.847	29.122	14.728
77	3.158	32.28	17.886

A	B	C	D
年齢	死亡率（%）	0歳からの死亡率の累計	70歳からの死亡率の累計
78	3.526	35.806	21.412
79	3.926	39.732	25.338
80	4.33	44.062	29.668
81	4.746	48.808	34.414
82	5.222	54.03	39.636
83	5.809		45.445
84	6.504		51.949
85	7.233		
86	8.032		
87	8.907		
88	9.863		
89	10.905		
90	12.039		
91	13.271		
92	14.606		
93	16.048		
94	17.604		
95	19.278		
96	21.073		
97	22.994		
98	25.044		
99	27.226		
100+	100		

シンガポールの生命表（人口全体／2015年）

A	B	C	D
年齢	死亡率（%）	0歳からの死亡率の累計	70歳からの死亡率の累計
0	0.214	0.214	
1	0.012	0.226	
2	0.012	0.238	
3	0.011	0.249	
4	0.009	0.258	
5	0.007	0.265	
6	0.005	0.27	
7	0.005	0.275	
8	0.005	0.28	
9	0.006	0.286	
10	0.007	0.293	
11	0.008	0.301	
12	0.009	0.31	
13	0.011	0.321	
14	0.013	0.334	
15	0.016	0.35	
16	0.018	0.368	
17	0.02	0.388	
18	0.021	0.409	
19	0.022	0.431	
20	0.023	0.454	
21	0.024	0.478	
22	0.024	0.502	
23	0.025	0.527	
24	0.025	0.552	
25	0.026	0.578	
26	0.026	0.604	
27	0.027	0.631	
28	0.029	0.66	
29	0.03	0.69	
30	0.032	0.722	
31	0.034	0.756	
32	0.036	0.792	
33	0.039	0.831	
34	0.041	0.872	
35	0.043	0.915	
36	0.046	0.961	
37	0.051	1.012	
38	0.057	1.069	
39	0.065	1.134	
40	0.073	1.207	
41	0.082	1.289	
42	0.091	1.38	
43	0.101	1.481	
44	0.112	1.593	
45	0.122	1.715	
46	0.134	1.849	
47	0.148	1.997	
48	0.165	2.162	
49	0.184	2.346	
50	0.204	2.55	
51	0.25	2.8	

付録2　合計特殊出生率の計算法

粗出生率は一定の人口当たりの出生数だが、これには出産能力のある女性の数が他の社会よりも多く、そのため人口規模に比して多くの子が生まれると思われる社会もあるという事実が反映されていない。あるコホートの完結出生力——ある一年（あるいは十年間）に生まれた平均的な女性が生む子どもの数——は、歴史的にとても興味深く最も信頼性が高いが、このデータは何年か前に何が起こったかを示すもので、いま現在何が起こっているかを伝えるものではない。社会の最新の状況を他の社会と比較する、あるいはその社会の近接過去と比較するのに最適なのは、合計特殊出生率（ＴＦＲ）である。

合計特殊出生率はある一年か一定期間に女性が生む子の数を調べ、その後、一人の女性が、その年や期間において平均的な出産経験を持つとしたら、何人の子を生むかを計算するものだ。一般的に、出産可能年齢は十五歳から四十五歳と考えられている（この範囲外での出産もあるが、ほとんどの社会で統計的には無視できる）。十五歳未満の少女が多くの子を生むのは、後発発展途上国だけだ。高齢女性の出産を可能にする技術は進歩しているが、今のところ、この年齢を過ぎた女性の出産はまれで、無視して差し支えない。

一般的に、特定の年齢層の女性の経験に注目するのは、それが有用なデータを提供してくれるからだ。次の表にはエジプトの一九九七年から二〇〇〇年までの平均的な状況が示されている。一年に十五歳から十九歳の女性一人が子どもを生む確率は一に対して〇・〇五一、つまり五・一パーセントだった。そのような女性が百人いたら、一年で平均五人強の子が生まれる。ある女性が十五歳から十九歳まで、出産に関して平均的な経験をすれば、その女性がこの期間に子を一人生む確率は二十五パーセントを超える（〇・〇五一×五＝〇・二五五（二十五・五パーセント）。右側の列は単に真ん中の列の数字を五倍したものだ（一年間の確率を五年分）。

二十代前半の女性一人が一人の子を生む確率は一に対して〇・一九六だった。それはつまり、平均的な一年で、二十代前半の女性百人ごとに二十人近くの子が生まれるということだ（正確には十九・六人）。その確率だと、二十代前半の五年間、毎年この状況を過ごす女性が子を一人生む確率は〇・一九六×五で〇・九八である。二十代後半の確率は、〇・二〇八（二十・八パーセント）で五倍すると一をやや上回った。これはつまり、この期間を経た平均的な女性は、二十代後半でもう一人子を生むということだ。

右側の列の確率をすべて足すと三・五〇五であり、（わかり

エジプトにおける出生率（1997～2000年の平均）

年齢層	１人の女性が１年に子どもを産む確率	１人の女性がこの期間に子どもを１人産む確率
15－19	0.051	0.255
20－24	0.196	0.98
25－29	0.208	1.04
30－34	0.147	0.735
35－39	0.075	0.375
40－45	0.024	0.12
合計特殊出生率		3.505

やすく丸めると）約三・五人の子を持つということになる。そうするとある女性が一定期間、その時の年齢層の違う女性と同じ経験をこれからすると、三・五人の子を持つことになる。そのような女性が十人いれば、三十五人の子が生まれる。

謝辞

ニック・ロウロックは私が本書を書いている間ずっと励まし、配慮の行き届いた指摘をしてくれた。エリック・カウフマン教授は、あふれんばかりの知識と助力を与えてくれる。私はトビー・マンディに心から感謝している。彼の知的好奇心がこの本の執筆を推し進め、そのプロ意識のおかげで書き終えることができた。私が三十年以上前に在籍していたオックスフォード大学コーパス・クリスティ・カレッジの優れた指導教官であるブライアン・ハリソン卿が全体を見直してくれた。その批評は的確であり、かつ独特の綿密さとタイミングのよさを備えたものだった。たくさんの人が原稿や思考をチェックしてくれた。私は彼らが時間を割いて意見を伝えてくれたことにお礼を述べたい。彼らとはダニエル・ベネディクト、デイヴィッド・グッドハート、マイケル・リンド、クレア・モーランド、ソーニャ・モーランド、イアン・プライス、ジョナサン・ラインホールド、マイケル・ウィーガーらである。本書の執筆を始めたばかりのころ、いまは故人となった友で、いつも創造力を刺激してくれていたアンソニー・D・スミス教授と話し合う機会に恵まれた。マイク・キャランは付録の平均余命についての部分を、保険数理士としての目でチェックしてくれた。何らかの間違いがあれば、それは私の責任であることは言うまでもない。

最後に母イングリッド・モーランド、妻のクレア・モーランド、そして我が家の小さな人口の潮流をなす、ソーニャ、ジュリエット、アダム・モーランドへの感謝を述べなければならない。彼女らにこの本を捧げる。

訳者あとがき

ある国や地域の人口の増減を左右する要素は、出生数、死亡数、そして移民の三つである。現在、日本でこれらに関する話題を聞かない日はないと言っていい。年金や労働力の不足を招いた少子高齢化は、要するに死亡率と出生率の低下から起きていることだ。外国人労働者受け入れについては、まず彼らが移民か移民でないかといった法的な立場から始まり、地域生活への影響や子弟の教育といった、現実的な部分にも目が向けられるようになっている。

本書は一八〇〇年代以降の世界の人口変動から世界史を語ろうとするものだ。大きな事件や現象の原因、歴史の大きな流れを左右するものとして、直接的に人口問題が取り上げられることは少ない。しかし実のところ、経済、政治、教育、テクノロジー、イデオロギー、ジェンダーなど、あらゆる領域で、人口はその国の進む道を左右するほど大きな影響力を持つ。その意味で本書は、これまでと違う視点で歴史を語るという画期的な試みを行なっている。

人口調査は古代エジプトや中国など、紀元前から存在していた。それは主に徴税や徴兵のために国民の数を把握しておく必要があったからだ。テクノロジーが発達する以前は、人口イコール国力に近かったので、為政者がその数を気にしたのは当然のことと言える。

ではなぜ本書で扱うのが一八〇〇年代以降なのか。それはこの時期のブリテンから、人口学的に大きな転機となる現象が始まったからだ（〝イギリス〟という言葉はあいまいな部分があるので本書では基本的には使っていない）。

ある地域の人口が、その土地で生産される農作物で養える以上に増えると、食料供給が不足して、過剰な人口増加は抑えられる。この理論はそれを提唱した学者の名から「マルサスの罠」と呼ばれる。しかし一九世紀の産業革命以降、農業生産量の増加、輸送機関の発達、公衆衛生環境の向上などにより、マルサスの罠を抜け出す国が現れるようになった。出生率も高いが、乳児の死亡率も高かった状況から、まず死亡率が下がり、やがて出生率も低下していく。この〝人口転換〟と呼ばれる現象がブリテンから始まった。人口が大幅に増えると、人々は食料や新たな定住先を求めて海外へと流出し、定住した先でまた人口転換が起きる。それがヨーロッパからアメリカ、オーストラリアやニュージーランド、ロシア、アジア、中東へと広がり、現在はアフリカまで到達しようとしている。本書は、各地域の人口変動と、それにともなうさまざまな社会の変化を詳しく説明している。

一九世紀半ば近くの世界の人口は約十億人だった。そして現在は八十億に迫っている。たった二百年で八倍に増えたことになる。人口増加の潮流は時期によって国や大陸を移動しながら、確実にその地域のあらゆる面に影響を与えてきた。

日本は非ヨーロッパ人国家で初めて人口転換を迎えた国である。時期はヨーロッパやアメリカに遅れたが、そのスピードはすさまじく、いまや西洋を追い抜いて、高齢化ではトップを走っている。日本が少子高齢化をどう乗り越えていくかについては、直接的な影響を受ける私たち日本人だけでなく、どの国の政治家も（特にすでに高齢化が始まっている国なら）注目しているはずだ。日本が他の国と違うところは、移民が少なかったことだと、著者は指摘している。外国から入ってくる人だけでなく、外国へ出ていく人も少なかったということだ。

著者のポール・モーランドはオックスフォード大学で学び、ロンドン大学で教える気鋭の人口学者である。一般向けとしてはこれが初めての著書ということだが、日本を含めたアジアを扱った章では、江戸時代の日本の人口抑制法として〝間引き〟という言葉をとりあげたり、現代日本の若者たちについて〝草食系〟という表現を使ったりしている。各文化圏の事情について詳しく調べ、新しい情報をどんどん取り込んでいることがうかがえる。人口政策の壮大な実験となった中国の〝一人っ子政策〟については、「必要なかった」と一刀両断している。台湾などの例を引きながら、国民（特に女性）の教育レベルが上がり、避妊についての知識と手段が普及すれば、当の国民が社会にとっても個人にとってもいちばん望ましい意思決定をして、自然に出生率は低下したはずだ、と。

今後の世界の人口変動について、著者はグレー（老人）が増えて、ホワイト（白人）が減ると予測している。ヨーロッパ、そしてそこからの移民が築いたアメリカやオーストラリアで、白人の相対的比率が減少しつつある。アメリカでアフリカ系のオバマの次に、白人男性のトランプ大統領が誕生したのは「アメリカを再び偉大な国に」ではなく「できるだけ長く白人の国のままでいる」ことを望む人々の最後のあがきかもしれないと著者は言う。奇しくもこのあとがきを書いているときに、トランプ大統領が民主党の移民系の議員に「米国が嫌いで不満があるなら国に帰ったらいい」と攻撃して物議をかもした。こうした発言が出てくるのも、アメリカで白人の存在感が弱まることへの危機感が、当の白人の間でかつてないほど高まっている表れとも考えられる。マルチレイシャルの人も増える中、トランプが白人男性最後のアメリカ大統領となる可能性もゼロではないのだ。

本書には他にも、今後の世界を考えるうえで重要なヒントがたくさん詰まっている。急増しているアジアの人口は今後どこに向かうのか。イスラム教人口がいずれキリスト教人口を上回り、世界最大の宗教となるのか。これから起こるであろうアフリカの国々の人口転換は、かつてないほど速く進むのか。そのとき世界の政治や経済にどんな影響を与えるのだろうか。

他の国に先駆けて少子高齢化が進む日本としては、なぜそれが問題なのか、そこから考えていく必要があるのかもしれない。労働力不足が問題なのか、市場の縮小が問題なのか、豊かな生活ができなくなることが問題なのか、あるいはそもそも日本人のアイデンティティの問題なのか。どのような答えを出すかによって、目指す解決策も変わってくるだろう。

渡会　圭子

二〇一九年七月

Transition', *Demographic Research*, 19 (24), 2008, pp. 907–72

Zubrin, Robert, *Merchants of Despair: Radical Environmentalists, Criminal Pseudo-Scientists and the Fatal Cult of Antihumanism*, London and New York, New Atlantis Books, 2012

Zweig, Stefan (trans. Bell, Anthea), *The World of Yesterday: Memoirs of a European*, London, Pushkin Press, 2014

Westoff, Charles F. (ed.), *Toward the End of Population Growth in America*, Englewood Cliffs, NJ, Prentice Hall, 1973

Westoff, Charles F., and Jones, Elise F., 'The End of "Catholic" Fertility', *Demography*, 16 (2), 1979, pp. 209–17

White, Tyrene, *China's Longest Campaign: Birth Planning in the People's Republic 1949–2005*, Ithaca, NY, Cornell University Press, 2006

Wilcox, Walter F., *Studies in American Demography*, Ithaca, NY, Cornell University Press, 1940

Wilkinson, H. L., *The World's Population Problems and a White Australia*, Westminster, London, P. S. King & Son, 1930

Willetts, David, *The Pinch: How the Baby Boomers Took Their Children's Future – and Why They Should Give it Back*, London, Atlantic, 2010

Wilson, Peter H., *Europe's Tragedy: A New History of the Thirty Years War*, London, Penguin, 2010

Winckler, Onn, 'How Many Qatari Nationals are There?', *Middle East Quarterly*, Spring 2015

Winter, Jay, 'Demography', in Horne, John (ed.), *A Companion to World War I*, Chichester, Wiley-Blackwell, 2012, pp. 248–62

Wood, Clive, and Suitters, Beryl, *The Fight for Acceptance: A History of Contraception*, Aylesbury, Medical and Technical Publishing, 1970

Woods, Robert, 'The Population of Britain in the Nineteenth Century', in Anderson (ed.), *British Population History*, pp. 283–358

Woods, Robert, Williams, Naomi, and Galley, Chris, 'Infant Mortality in England 1550–1950: Problems in the Identification of Long Term Trends and Geographical and Social Variations', in Corsini, Carlo A., and Viazzo, Pierre Paolo (eds), *The Decline of Infant Mortality in Europe 1800–1950: Four National Case Studies*, Florence, UNICEF, 1993, pp. 35–51

Woolf, Leonard, *Sowing: An Autobiography of the Years 1880–1904*, London, Hogarth Press, 1960

Woycke, James, *Birth Control in Germany 1871–1933*, London and New York, Routledge, 1988

Wrigley, E. A., *Poverty, Progress and Population*, Cambridge University Press, 2004

Wrigley, E. A., and Schofield, R. S., *The Population History of England 1541–1871: A Reconstruction*, London, Edward Arnold, 1981

Wrigley, E. A., Davies, R. S., Oeppen, J. E., and Schofield, R. S., *English Population History from Family Reconstitution 1580–1837*, Cambridge University Press, 1997

Zakharov, Sergei, 'Russian Federation: From the First to the Second Demographic

Townshend, Charles, *Ireland: the Twentieth Century*, London, Hodder Arnold, 1999

Trading Economics, https://tradingeconomics.com/japan/government-debt-to-gdp

Tranter, N. L., *Population since the Industrial Revolution: The Case of England and Wales*, London, CroomHelm, 1973

Udjo, Eric O., 'Fertility Levels, Differentials and Trends', in Zuberi, Tukufu, Sibanda, Amson, and Udjo, Eric, *The Demography of South Africa*, Armonk, NY and London, M. E. Sharpe, 2005, pp. 40–64

United Nations Development Programme, *Arab Human Development Report 2002: Creating Opportunities for Future Generations*, 2002, http://www.arab-hdr.org/Reports/2005/2005.aspx

——, *The Arab Human Development Report 2005: Towards the Rise of Women in the Arab World*, 2006, http://www.arab-hdr.org/Reports/2005/2005.aspx

——, *Arab Development Challenges Report: Towards the Developmental State in the Arab Region*, 2011, http://carnegieeurope.eu/2012/05/11/undp-s-arab-development-challenges-report-2011-towards-developmental-state-in-arab-region-event-3664

——, *Arab Human Development Report 2016: Youth and the Prospects for Human Development in a Changing Reality*, 2016, http://www.arabstates.undp.org/content/rbas/en/home/library/huma_development/arab-human-development-report-2016--youth-and-the-prospects-for-.html

United Nations Economic and Social Commission for Western Asia, *Population and Development Report – Second Issue: The Demographic Window – An Opportunity for Development in the Arab Countries*, 2005, http://www.arab-hdr.org/Reports/2005/2005.aspx

United Nations Population Division, 2010 and 2012 Revisions, http://esa.un.org/unpd/wpp/Excel-Data/population.htm

United Nations Social Indicators: Literacy, 2012, http://unstats.un.org/unsd/demographic/products/socind/

United Nations World Population Year, *The Population of New Zealand*, n.p., Cicred Series, 1974

Urdal, Henrik, *The Clash of Generations?: Youth Bulges and Political Violence*, New York, United Nations Department of Economic and Social Affairs, Population Division, 2006, http://www.un.org/esa/population/publica-tions/expertpapers/Urdal_Expert%20Paper.pdf

Waters, Mary C., and Ueda, Reed, *The New Americans: A Guide to Immigration Since 1965*, Cambridge, MA, Harvard University Press, 2007

Weber, Cynthia, and Goodman, Ann, 'The Demographic Policy Debate in the USSR', *Population and Development Review*, 7 (2), 1981, pp. 279–95 census/profile-and-summary-reports/infographic-culture-identity.aspx

Stockwell, Edward G., *Population and People*, Chicago, Quadrangle Books, 1968

Stoddard, Lothrop, *The Rising Tide of Color Against White World-Supremacy*, New York, Charles Scribner's Sons, 1920

Stolper, Gustav, *The German Economy: 1870 to the Present*, London, Weidenfeld & Nicolson, 1967

Stone, Norman, *World War Two: A Short History*, London, Allen Lane, 2013

Sunak, Rishi, and Rajeswaran, Sarath, *A Portrait of Modern Britain*, London, Policy Exchange, 2014

Suny, Ronald Grigor,*They Can Live in the Desert but Nowhere Else: A History of the Armenian Genocide*, Princeton University Press, 2015

'Sydney', 'The White Australia Policy', *Foreign Affairs*, 4 (1), 1925, pp. 97–111 Szayna, Thomas S., *The Ethnic Factor in the Soviet Armed Forces: The Muslim Dimension*, Santa Monica, CA, Rand Corporation, 1991

Szporluk, Roman, *Russia, Ukraine, and the Breakup of the Soviet Union*, Stanford, CA, Hoover Institution Press, 2000

Tabutin, Dominique, 'Les Relations entre pauvreté et fécondité dans les Pays du Sud et en Afrique-Sub-Saharienne – bilan et explications', in Ferry, Benoît, *L'Afrique face à ses défis démographiques: un avenir incertain*, Paris, Agence Française de Développement, 2007, pp. 253–88

Tarver, James D., *The Demography of Africa*, Westport, CT, Praeger, 1996

Tauber, Irene B., *The Population of Japan*, Princeton University Press, 1958

Teitelbaum, Michael, *The British Fertility Decline: Demographic Transition in the Crucible of the Industrial Revolution*, Princeton University Press, 1984

——, 'U.S. Population Growth in International Perspective', in Westoff (ed.), *Towards the End*, pp. 69–95

Tessler, Mark, *A History of the Israeli-Palestinian Conflict*, Bloomington, Indiana University Press, 2009

Thomas, Antony, *Rhodes*, London, BBC Books, 1996

Thompson, Leonard, *The History of South Africa*, New Haven, CT, Yale University Press, 2001

Thompson, Warren S., and Whelpton, P. K., *Population Trends in the United States*, New York, McGraw Hill, 1933

Tien, H. Yuan, *China's Strategic Demographic Initiative*, Westport, CT, Praeger, 1991

Tolischus, Otto D., *Through Japanese Eyes*, New York, Reynal & Hitchcock, 1945

Tooze, Adam, *The Deluge: The Great War and the Remaking of Global Order 1916–1931*, London, Penguin, 2014

International Center for Scholars, 2010, pp. 36–64

Saito, Hiroshi, *Japan's Policies and Purposes: Selections from Recent Addresses and Writings*, Boston, Marshall Jones, 1935

Schierbrand, Wolf von, *Russia, Her Strength and Her Weakness: A Study of the Present Conditions of the Russian Empire, with an Analysis of its Resources and a Forecast of its Future*, New York and London, G. P. Putnam's Sons, 1904

Schuck, Peter H., 'Alien Ruminations', in Capaldi (ed.), *Immigration*, pp. 62–113

Seeley, J. R., *The Expansion of England: Two Courses of Lectures*, London, Macmillan, 1883

Segal, Ronald, *Islam's Black Slaves: A History of Africa's Other Black Diaspora*, London, Atlantic Books, 2002

Sen, Ragini, *We the Billion: A Social Psychological Perspective on India's Population*, Thousand Oaks, CA, Sage, 2003

Shaw, Stanford J., 'The Ottoman Census System and Population 1831–1914', *International Journal of Middle East Studies*, 9, 1978, pp. 325–38

Sherwood, Joan, *Poverty in Eighteenth Century Spain: The Women and Children of the Inclusa*, University of Toronto Press, 1988

Sigmund, Anna Maria, *Die Frauen der Nazis*, Munich, Wilhelm Heyne, 1998

Slack, Andrew J., and Doyon, Roy R. L., 'Population Dynamics and Susceptibility for Ethnic Conflict: The Case of Bosnia and Herzegovina', *Journal for Peace Research*, 38 (2), 2001, pp. 139–61

Smith, James P., and Edmonston, Barry (eds), *The New Americans: Economic, Demographic, and Fiscal Effects of Immigration*, Washington DC, National Academy Press, 1997

Smitka, Michael (ed.), *Japanese Economic History 1600–1960: Historical Demography and Labor Markets in Prewar Japan*, New York and London, Garland, 1998

Snyder, Timothy, *Bloodlands: Europe Between Hitler and Stalin*, London, The Bodley Head, 2010

Soloway, Richard Allen, *Birth Control and the Population Question in England, 1877–1930*, Chapel Hill, University of North Carolina Press, 1982

Sporton, Deborah, 'Fertility: The Lowest Level in the World', in Noin, Daniel, and Woods, Robert (eds), *The Changing Population of Europe*, Oxford, Blackwell, pp. 49–61

Statistics Canada, *Women in Canada: A Gender-Based Statistical Report*, 2011, http://www.statcan.gc.ca/pub/89-503-x/89-503-x2010001-eng.pdf

Statistics New Zealand, *Demographic Trends: 2011*, 2012, http://stats.govt.nz/browse_for_stats/population/estimates_and_projections/demographic-trends-2012.aspx

——, *Major Ethnic Groups in New Zealand*, 2013, http://www.stats.govt.nz/Census/2013-

its Causes, London, Allen Lane, 2011

Pogson, G. Ambrose, *Germany and its Trade*, London and New York, Harper & Bros., 1903

Pomeranz, Kenneth, *The Great Divergence: China, Europe, and the Making of the Modern World Economy*, Princeton University Press, 2000

Poston, Dudley L., Jr, and Bouvier, Leon F., *Population and Society: An Introduction to Demography*, Cambridge University Press, 2010

Potter, David S. (ed.), *A Companion to the Roman Empire*, Chichester, Wiley-Blackwell, 2010

Putin, Vladimir, 'Vladimir Putin on Raising Russia's Birth Rate', *Population and Development Review*, 32 (2), 2006, pp. 385–9

Qobil, Rustam, 'Moscow's Muslims Find No Room in the Mosque', BBC Uzbek Service, 22 March 2012, http://www.bbc.com/news/world-europe-17436481

Quinlan, Sean M., *The Great Nation in Decline: Sex, Modernity and Health Crises in Revolutionary France c. 1750–1850*, Aldershot, Ashgate, 2007

Ransome, Stafford, *Japan in Transition: The Comparative Study of the Progress, Policy, and Methods of the Japanese since their War with China*, New York and London, Harper Bros., 1899

Rashid, Saharani Abdul, Ghani, Puzziawati Ab, Daud, Noorizam, et al., 'Fertility Dynamics in Malaysia: Comparison of Malay, Chinese and Indian Ethics', *Proceedings of INTCESS2016 3rd International Conference on Education and Social Sciences*, 8–10 February 2016, Istanbul, Turkey, https://pdfs.semanticscholar.org/0355/29de3c6a18e9ab357ad33e6764520e8d1e26.pdf

Reggiani, Andreas H., 'Procreating France: The Politics of Demography, 1919–1945', *French Historical Studies*, vol. 19, no. 3, 1996, pp. 725–54

Reich, Emil, *Germany's Swelled Head*, London, Andrew Melrose, 1914

Reinhard, Marcel R., *Histoire de la population mondiale de 1700 à 1948*, Paris, Éditions Domat-Montchrestien, 1949

Riddell, Katrina, *Islam and the Securitisation of Population Policies: Muslim States and Sustainability*, Farnham, Ashgate, 2009

Riezler, Kurt, *Tagebücher, Aufsätze, Dokumente*, Göttingen, Vandenhoeck & Ruprecht, 1972

Roediger, D. R., *The Wages of Whiteness: Race and the Making of the American Working Class*, New York and London,Verso, 1991

Rozanova, Marya S., 'Migration Process, Tolerance and Migration Policy in Contemporary Russia', in Popson, Nancy(ed.), *Demography, Migration and Tolerance: Comparing the Russian, Ukrainian and U.S. Experience*, Washington DC, Woodrow Wilson

Ogawa, Naohiro, Mason, Andrew, and Chawla, Amonthep, 'Japan's Unprecedented Aging and Changing Intergeneration Transfer', in Takatoshi, Ito, and Rose, Andrew K. (eds), *The Economic Consequences of Demographic Change in East Asia*, University of Chicago Press, 2010, pp. 131–66

Okie, Howard Pitcher, *America and the German Peril*, London, William Heinemann, 1915

Omran, Abdel-Rahim, *Population in the Arab World*, London, Croom Helm, 1980

Osterhammel, Jürgen, *The Transformation of the World: A Global History of the Nineteenth Century*, Princeton University Press, 2014

Paddock, Troy R. E., *Creating the Russian Peril: Education, the Public Sphere, and National Identity in Imperial Germany, 1890–1914*, Rochester, NY, Camden House, 2010

Passell, Jeffrey S., and Cohn, D'vera, *U.S. Population Projections: 2005–2010*, Pew Research Center Hispanic Trends Project, 2008, http://www.pewhispanic.org/2008/02/11/us-population-projections-2005-2050/

Passell, Jeffrey S., Cohn, D'Vera, and Gonzalez-Barrera Ana, *Net Migration from Mexico Falls to Zero—and Perhaps Less*, Pew Research Center Hispanic Trends Project, 2012, http://www.pewhispanic.org/2012/04/23/net-migration-from-mexico-falls-to-zero-and-perhaps-less/

Pearce, Fred, *Peoplequake: Mass Migration, Ageing Nations and the Coming Population Crash*, London, Eden Project Books, 2010

Pearlman, Moshe, *Ben Gurion Looks Back in Talks with Moshe Pearlman*, London, Weidenfeld & Nicolson, 1965

Pearson, Charles S., *On the Cusp: From Population Boom to Bust*, Oxford University Press, 2015

Pedersen, John, Randall, Sara, and Khawaja, Marwan (eds), *Growing Fast: The Palestinian Population in the West Bank and Gaza Strip*, Oslo, FAFO, 2001

Pelham, Nicolas, *Holy Lands: Reviving Pluralism in the Middle East*, New York, Columbia Global Reports, 2016

Perelli-Harris, Brienna, and Isupova, Olga, 'Crisis and Control: Russia's Dramatic Fertility Decline and Efforts to Increase It', in Buchanan, Ann, and Rotkirch, Anna (eds), *Fertility Rates and Population Decline: No Time for Children?*, Basingstoke, Palgrave Macmillan, 2013, pp. 141–56

Peritz, Eric, and Baras, Mario, *Studies in the Fertility of Israel*, Jerusalem, Hebrew University Press, 1992

Pew Research Center, *Religious Composition by Country 2010–2050*, 2015, http://www.pewforum.org/2015/04/02/religious-projection-table/2050/number/all/

Pinker, Steven, *The Better Angels of Our Nature: The Decline of Violence in History and*

Morland, Paul, 'Defusing the Demographic Scare', *Ha'aretz*, 8 May 2009, https://www.haaretz.com/1.5049876

——, 'Israel's Fast Evolving Demography', *The Jerusalem Post*, 21 July 2013, https://www.jpost.com/opinion/op-ed-contributors/Israels-fast-evolving-demography-320574

——, 'Israeli Women Do It By Numbers', *The Jewish Chronicle*, 7 April 2014, http://www.thejc.com/israeli-women-do-it-by-the-numbers-1.53785

——, *Demographic Engineering: Population Strategies in Ethnic Conflict*, Farnham, Ashgate, 2014, 2016, 2018

Mouton, Michelle, *From Nurturing the Nation to Purifying the Volk: Weimar and Nazi Family Policy, 1918–1945*, Cambridge University Press, 2007

Mullen, Richard, and Munson, James, *Victoria, Portrait of a Queen*, London, BBC Books, 1987

Müller, Rita, and Schraut, Sylvia, 'Women's Influence on Fertility and Mortality During the Industrialisation of Stuttgart 1830–1910', in Janssens, Angélique (ed.), *Gendering the Fertility Decline in the Western World*, Bern, Peter Lang, 2007, pp. 237–73

Myrskylä, Mikko, Goldstein, Joshua R., and Cheng, Yen Hsin Alice, 'New Cohort Fertility Forecasts for the Developed World: Rises, Falls and Reversals', *Population and Development Review*, 39 (1), 2013, pp. 31–56

Nakamura, James I., and Miyamoto, Matao, 'Social Structure and Population Change: A Comparative Study of Tokugawa Japan and Ch'ing China', *Economic Development and Cultural Change*, 30 (2), 1982, pp. 229–69

National Birth-Rate Commission, *The Declining Birth-Rate: Its Causes and Effects*, London, Chapman & Hall, 1916

Navarro, Armando, *The Immigration Crisis*, Lanham, MD, Altamira Press, 2009

Neillands, Robin, *The Hundred Years War*, London and New York, Routledge, 1990

Noin, Daniel, and Woods, Robert (eds),*The Changing Population of Europe*, Oxford, Blackwell, 1993

Novikoff-Priboy, A. (trans. Paul, Eden and Cedar), *Tsushima*, London, Allen & Unwin, 1936

Obuchi, Hiroshi, 'Demographic Transition in the Process of Japanese Industrialization', in Smitka, Michael (ed.), *Japanese Economic History 1600–1960: Historical Demography and Labor Markets in Prewar Japan*, New York and London, Garland, 1998, pp. 167–99

Offer, Avner, *The First World War: An Agrarian Interpretation*, Oxford, Clarendon Press, 1989

Office for National Statistics (ONS), 'Ethnicity and National Identity in England and Wales: 2011', 2012, http://www.ons.gov.uk/ons/rel/census/2011-census/key-statistics-for-local-authorities-in-england-and- wales/rpt-ethnicity.html

MacKellar, Landis, Ermolieva, Tatiana, Hoclacher, David, and Mayhew, Leslie, *The Economic Impact of Population Ageing in Japan*, Cheltenham, Edward Elgar, 2004

McLaren, Angus, *Birth Control in Nineteenth-Century England*, London, Croom Helm, 1978

McNeill, William, *Plagues and People*, New York, Anchor Books, 1976

Macunovich, Diane J., *Birth Quake: The Baby Boom and its Aftershock*, Chicago University Press, 2002

Maddison, Angus, *Phases of Capitalist Development*, Oxford University Press, 1982

Mahdi, Muhsin, *Ibn Khaldûn's Philosophy of History*, Abingdon, Routledge, 2017

Malthus, Thomas, *The Works of Thomas Robert Malthus*, vol. 1, *An Essay on the Principle of Population*, London, William Pickering, 1986

Maluccio, John, and Duncan, Thomas, *Contraception and Fertility in Zimbabwe: Family Planning Services and Education Make a Difference*, Santa Monica, Rand Corporation, 1997

Marshall, Alex, *The Russian General Staff and Asia 1800–1917*, London and New York, Routledge, 2006

Marshall, Monty G., and Gurr, Ted Robert, *Peace and Conflict: A Global Survey of Armed Conflicts, Self-Determination Movements, and Democracy*, Centre for International Development and Conflict Management, University of Maryland, 2005

Martin, George,'Brazil's Fertility Decline 1965–1995: A Fresh Look at Key Factors', in Martine, George, Das Gupta, Monica, and Chen, Lincoln C., *Reproductive Change in India and Brazil*, Oxford University Press, 1998, pp. 169–207

Meacham, Carl, and Graybeal, Michael, *Diminishing Mexican Immigration to the United States*, Lanham, MD, Rowman & Littlefield, 2013

Merk, Frederick, *Manifest Destiny and Mission in American History*, New York, Alfred A. Knopf, 1963

Ming, Su Wen (ed.), *Population and Other Problems*, Beijing Review Special Features Series, 1981

Mirkin, Barry, *Arab Spring: Demographics in a Region in Transition*, United Nations Development Programme, 2013, https://www.yumpu.com/en/document/view/48347156/arab-spring-demographics-in-a-region-in-transition-arab-human-

Mokyr, Joel, 'Accounting for the Industrial Revolution', in Floud, Roderick, and Johnson, Paul (eds), *The Cambridge Economic History of Modern Britain*, vol. 1, *Industrialisation 1700–1860*, Cambridge University Press, 2004, pp. 1–27

Money, Leo Chiozza, *The Peril of the White*, London, W. Collins & Sons, 1925

Moreton, Matilda, 'The Death of the Russia Village', *ODR*, 3 July 2012, https://www.opendemocracy.net/en/odr/death-of-russian-village

Tauris, 2011

King, Leslie, 'Demographic Trends, pronatalism and Nationalist Ideologies in the late twentieth century', *Ethnic and Racial Studies*, 25 (3), 2002, pp. 367–89

Kirk, Dudley, *Europe's Population in the InterwarYears*, Princeton, NJ, League of Nations Office of Population Research, 1946

Klein, Herbert S., *A Population History of the United States*, Cambridge University Press, 2004

Klopp, Brett, *German Multiculturalism: Immigrant Integration and the Transformation of Citizenship*, Westport, CT, Praeger, 2002

Knight, John, and Traphagan, John W., 'The Study of Family in Japan: Integrating Anthropological and Demographic Approaches', in Traphagan, John W., and Knight, John (eds), *Demographic Changes and the Family in Japan's Aging Society*, Albany, University of New York Press, 2003, pp. 3–26

Kraut, Alan M., *The Huddled Masses: The Immigrant in America Society, 1880-1921*, Arlington Heights, IL, Harlan Davidson, 1982

La Ferrara, Eliana, Chong, Alberto, and Duryea, Suzanne, 'Soap Operas and Fertility: Evidence from Brazil', *American Economic Journal: Applied Economics*, 4 (4), 2012, pp. 1–31

Leroy-Beaulieu, Paul, *La question de la population*, Paris, Libraire Félix Alcan, 1928

Lewis, Robert A., Rowland, Richard H., and Clem, Ralph S., *Nationalist and Population Change in Russia and the U.S.S.R.:An Evaluation of Census Data 1897–1976*, New York, Praeger, 1976

Lieven, Dominic, *Towards the Flame: Empire, War and the End of Tsarist Russia*, London, Penguin, 2015

Lipman, V. D., *A History of Jews in Britain since 1858*, Leicester University Press, 1990

Livi-Bacci, Massimo, *The Population of Europe*, Oxford, Blackwell, 2000

——, *A Concise History of World Population*, Chichester, Wiley-Blackwell, 2012, 2017

Luce, Edward, *The Retreat of Western Liberalism*, London, Little, Brown, 2017

Lustick, Ian S., 'What Counts is the Counting: Statistical Manipulation as a Solution to Israel's "Demographic Problem" ', *Middle East Journal*, 67 (2), 2013, pp. 185–205

Lutz, Wolfgang, Scherbov, Sergei, and Volkov, Andrei, *Demographic Trends and Patterns in the Soviet Union before 1991*, London and New York, Routledge, 1994

McCleary, G. F., *The Menace of British Depopulation*, London, Allen & Unwin, 1937

——, *Population: Today's Question*, London, Allen & Unwin, 1938

——, *Race Suicide?*, London, Allen & Unwin, 1945

Macfarlane, Alan, *The SavageWars of Peace: England, Japan and the Malthusian Trap*, Oxford, Blackwell, 1997

March to Retirement Reform: The Graying of the Middle Kingdom Revisited, Prudential, NJ, Center for Strategic and International Studies, 2009

Jacques, Martin, *When China Rules the World*, London, Allen Lane, 2009

Japan Times, 'Japan's Fertility Rate Logs 16-Year High, Hitting 1.41', 6 June 2013, http://www.japantimes.co.jp/news/2013/06/06/national/japans-fertility-rate-logs-16-year-high-hitting-1-41/#.U6qo4LFnBso

Johnson, Niall, *Britain and the 1918–19 Influenza Pandemic: A Dark Epilogue*, London and New York, Routledge, 2006

Jones, Clive, *Soviet-Jewish Aliyah 1989–92: Impact and Implications for Israel and the Middle East*, London, Frank Cass, 1996

Jones, Ellen, and Grupp, Fred W., *Modernization, Value Change and Fertility in the Soviet Union*, Cambridge University Press, 1987

Jones, Gavin W., and Karim, Mehtab S., *Islam, the State and Population*, London, Hurst, 2005

Judah, Tim, *The Serbs: History, Myth and the Destruction of Yugoslavia*, New Haven, CT, Yale University Press, 1997

Kaa, D. J. van de, *Europe's Second Demographic Transition*, Washington DC, Population Reference Bureau, 1987

Kalbach, Warren E., and McVey, Wayne, *The Demographic Bases of Canadian Society*, Toronto, McGraw Hill Ryerson, 1979

Kanaaneh, Rhoda Ann, *Birthing the Nation: Strategies of Palestinian Women in Israel*, Berkeley, University of California Press, 2002

Karpat, Kemal H., *Ottoman Population, 1830–1914: Demographic and Social Characteristics*, Madison, University of Wisconsin Press, 1985

Kaufmann, Eric, 'Ethnic or Civic Nation?: Theorizing the American Case', *Canadian Review of Studies in Nationalism*, 27 (1/2), 2000, pp. 133–55

——, *The Rise and Fall of Anglo-America*, Cambridge, MA, Harvard University Press, 2004

——, *Shall the Religious Inherit the Earth?: Demography and Politics in the Twenty-First Century*, London, Profile Books, 2010

Kaufmann, Eric, and Oded, Haklai, 'Dominant Ethnicity: From Minority to Majority', *Nations and Nationalism*, 14 (4), 2008, pp. 743–67

Kaufmann, Florian K., *Mexican Labor Migrants and U.S. Immigration Policies: From Sojourner to Emigrant?*, El Paso, LFB Scholarly Publishing, 2011

Keegan, John, *The First World War*, London, Hutchinson, 1999

——, *The American Civil War*, London, Vintage, 2010

Kévorkian, Raymond, *The Armenian Genocide: A Complete History*, New York, I. B.

Parenthood, London and New York, G. P. Putnam's & Sons, 1920

Harvey, Robert, *The War of Wars: The Epic Struggle between Britain and France 1789–1815*, London, Constable & Robinson, 2006

Haynes, Michael, and Husan, Rumy, *A Century of State Murder?: Death and Policy in Twentieth-Century Russia*, London, Pluto Press, 2003

Hirschman, Charles, 'Population and Society: Historical Trends and Future Prospects', in Calhoun, Craig, Rojek, Chris, and Turner, Bryan (eds), *The Sage Handbook of Sociology*, London, Sage, 2005, pp. 381–402

Hitchcock, Tim, ' "Unlawfully Begotten on her Body" : Illegitimacy and the Parish Poor in St Luke's Chelsea', in Hitchcock, Tim, King, Peter, and Sharpe, Pamela (eds), *Chronicling Poverty: The Voices and Strategies of the English Poor, 1640–1840*, Basingstoke, Macmillan, 1997, pp. 70–86

Hitler, Adolf (trans. Cameron, Norman, and Stevens, R. H.), *Hitler's Table Talk*, London, Weidenfeld & Nicolson, 1953

Ho, Ping-Ti, *Studies on the Population of China, 1368–1953*, Cambridge, MA, Harvard University Press, 1959

Hollerbach, Paula E., and Diaz-Briquets, Sergio, *Fertility Determinants in Cuba*, Washington DC, National Academy Press, 1983

Horowitz, Donald, *Ethnic Groups in Conflict*, Berkeley, University of California Press, 1985

Horsman, Reginald, *Race and Manifest Destiny: The Origins of American Racial Anglo-Saxonism*, Cambridge, MA, Harvard University Press, 1981

Hufton, Olwen H., *The Poor of Eighteenth-Century France 1750–1789*, Oxford, Clarendon Press, 1974

Huntington, Samuel P., *The Third Wave: Democratization in the Late Twentieth Century*, Norman, University of Oklahoma Press, 1993

——, *The Clash of Civilizations and the Remaking of World Order*, London, Free Press and Simon & Schuster, 1996, 2002

Iliffe, John, *Africans: The History of a Continent*, Cambridge University Press, 1995

Ishii, Ryoichi, *Population Pressure and Economic Life in Japan*, London, P. S. King & Son, 1937

Iyer, Sriya, 'Religion and the Decision to Use Contraception in India', *Journal for the Scientific Study of Religion*, 41 (4), December 2002, pp. 711–22

Jackson, Richard, Nakashima, Keisuke, Strauss, Rebecca, and Howe, Neil, *The Graying of the Great Powers*, Washington DC, Center for Strategic and International Studies, 2008

Jackson, Richard, Nakashima, Keisuke, Zhou, Jiangong, and Howe, Neil, *China's Long*

——, *Russia's First World War: A Social and Economic History*, Harlow, Pearson Longman, 2005

Geping, Qu, and Jinchang, Li, *Population and the Environment in China*, Boulder, CO, Lynne Rienner, 1994

Gerstle, Gary, *American Crucible: Race and Nation in the Twentieth Century*, Princeton University Press, 2001

Genovese, Eugene D., *The Political Economy of Slavery: Studies in the Economy and Society of the Slave South*, Middletown, CT, Wesleyan University Press, 1988

Goldberg, P. J. P., *Medieval England: A Social History 1250–1550*, London, Hodder Arnold, 2004

Goldman, Wendy Z., *Women, the State and Revolution: Soviet Family Policy and Social Life, 1917–1936*, Cambridge, Cambridge University Press, 1993

Goldschneider, Calvin, 'The Embeddedness of the Arab-Jewish Conflict in the State of Israel: Demographic and Sociological Implications', in Reich, Bernard, and Kieval, Gershon R., *Israeli Politics in the 1990s: Key Domestic and Foreign Policy Factors*, New York, Westport and London, Greenwood Press, 1991, pp. 111–32

Goodhart, David, *The British Dream: Successes and Failures of Post-War Immigration*, London, Atlantic Books, 2013

Gorbachev, Mikhail, *Memoirs*, London and New York, Doubleday, 1996

Grant, Madison, *The Passing of the Great Race, or, the Racial Basis of European History*, New York, Charles Scribner's Sons, 1920

Gratton, Brian, 'Demography and Immigration Restriction in American History', in Goldstone, Jack A., Kaufmann, Eric P., and Toft, Monica Duffy (eds), *Political Demography: How Population Changes are Reshaping International Security and National Politics*, Boulder, CO, Paradigm Publishers, 2012, pp. 159–79

Gray, Francis Du Plessix, *Soviet Women: Walking the Tightrope*, New York and London, Doubleday, 1990

Greenhalgh, Susan, *Just One Child: Science and Policy in Deng's China*, Berkeley and London, University of California Press, 2008

Haas, Mark L., 'America's Golden Years? U.S. Security in an Aging World', in Goldstone, Jack A., Kaufmann, Eric P., and Toft, Monica Duffy (eds), *Political Demography: How Population Changes are Reshaping International Security and National Politics*, Boulder, CO, Paradigm Publishers, 2012, pp. 49–62

Hacohen, Dvora (trans. Brand, Gila), *Immigrants in Turmoil: Mass Immigration to Israel and its Repercussions in the 1950s and After*, New York, Syracuse University Press, 2003

Haggard, H. Rider, 'Imperial and Racial Aspects', in Marchant, James (ed.), *The Control of*

Military, 2011

Fairbank, John King, and Goldman, Merle, *China: A New History*, Cambridge, MA, Belknap Press, 2006

Fargues, Philippe, 'Protracted National Conflict and Fertility Change: Palestinians and Israelis in the Twentieth Century', *Population and Development Review*, 26 (3), 2000, pp. 441–82

——, 'Demography, Migration and Revolt: The West's Mediterranean Challenge', in Merlini, Cesare, and Roy, Olivier (eds), *Arab Society in Revolt: The West's Mediterranean Challenge*, Washington DC, Brookings Institution Press, 2012, pp. 17–46

Fearon, James D., and Laitin, David D., 'Sons of the Soil, Migrants and Civil War', *World Development*, 39 (2), 2010, pp. 199–211

Fenby, Jonathan, *The History of Modern France: from the Revolution to the Present day*, London, Simon & Schuster, 2015

Ferro, Marc (trans. Stone, Nicole), *The Great War 1914–1918*, London, Routledge and Kegan Paul, 1973

Figes, Orlando, *A People's Tragedy: The Russian Revolution 1891–1924*, London, Pimlico, 1997

Financial Times, 'Putin's Hopes for a Rising Birth Rate are Not Shared by Experts', 1 March 2013, https://www.ft.com/content/1dcce460-4ab6-11e2-9650-00144feab49a?mhq5j=e2

Floud, Roderick, and Johnson, Paul (eds), *The Cambridge Economic History of Modern Britain*, vol. 1, *Industrialisation* 1700–1860, Cambridge University Press, 1997

Foner, Nancy, *From Ellis Island to JFK: New York's Two Great Waves of Immigration*, New Haven, CT, Yale University Press, 2000

Freedom House, 'Map of Freedom', 1997, http://www.freedomhouse.org/sites/default/files/MapofFreedom2014.pdf

French, Marilyn, *The Women's Room*, London, André Deutsch, 1978

Gaidar, Yegor (trans. Bouis, Antonia W.), *Russia: A Long View*, Cambridge, MA, MIT Press, 2012

Gaquin, Deidre A., and Dunn, Gwenavere W. (eds), *The Who, What, and Where of America: Understanding the American Community Survey*, Lanham, MD, Bernan Press, 2012

Garrett, Eilidh, Reid, Alice, Schürer, Kevin, and Szreter, Simon, *Changing Family Size in England and Wales: Place, Class and Demography, 1891–1911*, Cambridge University Press, 2001

Gatrell, Peter, *Government, Industry and Rearmament in Russia, 1900–1914: The Last Argument of Tsarism*, Cambridge University Press, 1994

Davies, Pete, *Catching Cold: 1918's Forgotten Tragedy and the Scientific Hunt for the Virus that Caused It*, London, Michael Joseph, 1999

Dennery, Etienne (trans. Peile, John), *Asia's Teeming Millions and its Problems for the West*, London, Jonathan Cape, 1931

Desai, P. B., *Size and Sex Composition of Population in India 1901–1961*, London, Asia Publishing House, 1969

De Tocqueville, Alexis, *Democracy in America*, New York, George Adlard, 1839

Diamond, Jared, *Guns, Germs and Steel: The Fates of Human Societies*, New York, W. W. Norton, 2005

Diamond, Michael, *Lesser Breeds: Racial Attitudes in Popular British Culture 1890–1940*, London and New York, Anthem Press, 2006

Dikötter, Frank, *Mao's Great Famine: The History of China's Most Devastating Catastrophe, 1958–1962*, London, Bloomsbury, 2010

Djerassi, Carl, *This Man's Pill: Reflections on the 50th Birthday of the Pill*, Oxford University Press, 2001

Drixler, Fabian, *Makibi: Infanticide and Population Growth in Eastern Japan, 1660–1950*, Berkeley, University of California Press, 2013

Düvell, Frank, 'U.K.', in Triandafyllidou, Anna, and Gropas, Ruby (eds), *European Immigration: A Sourcebook*, Aldershot, Ashgate, 2007

East, Edward M., *Mankind at the Crossroad*, New York and London, Charles Scribner's Sons,1924

Easterlin, Richard A., *The American Baby Boom in Historical Perspective*, New York, National Bureau of Economic Research, 1962

Eberstadt, Nicholas, *Russia's Demographic Disaster*, Washington DC, American Enterprise Institute, 2009, http://www.aei.org/article/society-and-culture/citizenship/russias-demographic-disaster/

——, 'The Dying Bear: Russia's Demographic Disaster', *Foreign Affairs*, November/December 2011, http://www.foreignaffairs.com/articles/russia-fsu/2011-11-01/dying-bear

Edmondson, Linda (ed.), *Women and Society in Russia and the Soviet Union*, Cambridge University Press, 1992

Ehrlich, Paul, *The Population Bomb*, New York, Ballantine Books, 1968

Ehrman, Richard, *Why Europe Needs to Get Younger*, London, Policy Exchange, 2009

Elliott, Marianne, *The Catholics of Ulster*, London, Allen Lane and Penguin, 2000

Embassy of the Russian Federation to the United Kingdom of Great Britain and Northern Ireland, 'Population Data', http://www.rusemb.org.uk/russianpopulation/

English, Stephen, *The Field Campaigns of Alexander the Great*, Barnsley, Pen & Sword

1997

Carey, John, *The Intellectuals and the Masses: Pride and Prejudice among the Literary Intelligentsia, 1880–1939*, London, Faber & Faber, 1992

Ceterchi, Ioan, Zlatescu, Victor, Copil, Dan, and Anca, Peter, *Law and Population Growth in Romania*, Bucharest, Legislative Council of the Socialist Republic of Romania, 1974

Chamberlain, B. H., *Things Japanese*, London, Trench, Trübner, 1890

Charlwood, Don,*The Long Farewell*, Ringwood, Australia, Allen Lane, 1981

Cho, Lee-Jay, 'Population Dynamics and Policy in China', in Poston, Dudley L., and Yaukey, David (eds), *The Population of Modern China*, New York and London, Plenum Press, 1992, pp. 59–82

Clements, Barbara Evans, *A History of Women in Russia from the Earliest Times to the Present*, Bloomington, Indiana University Press, 2012

Coale, Ansley J., Anderson, Barbara A., and Härm, Erna, *Human Fertility in Russia since the Nineteenth Century*, Princeton University Press, 2015

Cole, Allan B., 'Japan's Population Problems in War and Peace', *Pacific Affairs*, 16 (4), 1943, pp. 397–417

Coleman, David, 'Projections of the Ethnic Minority Populations of the United Kingdom 2006–2056', *Population and Development Review*, 36 (3), 2010, pp. 441–86

Committee on Population and Demography, *Levels and Recent Trends in Fertility and Mortality in Brazil*, Washington DC, National Academy Press, 1983

Connell, K. H., *The Population of Ireland 1750–1845*, Cambridge University Press, 1950

Cornell, Laurel L., 'Infanticide in Early Modern Japan? Demography, Culture and Population Growth', in Smitka, Michael (ed.), *Japanese Economic History 1600–1960: Historical Demography and Labor Markets in Prewar Japan*, New York and London, Garland, 1998

Corsini, Carlo A., and Viazzo, Pierre Paolo (eds), *The Decline of Infant Mortality in Europe 1800–1950: Four National Case Studies*, Florence, UNICEF, 1993

Cossart, P., 'Public Gatherings in France During the French Revolution: The Club as a Legitimate Venue for Popular Collective Participation in Public Debate 1791–1794', *Annales Historiques de la Révolution Française*, 331, 2003, pp. 57–77

Coulmas, Florian, *Population Decline and Ageing in Japan: The Social Consequences*, Abingdon, Routledge, 2007

Cox, Harold, *The Problem of Population*, London, Jonathan Cape, 1922

Croker, Richard, *The Boomer Century 1946–2046: How America's Most Influential Generation Changed Everything*, New York and Boston, Springboard Press, 2007

Cyrus, Norbert, and Vogel, Dita, 'Germany', in Triandafyllidou, Anna, and Gropas, Ruby (eds), *European Immigration: A Sourcebook*, Aldershot, Ashgate, 2007, pp. 127–40

Illustrations', *Population and Development Review*, 33 (1), 2007, pp. 1–36

Bird, Kai, *Crossing Mandelbaum Gate: Coming of Age Between the Arabs and Israelis, 1956-1978*, New York, Simon & Schuster, 2010

Bishara, Marwan, *The Invisible Arab*, New York, Nation Books, 2012

Bookman, Milica Zarkovic, *The Demographic Struggle for Power*, London, Frank Cass, 1997

Borrie, W. D., *Population Trends and Policies: A Study in Australian and World Demography*, Sydney, Wellington and London, Australian Publishing Company, 1948

Botev, Nikolai, 'The Ethnic Composition of Families in Russia in 1989: Insights into Soviet "Nationalities Policy"', *Population and Development Review*, 28 (4), 2002,pp. 681–706

Boverat, Fernand, *Patriotisme et paternité*, Paris, Bernard Grosset, 1913

Braudel, Fernand (trans. Richard Mayne), *A History of Civilizations*, New York and London, Penguin, 1993

Bremmer, Ian, *The J Curve:A New Way to Understand Why Nations Rise and Fall*, New York, Simon & Schuster, 2006

Brett, C. E. B., 'The Georgian Town: Belfast Around 1800', in Beckett, J. C., and Glassock, R. E. (eds),*Belfast: The Origin and Growth of an Industrial City*, London, BBC Books, 1967, pp. 67–77

Brezhnev, Leonid, and Tikhonov, Nikolai, 'On Pronatalist Policies in the Soviet Union', *Population and Development Review*, 7 (2), 1981, pp. 372–4

Brimelow, Peter, 'Time to Rethink Immigration?', in Capaldi (ed.), *Immigration*, pp. 33–61

Brouard, Sylvain, and Tiberj, Vincent(trans. Fredette, Jennifer), *As French as Everyone Else? A Survey of French Citizens of Maghrebin, African and Turkish Origin*, Philadelphia, Temple University Press, 2011

Buckley, Mary, 'Glasnost and the Women Question', in Edmonson, Linda (ed.), *Women and Society in Russia and the Soviet Union*, Cambridge University Press, 1992, pp. 202–26

Byron, Margaret, *Post-War Caribbean Migration to Britain: The Unfinished Cycle*, Aldershot, Avebury, 1994

Cairo Demographic Centre, *Fertility Trends and Differentials in Arab Countries*, Cairo, 1971

Caldwell, Christopher, *Reflections on the Revolution in Europe: Immigration, Islam and the West*, London, Allen Lane, 2009

Camisciole, Elisa, *Reproducing the French Race: Integration, Intimacy, and Embodiment in the Early Twentieth Century*, Durham, NC, Duke University Press, 2009

Canadian Encyclopaedia, Edmonton, Hurtig, 1985

Capaldi, Nicholas (ed.), *Immigration: Debating the Issues*, Amherst, NY, Prometheus Books,

参考書誌

注・ウェブサイトは2012年～2018年の間にアクセス可能だったもの

Academic Ranking of World Universities, 2013, http://www.shanghairanking.com/ARWU2013.html

Anderson, Barbara A., and Silver, Brian D., 'Growth and Diversity of the Population of the Soviet Union', *Annals of the American Academy of Political and Social Sciences*, 510, 1990, pp. 155–7

Anderson, Charles H., *White Protestant Americans: From National Origins to Religious Group*, Englewood Cliffs, NJ, Prentice-Hall, 1970

Anderson, Michael, 'Population Change in North Western Europe 1750–1850', in Anderson (ed.), *British Population History*, pp. 191–280

Anderson, Michael (ed.),*British Population History: From the Black Death to the Present Day*, Cambridge University Press, 1996

Andrillon, Henri, *L'Expansion de L'Allemagne: ses causes, ses formes et ses conséquences*, Paris, Librairie Marcel Rivière, 1914

Armstrong, Alan, *Farmworkers in England and Wales: A Social and Economic History 1770–1980*, Ames, Iowa State University Press, 1988

Australian Bureau of Statistics, *Cultural Diversity in Australia–Reflecting a Nation: Stories from the 2011 Census*, 2012–13, http://www.abs.gov.au/ausstats/abs@.nsf/lookup/2071.0main+features902012-2013

Baer, Gabriel(trans. Szoke, Hanna), *Population and Society in the Arab East*, London, Routledge, Kegan & Paul, 1964

Baines, Dudley, and Woods, Robert, *Population and Regional Development*, Cambridge University Press, 2004

Bashford, Alison, and Chaplin, Joyce E., *The New Worlds of Thomas Malthus: Rereading the Principle of Population*, Princeton University Press, 2016

Beinart, William, *Twentieth-Century South Africa*, Oxford University Press, 2001

Berghahn, V. R., *Imperial Germany* 1871–1914*: Economy, Society, Culture and Politics*, New York, Berghahn, 1994

Bertillon, Jacques, *La Dépopulation de la France: ses conséquences, ses causes et mesures à prendre pour le combattre*, Paris, Libraire Félix Alcan, 1911

Besemeres, John F., *Socialist Population Politics: The Political Implications of Demographic Trends in the USSR and Eastern Europe*, White Plains, NY, M. E. Sharpe, 1980

Bhrolcháin, Márie Ní, and Dyson, Tim, 'On Causation in Demography: Issues and

39. *Business Insider*, 20 November 2015, http://www.businessinsider.fr/us/japan-developing-carebots-for-elderly-care-2015-11/ (impression: 20 August 2017).
40. *Guardian*, 13 February 2010, https://www.theguardian.com/environment/2010/feb/13/climate-change-family-size-babies (impression: 21 August 2017).
41. UN Population Division, 2017 Revisions.
42. Ibid.
43. Coleman.
44. Passell et al.
45. *The Telegraph*, 18 July 2017, http://www.telegraph.co.uk/science/2017/07/17/life-expectancy-stalls-britain-first-time-100-years-dementia/ (impression: 20 August 2017); *The Atlantic*, 14 December 2016, https://www.theatlantic.com/health/archive/2016/12/why-are-so-many-americans-dying-young/510455/ (impression: 20 August 2017).
46. *Professional Pensions*, 1 March 2018, https://www.professionalpensions.com/professional-pensions/news-analysis/3027631/latest-cmi-model-reveals-clear-trend-in-life-expectancy (impression: 1 May 2018).
47. *POLITICO* MAGAZINE, 8 February 2018, https://www.politico.com/magazine/story/2018/02/08/why-young-americans-having-less-sex-216953 (impression: 16 February2018).

付録1　平均余命の計算のしかた

1. http://www.singstat.gov.sg/docs/default-source/default-document-library/publications/publications_and_papers/births_and_deaths/life-table15-16.pdf (impression: 15 November 2017).

付録2　合計特殊出生率の計算法

1. https://www.measureevaluation.org/prh/rh_indicators/family-plan-ning/fertility/total-fertility-rate (impression: 20 November 2017).

August 2017).

14. UN Population Division, 2017 Revisions.
15. Morland, *Demographic Engineering*, p. 59.
16. Desai, p. 3.
17. Morland, *Demographic Engineering*, pp. 17–21.
18. Iyer, pp. 3, 10.
19. *Times of India*, 22 January 2015, https://timesofindia.indiatimes.com/india/muslim-population-grows-24-slower-than-previous-decade/articleshow/45972687.cms (impression: 20 November2017).
20. Zubrin, pp. 172–3.
21. Sen, pp. 42, 77–9.
22. BBC News, 14 November 2014, http://www.bbc.com/news/world-asia-india-30040790 (impression: 18 August2017).
23. Population Research Institute, 24 June 2014, https://www.pop.org/a-once-and-future-tragedy-indias-sterilization-campaign-39-years-later/ (impression: 18 August2017).
24. UN Population Division, 2017 Revisions.
25. BBC News, 14 March 2013, http://www.bbc.com/news/world-africa-21783076; UN Population Division, 2017 Revisions.
26. Stats SA, 25 August 2016, http://www.statssa.gov.za/?p=8176 (impres-sion: 18 August2017).
27. NPR, 9 July 2012, http://www.npr.org/2012/07/09/156375781/botswanas-stunning-achievement-against-aids (impression: 18 August 2017).
28. *Guardian*, 8 March 2016, https://www.theguardian.com/global-development/datablog/2016/mar/08/contraception-and-family-planning-around-the-world-interactive (impression: 14 August2017).
29. VOA, 30 December 2014, https://www.voanews.com/a/in-kenya-family-planning-is-an-economic-safeguard/2579394.html (impression: 15 September 2014).
30. UN Population Division, 2017 Revisions.
31. Ibid.
32. Iliffe, p. 131.
33. Segal, pp. 56–7.
34. BBC News, 21 August 2017, http://www.bbc.co.uk/news/resources/idt-sh/lagos (impression: 21 August2017).
35. Ibid.
36. Jackson and Howe, p. 54.
37. Ibid., p. 65.
38. FCA, *Consumer Vulnerability: Occasional Paper 8*, London, 2015, p. 9.

65. Ben-Gurion cited in Pearlman, p. 240.
66. Fargues, 'Protracted National Conflict and Fertility Change', p. 452.
67. Peritz and Baras, pp. 113–14.
68. Derived from Goldschneider, pp. 113–14.
69. UN Population Division, 2017 Revisions; UN Social Indicators: Literacy.
70. Pedersen et al., p. 16.
71. Morland, *Demographic Engineering*, p. 129.
72. UN Population Division, 2017 Revisions.
73. Morland, 'Defusing the Demographic Scare', https://www.haaretz.com/1.5049876 (impression 26 June 2018); Morland, 'Israel's Fast Evolving Demography', https://www.jpost.com/opinion/op-ed-contributors/Israels-fast-evolving-demography-320574 (impression 26 June 2018); Morland, 'Israeli Women Do It By Numbers', https://www.thejc.com/israeli-women-do-it-by-the-numbers-1.53785 (impression: 26 June 2018); Morland, *Demographic Engineering*.
74. *Tablet*, 11 July 2017, http://www.tabletmag.com/jewish-life-and-religion/239961/saying-no-to-kids (impression: 16 August2017).
75. Morland, *Demographic Engineering*, p. 122.
76. See for example Lustick.

第十章　未来の主役か　サハラ以南のアフリカ

1. UN Population Division, 2017 Revisions.
2. Ibid.
3. Martin, p. 169.
4. Committee on Population and Development, p. 101.
5. Martin, p. 196.
6. Ibid., p. 195.
7. La Ferrara et al.
8. Hollerbach and Diaz-Briquets, pp. 4, 6,9.
9. UN Population Division, 2017 Revisions.
10. Morland, *Demographic Engineering*, pp. 143–9.
11. *Washington Post*, 27 January 2017, https://www.washingtonpost.com/news/worldviews/wp/2017/01/27/even-before-trump-more-mexicans-were-leaving-the-us-than-arriving (impression: 17 August 2017).
12. *Texas Standard*, 28 February 2017, http://www.texasstandard.org/stories/why-are-mexicans-leaving-the-us-in-droves/ (impression: 17 August 2017).
13. *Guardian*, 24 May 2017, https://www.theguardian.com/world/2017/may/24/india-is-worlds-most-populous-nation-with-132bn-people-academic-claims (impression: 18

37. UN Development Programme 2006, p. 74.
38. Ibid., p. 85.
39. Academic Ranking of World Universities, 2017.
40. UN Development Programme 2002, p. 67.
41. Ibid., p. 3.
42. UN Economic and Social Commission for Western Asia, p. 66.
43. Urdal.
44. Kaufmann, *Shall the Religious Inherit the Earth?*, pp. 130–1.
45. UN Development Programme 2016.
46. Bishara, p. 225.
47. Freedom House.
48. Bremmer.
49. Urdal, p. 9.
50. Mirkin, pp. 12, 14, https://www.yumpu.com/en/document/view/48347156/arab-spring-demographics-in-a-region-in-transition-arab-human (impression: 26 June 2017).
51. *New York Times*, 2 March 2015, https://www.nytimes.com/2015/03/03/science/earth/study-links-syria-conflict-to-drought-caused-by-climate-change.html (impression: 15 August 2017).
52. Al Fanar Media, 25 April 2016, https://www.al-fanarmedia.org/2016/04/study-explores-the-deep-frustrations-of-arab-youth/ (impression: 15 August 2017).
53. *The Economist*, 16 August 2016.
54. *New York Times*, 28 October 2016, https://www.nytimes.com/2016/10/29/world/middleeast/saudi-arabia-women.html (impression: 15 August 2017).
55. BBC, 8 April 2016, https://www.bbc.co.uk/news/world-europe-35999015 (impression: 15 August 2017).
56. Kaufmann, *Shall the Religious Inherit the Earth?*, p. 120; Pew Research Center 2015.
57. *Guardian*, 28 May 2009, https://www.theguardian.com/books/2009/may/28/hay-festival-tutu-israel-palestine-solution (impression: 4May 2018).
58. Daniel Pipes Middle East Forum, http://www.danielpipes.org/4990/arab-israeli-fatalities-rank-49th (impression: 16 August 2017).
59. Morland, *Demographic Engineering*, pp. 113–40.
60. Tessler, p. 170.
61. Pew Research, http://www.pewresearch.org/fact-tank/2015/02/09/europes-jewish-population/ (impression: 16 December 2017).
62. Hacohen, p. 267.
63. Jones, p. 221.
64. Eshkol cited in Bird, p. 219.

4. Karpat, p. 55.
5. *New York Times*, 20 May 2011, http://www.nytimes.com/2011/05/21/world/europe/21georgia.html (impression: 14 August 2017).
6. Kévorkian, p. 535.
7. Suny, p. 283.
8. Ibid., p. 285.
9. Pelham, p. 37.
10. Reinhard, p. 449.
11. Ibid., p. 461.
12. Fenby, p. 352.
13. Reinhard, p. 461.
14. BBC News, 10 July 2003, http://news.bbc.co.uk/1/hi/world/africa/3056921.stm (impression: 14 August 2017).
15. Iliffe, p. 161.
16. Baer, p. 14.
17. Ibid., p. 25.
18. UN Population Division, 2017 Revisions.
19. Jones and Karim, p. 3.
20. Abu Dawood, Hadith 2050.
21. Quran 6:151.
22. Jones and Karim, pp. 3–4.
23. Kaufmann, *Shall the Religious Inherit the Earth?*, pp. 121–2.
24. Riddell, p. 82.
25. Fargues, 'Demography, Migration and Revolt', p. 19.
26. Ibid., p. 23.
27. Cairo Demographic Centre, p. 7.
28. *New York Times*, 7 June 2014, https://www.nytimes.com/2014/06/08/world/middleeast/iran-tehran-offers-incentives-to-middle-class-families-to-have-more-children-as-population-declines.html (impression: 14 August 2017).
29. UN Economic and Social Commission for Western Asia, pp. 59–60.
30. Fargues, 'Demography, Migration and Revolt', p. 22.
31. Winckler; UN Population Division, 2017 Revisions.
32. UN Development Programme 2002, p. 85.
33. UN Development Programme 2011, p. 18.
34. Ibid., p. 40.
35. Ibid., p. 53.
36. Ibid., p. 56.

66. Dikötter, p. 13.
67. White, pp. 44-5.
68. Dikötter, p. 320.
69. UN Population Division, 2017 Revisions.
70. White, pp. 44-5.
71. Ibid., p. 73.
72. Cho, p. 62.
73. Ming, p. 10.
74. Cho, p. 63.
75. Greenhalgh, p. 31.
76. *The Economist*, 23 September 2017, p. 61.
77. UN Population Division, 2017 Revisions.
78. Rashid et al., p. 699.
79. Greenhalgh.
80. *The Economist*, 19 August 2010, http://www.economist.com/node/16846390 (impression: 27 July 2017).
81. LifeSite, March 2017, https://www.lifesitenews.com/news/she-was-dragged-from-her-home-and-forced-to-abort.-shes-now-shaming-the-chi (impression: 27 July 2017).
82. UN Population Division, 2017 Revisions.
83. Jackson et al., pp. 2, 10.
84. Greenhalgh, p. 1.
85. *Guardian*, 2 November 2011, https://www.theguardian.com/world/2011/nov/02/chinas-great-gender-crisis (impression: 27 July 2010).
86. *The Economist*, 10 February 2018, p. 55.
87. UN Population Division, 2017 Revisions.
88. See Morland, *Demographic Engineering*.
89. UN Population Division, 2017 Revisions.
90. *Globe and Mail*, 22 October 2014, https://www.theglobeandmail.com/news/world/a-bleak-future-and-population-crisis-for-south-korea/article21249599/ (impression: 28 July 2017).
91. *Bangkok Post*, 30 Sep 2013, http://www.bangkokpost.com/learning/advanced/372232/single-no-children-thailand-future (impression: 28 July 2013).

第九章　若く好戦的な中東と北アフリカ

1. UN Population Division, 2017 Revisions.
2. Shaw, p. 325.
3. Ibid., p. 334.

young-people-japan-stopped-having-sex (impression: 26 July 2017).

34. Ibid.
35. Cornell, p. 30; UN Population Division, 2017 Revisions.
36. UN Population Division, 2017 Revisions.
37. Pearson, p. 117.
38. UN Population Division, 2017 Revisions.
39. Ibid.
40. *Japan Times*, 6 June 2013.
41. Knight and Traphagan, p. 10.
42. Coulmas, p. 47.
43. UN Population Division, 2015 Revisions.
44. MacKellar et al., p. 39.
45. Ogawa et al., p. 136.
46. UN Population Division, 2015 Revisions.
47. *New York Times*, 23 August 2015, https://www.nytimes.com/2015/08/24/world/a-sprawl-of-abandoned-homes-in-tokyo-suburbs.html (impression: 26 July 2017).
48. *LA Times*, 10 July 2016, http://www.latimes.com/world/asia/la-fg-japan-population-snap-story.html (impression: 26 July 2017).
49. *Slate*, 26 June 2015, http://www.slate.com/articles/news_and_politics/roads/2015/06/kodokushi_in_aging_japan_thousands_die_alone_and_unnoticed_every_year_their.html (impression: 26 July 2017).
50. Coulmas, p. 14.
51. Trading Economics.
52. UN Population Division, 2015 Revisions.
53. Ho, p. 4.
54. Geping and Jinchang, p. 14.
55. Ho, p. 282.
56. Fairbank and Goldman, p. 169.
57. Reinhard, p. 553.
58. Ho, p. 282; Geping and Jinchang, p. 15.
59. Nakamura and Miyamoto.
60. Osterhammel, p. 122.
61. Tien, p. 81.
62. Ibid., p. 16.
63. Ho, p. 42.
64. Ibid., p. 45.
65. White, p. 49.

65. UN Population Division, 2017 Revisions.

第八章　日本・中国・東アジア　老いゆく巨人たち

1. Novikoff-Priboy, pp. 214, 242.
2. Knight and Traphagan, p. 6.
3. Macfarlane, pp. 31–2.
4. Reinhard, p. 557; Cole, p. 399.
5. Nakamura and Miyamoto, p. 233.
6. Reinhard, p. 558.
7. Drixler, pp.18–19, 33, 124.
8. Cornell, p. 211.
9. Obuchi, p. 331.
10. Ishii, p. 24.
11. Tauber, p. 41.
12. Ishii, p. 60.
13. Chamberlain, p. 432.
14. Ibid., p. 433.
15. Ransome, pp. 206, 226, 227.
16. Tauber, pp. 233, 286.
17. Cole, p. 397.
18. Ibid., p. 405.
19. Reinhard, p. 566.
20. Cole, p. 413.
21. Ishii, p. 163.
22. Saito, p. 129; Tolischus, p. 75.
23. Reinhard, pp. 567–8.
24. Tolischus, p. 75.
25. Marshall, pp. 95–6.
26. Diamond, *Lesser Breeds*, p. 12.
27. Tauber, pp. 233–5.
28. Coulmas, p.5.
29. UN Population Division, 2017 Revisions.
30. *Japan Times*, 6 June 2013.
31. MacKellar et al., p. 50.
32. *Business Insider UK*, 22 February 2016, http://uk.businessinsider.com/how-japan-government-solving-sex-problem-2016-2?r=US&IR=T (impression: 26 July 2017).
33. *Guardian*, 20 October 2013, https://www.theguardian.com/world/2013/oct/20/

34. Ibid., p. 936.
35. UN Population Division, 2017 Revisions.
36. Haynes and Husan, p. 152.
37. Pearce, p. 125.
38. Haynes and Husan, p. 163.
39. Ibid., p. 166.
40. *New York Review of Books*, 2 September 2014, http://www.nybooks.com/online/2014/09/02/dying-russians/ (impression: 13 September 2017).
41. Eberstadt, *Russia's Demographic Disaster*.
42. UN Population Division, 2017 Revisions.
43. Ibid.
44. Eberstadt, 'The Dying Bear'.
45. UN Population Division, 2017 Revisions.
46. Rozanova, p. 36.
47. *Al Jazeera*, 14 February 2017, http://www.aljazeera.com/features/2017/2/14/death-throes-of-russias-iconic-countryside (impression: 13 September 2017).
48. Putin, p. 385.
49. Szporluk, p. 34.
50. CIA World Fact Book, https://www.cia.gov/library/publications/the-world-factbook/fields/2075.html (impression: 14 September 2017).
51. Ibid.
52. Morland, *Demographic Engineering*, p. 24.
53. BBC, 2012.
54. Rozanova, p. 44.
55. *International Business Times*, 23 July 2015, http://www.ibtimes.com/moscow-largest-muslim-city-europe-faithful-face-discrimination-public-authorities-2020858 (impression: 13 September 2017).
56. Bhrolcháin and Dyson, p. 15.
57. Ceterchi et al., pp. 54–5.
58. Ibid., p. 54.
59. Bhrolcháin and Dyson, p. 10.
60. King.
61. Judah, pp. 152, 155.
62. Morland, *Demographic Engineering*, p. 25.
63. Slack and Doyon, p. 158.
64. *New Internationalist*, 24 June 2015, https://newint.org/features/web-exclusive/2015/06/24/ghostly-bulgaria (impression: 13 September 2017).

48. Jackson and Howe, p. 190.
49. Haas.

第七章　ロシアと東側諸国　冷戦の人口統計学

1. Gorbachev, p. 155.
2. Ibid., p. 171.
3. Ibid., pp. 10, 155.
4. Jones and Grupp, p. 75.
5. Weber and Goodman, p. 289.
6. Lutz, Scherbov and Volkov, p. 143.
7. Gray, p. 19.
8. Ibid., p. 24.
9. Lewis et al., p. 271.
10. Gaidar, p. 253; UN Population Division, 2017 Revisions: Life Expectancy.
11. Lewis et al., p. 285.
12. UN Population Division, 2017 Revisions: Infant Mortality.
13. Haynes and Husan, p.117.
14. UN Population Division, 2017 Revisions: Fertility.
15. Coale et al., pp. 112–13.
16. Lewis et al., p. 278.
17. Ibid.
18. Szporluk, p. 29.
19. Lewis et al., p. 149.
20. Anderson and Silver, pp. 164–5.
21. Szayna, p. 10.
22. Besemeres, p. 71.
23. Szayna, p. vi.
24. Ibid., pp. 279–5.
25. Brezhnev and Tikhonov, pp. 373–4.
26. Zakharov, p. 921.
27. Botev, p. 700.
28. UN Population Division, 2017 Revisions.
29. 例として以下を参照 Kanaaneh, pp. 83, 108.
30. Zakharov, p. 936.
31. Ibid., pp. 918–19;Perelli-Harris and Isupova, p. 151.
32. Perelli-Harris and Isupova, p. 146.
33. Ibid., p. 931.

19. *Guardian*, 13 February 2015, https://www.theguardian.com/world/2015/feb/13/italy-is-a-dying-country-says-minister-as-birth-rate-plummets(impression: 13 November 2017).
20. Morland, *Demographic Engineering*, pp. 17–20.
21. Ibid., p. 36.
22. Gaidar, p. 242.
23. *The Local*, 23 September 2016, https://www.thelocal.it/20160923/the-real-reasons-young-italians-arent-having-kids (impression: 14 February 2018)
24. UK Office for National Statistics, 2015.
25. UN Population Division, 2015 Revisions.
26. *Washington Post*, 8 December 2016, https://www.washingtonpost.com/national/health-science/us-life-expectancy-declines-for-the-first-time-since-1993/2016/12/07/7dcdc7b4-bc93-11e6-91ee-1adddfe36cbe_story.html (impression: 13 November 2016).
27. Jackson and Howe, p. 67.
28. Navarro, p. 38.
29. Ibid., p. 92.
30. Ibid., pp. 92–3, 97.
31. Gaquin and Dunn, p. 26.
32. Navarro, p. 93.
33. Passell et al.
34. Smith and Edmonston, p. 35.
35. Waters and Ueda, p. 18.
36. Meacham and Graybeal, p. 6.
37. *Independent*, 7 November 2016, http://www.independent.co.uk/voices/donald-trump-us-elections-hillary-clinton-race-hispanic-black-vote-white-americans-fear-minority-a7402296.html (impression: 13 Novem-ber 2017).
38. Pew Research, 19 November 2015, http://www.pewhispanic.org/2015/11/19/more-mexicans-leaving-than-coming-to-the-u-s/ (impression: 14 February 2018).
39. Goodhart, p. xxviii.
40. Byron, p. 78; Düvell, p. 347
41. Goodhart, p. xxix.
42. UK Office for National Statistics, 2012.
43. Sunak and Rajeswaran, pp. 7, 25.
44. Coleman, pp. 456, 462.
45. Brouard and Tiberj, pp. 1–2.
46. Cyrus and Vogel, p. 131.
47. Australian Bureau of Statistics, 2012–13.

46. Morland, *Demographic Engineering.*
47. Cossart, pp. 57–77.
48. Camisciole, p. 27.
49. Reggiani.
50. Goldman, p. 7.
51. Ibid., p. 254.
52. Ibid., pp. 254–5.
53. Ibid., pp. 7, 256, 258, 289.
54. Ibid., p. 333.
55. Livi-Bacci, *The Population of Europe*, p. 175.
56. Ibid., pp. 132–4, 165, 166, 168; Kirk, p. 279.
57. Sigmund, p. 25 (author's translation).
58. Kirk, pp. 102, 111; Mouton, pp. 170–1, 224.
59. Mouton, pp. 15, 17.
60. Stone, p. 145.
61. Maddison, pp. 182–5; Livi-Bacci, *The Population of Europe*, p. 132.
62. De Tocqueville, pp. 399, 433.

第六章　ベビーブーマーの誕生とアメリカの世紀

1. *The Times*, 11 March 1964, p. 12.
2. Easterlin.
3. Macunovich, p. 64.
4. Easterlin, pp. 10–12.
5. Macunovich, pp. 1–2.
6. Croker, p. 2.
7. Derived from Maddison, 1982, p. 185.
8. Croker, p. 2.
9. Easterlin, pp. 27–30.
10. E.g. Willetts.
11. Djerassi, p. 11.
12. UN Population Division, 2015 Revisions; Macunovich, p. 118.
13. French, p.47.
14. Westoff, p. 1.
15. Ibid., p. 25.
16. Ibid.
17. Kaufmann, *Shall the Religious Inherit the Earth?*, pp. 94–5.
18. UN Population Division, 2015 Revisions.

10. Ehrman, p. 42.
11. Livi-Bacci, *The Population of Europe*, pp. 135, 166.
12. Gerstle; Gratton.
13. Kirk, pp. 75–6.
14. Ibid., pp. 279–80.
15. Ibid., pp. 282–3.
16. Ehrman, pp. 33–4.
17. McCleary, *The Menace of British Depopulation*, p. 18.
18. Kirk, p. 42.
19. Maddison, pp. 182–4.
20. Morland, *Demographic Engineering*, pp. 143–4.
21. Gerstle, pp. 105–6.
22. Grant, p. 263.
23. Ibid., p. 167.
24. Ibid., p. 220.
25. *Guardian*, 1 May 2014, https://www.theguardian.com/books/2014/may/01/f-scott-fitzgerald-stories-uncensored-sexual-innuendo-drug
26. East, p. 113.
27. Ibid., p. 115.
28. Ibid., pp. 116, 271.
29. Ibid., p. 128.
30. Ibid., p. 145.
31. Cox, p. 77.
32. Offer, p. 172.
33. McCleary, *The Menace of British Depopulation*, p. 63.
34. Dennery, p. 229.
35. Wilson, pp. 174, 228.
36. 'Sydney'.
37. Haggard, pp. 170–2.
38. McCleary, *The Menace of British Depopulation*, p. 59.
39. Haggard, pp. 170, 185.
40. Ibid., p. 185.
41. McCleary, *Race Suicide?*, pp. 49, 52.
42. Money, pp. 83, 159.
43. Bertillon; Boverat, p. 16.
44. Leroy-Beaulieu.
45. Kirk, pp. 282–3; Camiscioli.

28. Soloway, pp. 22–4; National Birth-Rate Commission, pp. 36–8.
29. *The Lancet*, 10 November 1906, pp. 1290–1.
30. Soloway, p. 5.
31. Reich, pp. 120–2.
32. Quinlan, p. 11.
33. Andrillon, pp. 70–8, author's translation.
34. Okie, p. 15.
35. Paddock, p. 66.
36. Woycke, p. 133.
37. Ibid., p. 134.
38. Paddock, pp. 66, 74, 87; Lieven, p. 60.
39. Stolper, p. 24.
40. Osterhammel, p. 364.
41. Schierbrand, p. 95; Gatrell, *Government, Industry and Rearmament in Russia, 1900-1914*, pp. 175, 255.
42. Figes, p. 298.
43. Winter, p. 249; Livi-Bacci, *The Population of Europe*, p. 132.
44. Urdal.

第五章　ヒトラーの優生学

1. Hitler, pp. 28, 38, 74, 93, 207, 261.
2. Winter, p. 259.
3. Johnson, pp. 174–5.
4. Davies, p. 113.
5. Livi-Bacci, *The Population of Europe*, p. 165.
6. Livi Bacci, *The Population of Europe*, pp. 132–3 によると、一八〇〇年から一九一三年までの期間、ブリテンの人口増加率は、平均年間一・三三パーセントにすぎなかった。ドイツにおけるピーク期間は、それよりやや高い年間一・三八パーセントだった。ロシアでは一・四七パーセントである。ブリテンの粗出生率は千人あたり四十人を超えることはなかったが、ドイツでは超え、ロシアは五十人を超えていた。またLivi Bacci（pp.168, 166）によると、一九二〇年代初めから一九四〇年代後半まで、イングランドの合計特殊出生率は〇・二、ドイツは〇・五以上、そしてロシアは三も減少した。一九二〇年から一九五〇年までの平均余命の延びは、UKが十二年、ドイツは十四年、ソビエト連邦では二十五年近かった。
7. Mouton, pp. 109–10.
8. Livi-Bacci, *The Population of Europe*, pp. 136, 168; Kirk, pp. 14, 48.
9. Kirk, pp. 48–9.

34. Beinart, p. 353.
35. Osterhammel, p. 448.
36. Merk, p. 189; Osterhammel, p. 331.
37. De Tocqueville, p. 371.
38. Genovese, p. 45.
39. Wilkinson, p. 150; Klein, p. 131; Thompson and Whelpton, p. 294.
40. Seeley, p. 12.
41. Thomas, p. 114.

第四章　猛追するドイツとロシア

1. Andrillon, pp. 70–8, author's translation.
2. Paddock, pp. 66, 74, 87.
3. Lieven, p. 60.
4. McLaren, p. 11.
5. Iliffe, p. 21.
6. Wood and Suitters, p. 91.
7. McLaren, p. 96.
8. Ibid., p. 128.
9. Ibid., p. 119.
10. Mullen and Munson, p. 79.
11. Armstrong, p. 195.
12. Lipman, p. 45; author's private conversation with the late Professor David Cesarani.
13. Anderson, 'Population Change', p. 211; Maddison, pp. 182–3.
14. Ibid.
15. Luce, loc. 1848.
16. Livi-Bacci, *A Concise History of World Population*, pp. 136, 132–3, 135; Woycke, p. 3.
17. Woycke, pp. 2–3.
18. Gaidar, p. 259.
19. Livi-Bacci, *A Concise History of World Population*, p. 132; Maddison, pp. 182–3.
20. Livi-Bacci, *A Concise History of World Population*, p. 132.
21. Figes, p. 160.
22. Foner, p. 31.
23. Tooze, loc. 4483–8.
24. McLaren, p. 11.
25. Ibid., p. 149.
26. Garrett et al., p. 5.
27. Wood and Suitters, pp. 157–8.

世紀末から十九世紀初頭にブリテンで起こったことと、それ以前にたとえばオランダで起こったことをはっきりと区別している。

5. Carey, pp. 46, 120, 12.
6. Macfarlane, pp. 144–53, 303–4.
7. Tranter, p. 53.
8. Morland, *Demographic Engineering*, p. 7.
9. Wrigley et al., pp. 134, 355.
10. 早い年齢での出産数が、遅い年齢での出産数をどのくらい上回ったかについては、Wrigley et al., p. 411を参照。
11. これにも異論がないわけではない。十九世紀前半のイングランドの人口増加を押し上げたのは、出生率の上昇よりもむしろ死亡率の低下だと示唆する人もいる。
12. Wrigley et al., p. 295.
13. Macfarlane, pp. 110, 184, 192–3.
14. Pomeranz, p. 276.
15. 11を参照
16. United Nations Population Division, 2017 Revisions.
17. Woods et al., p. 35; ただしWrigley, pp. 321–4.における外因性乳児死亡と内因性乳児死亡の区別に注意。
18. Wrigley.
19. Ibid., pp. 431–2.
20. Maddison, pp. 160, 169–70, 180.
21. Connell, p. 25.
22. Charlwood, p. 58.
23. Townshend, p. 271.
24. Brett, pp. 67, 120.
25. Maddison, pp. 160, 169–70, 180.
26. Braudel, p. 437.
27. Charlwood, pp. 66–7.
28. Snyder, p. 158.
29. Canadian Encyclopedia, vol. 1, p. 595, vol. 3, p. 1453; UN Committee of International Coordination of National Research in Demography, World Population Year 1974, p. 59; Kalbach and McVey, p. 195; Livi- Bacci, *A Concise History of World Population*, p. 61.
30. Wilkinson, p. 244.
31. Ibid., pp. 220, 224, 242, 247; Borrie, p. 55.
32. UN World Population Year 1974, pp. 9, 13, 51, 53.
33. Thompson, p. 53.

維持される（たとえば一歳の誕生日を迎えられない子の割合が五人に一人から、千人に三人まで減少する)。平均寿命の延び――それ自体が乳児死亡率が低下した結果でもある（出生時平均余命が三十年から六十年、七十年以上へ)。そして出生率の低下（一人の女性が六人以上の子を生んでいたのが三人以下に)。このように定義される“近代性”への移行の仕方は社会によって違い、決まったパターンはない。そしてもちろん起こる時期も違っている。都会化が工業化の前に起こることもあれば、工業化が教育向上の前に起こることもある。また人口動向に関わらない三つの変化すべてが、人口動向の変化の前に来ることもあればあとになることもある。それでも一八〇〇年からUKがこの方向へと進み始めて以降、世界中の国や社会が次から次へと間違いなく同じ道を歩んでいる。ほとんどの場合、進む方向は一方的で、逆行することはめったにない、あったにしても一過性である。

14. UN Social Indicators, UN Population Division 2017 Revisions.
15. *The Economist*, 15-21 April 2017, pp. 25-6.
16. Marshall and Gurr, p. 1.
17. Morland, *Democratic Engineering*, pp. 1-26.
18. 工業化、近代化、民主化が広がるにつれて、人口動向が重要になった詳しい理由については、同pp.9-21を参照。
19. Ibid.
20. Ibid.; Bookman, p. 61.
21. Fearon and Laitin.
22. イングランドとウェールズ（UKの人口の九十パーセントを占める）のデータとUK全体のデータは異なることに注意。
23. 中世時代のイングランドの人口規模に関する議論（関連する問題についての一般的な感覚がわかる）については、Goldberg, pp.を参照。

第三章　英国帝国主義は人口が武器となった

1. Wilson, p. 787.
2. Wrigley, pp. 348-9.
3. Malthus, p. 51.　著作が版を重ねるごとに、マルサスの考え方も発展し、しだいに西ヨーロッパのように、抑制と晩婚によって社会の極端な貧困は避けられるという見解に至った。マルサスの思考の発展と、マルサスはマルサス主義だったのかという議論については、Wrigley, pp. 216-24を参照。
4. 産業革命の概念と時期については異論が多く、込み入っている。Wrigley, pp. 64-5では、決定的な境界を、食料、燃料、住居、衣服といった基本的ニーズに新しい有機産物を使うことから（その年に収穫された穀物を食べる、古くても数百年しかたっていない木を燃やすなど)、最初は大量生産や石炭の使用を通じて、何百万年もかけて蓄積されてきた有機産物を利用できるようになることと説明している。彼はそれによって、十八

ソースノート

第一章　人口が歴史をつくってきた

1．Hitchcock, p. 70.
2．Sherwood, p. 80; author's translation.
3．Hufton, pp. 62–3.
4．Woolf, pp. 57–8.
5．Zweig, pp. 25–6.

第二章　人口とは軍事力であり経済力である

1．Potter (ed.), p. 564; Livi-Bacci, *A Concise History of World Population*, p. 25.
2．Livi-Bacci, *The Population of Europe*, p. 120.
3．English, pp. 38–9.
4．Neillands, p. 212.
5．Harvey, *The War of Wars*, p. 885.
6．Keegan, *The First World War*, pp. 379, 402.
7．Jackson and Howe, p. 21; Mahdi, pp. 208–9.
8．Bashford and Chaplin, p. 51.
9．Reinhard, pp. 78, 129, author's translations; Jackson and Howe, pp. 22, 81.
10. Urdal.
11. Jackson and Howe, p. 22.
12. Jacques, p.36.
13. 本書では“近代（modern）”、“近代性（modernity）”、“近代化（modernisation）”という言葉を使わざるをえない。これらの言葉は、本書の最初から最後まで何度も目にすることになるだろう。近代化の理論については本や論文がいくつも書かれ、その用語と意味に関して多く議論されている。簡単に言ってしまうと、本書における“近代化”は“近代性”に向かう動きと、社会が近代性の三つの特徴（特に人口動向に関わるものではない）を獲得することを意味する。第一が都会化、これはほとんどの人が（定義はどうあれ）町に住むこと。第二は識字率と教育レベルの向上（ほとんどの人が読み書きができ、最終的には大学や職業専門教育など第三次教育を受ける人の割合が極めて高くなる）。第三が工業化、あるいは脱工業化（経済の大半が農業以外の産業で成り立ち、人口の多くが畑で働くのではなく、工場や会社に雇われている）。工業化が進むときは、一人当たりのエネルギー使用量が増加するが、それらはだいたい石炭、石油、天然ガス、昔は人力や動物、原始的な水力だったのが、最近では水力発電、原子力発電、そしてしだいにソーラーパワーへと移行している。人口動向の特徴は一般的にこうした“近代”社会の特徴と関連している。つまり乳児死亡率が低下してそれが

解説　複雑系の世界の未来を「人口」で予測する

堀内勉

近年、経済や情報のグローバル化が進み、地球規模で環境や格差などについて考える必要性が高まる中、従来の国民国家を前提としたナショナルヒストリーという狭い枠組みだけではなく、地球レベルで世界の歴史や秩序を捉え直すグローバルヒストリーという学問分野に注目が集まっている。

それ以前の欧米の学問的伝統では、歴史学というのはヨーロッパ諸国とそれに付随するアメリカの歴史についての研究で、それ以外のアジア、アフリカ、ラテンアメリカなどは地域研究として、歴史学とは別の学問として扱われてきたのである。

グローバルヒストリーと言えば、巨視的な観点から世界を単一システムと捉える「世界システム論」を提唱したイマニュエル・ウォーラーステインの『近代世界システム』や、それまでの西欧中心史観を批判したケネス・ポメランツの『大分岐』がその典型である。

ユーラシアの文明が世界を席巻した背景を銃、病原菌、鉄という三つの要素から説明したジャレド・ダイアモンドの『銃・病原菌・鉄』、ホモ・サピエンスが生態系の頂点に立ち文明を築いた真因について仮説を提示したユヴァル・ノア・ハラリの『サピエンス全史』、過去二百年以上の記録を紐解いて「資本収益率＞経済成長率」を導いたトマ・ピケティの『21世紀の資本』など、歴史の大きな流れを俯瞰したものも、グローバルヒストリーの範疇に入ると言えるだろう。

人類誕生以来の人口動態に着目した研究も盛んに行われている。人口動態を使うことの優れている点は、過去の歴史分析だけでなく、将来の予測にも一定程度の確からしさをもって使えることである。

経営学者で未来学者でもあるピーター・ドラッカーは、『イノベーションと企業家精神』の中で、未来予測における人口動態の有用性について、「人口、年齢、雇用、教育、所得など人口構造にかかわる変化ほど明白なものはない。見誤りようがない。予測が容易である。リードタイムまで明らかである」と語っている。

複雑系である世界の未来を予測するのは極めて困難だが、その中でも人口というのは、かなりの確度をもって予測でき、その他の予測の前提となり得る数少ない指標のひとつなのである。

国連報告書『世界人口推計2022年版』によると、世界人口は二〇二二年十一月十五日に八〇億人に達し、二〇三〇年に八五億人、二〇五〇年に九七億人へと増加し、二〇八〇年代中に一〇四億人でピークに達した後、二一〇〇年までそのレベルに留まると予測されている。

これから二〇五〇年までに増加するであろう世界人口の過半数は、コンゴ民主共和国、エジプト、エチオピア、インド、ナイジェリア、パキスタン、フィリピン、タンザニアの八カ国に集中し、中でもサハラ以南のアフリカの人口の倍増が予想されている。絶対数では、インドが二〇二三年には中国を抜いて、世界で最も人口が多い国になるという。

他方、ここ数十年の間に多くの国で出生率が著しく低下し、その結果、世界の人口増加率も急速に低下してきており、二〇二〇年には一％を下回って一九五〇年以降最も低い水準になっている。更に、低レベルの出生率と移住率の上昇により人口が減少している国も増えており、二〇二二年から二〇五〇年の間に六一の国や地域において、人口が一％もしくはそれ以上減少すると見られている。

こうした少子化と平均寿命の伸びにより、世界で高齢化が進んでいることも併せて、国連は、世界人口の規模、構成、分布の変化は、二〇一五年に採択した世界共通の目標であるＳＤＧｓ（持続可能な開発目標）の達成に大きな影響を与えるとしている。

人口に関する古典で最も知られているのが、トマス・マルサスが一七九八年に著した『人口論』である。マルサスはこの中で、「幾何級数的に増加する人口と算術級数的に増加する食糧の差により発生する人口過剰すなわち貧困問題は、社会制度の改良では回避できない」という「マルサスの罠（人口の罠）」を唱えた。ところが実際の歴史を振り返ってみれば、「マルサスの罠」は空気中の窒素から化学肥料を作るハーバー・ボッシュ法などの技術革新により克服され、世界の人口は過去二百年爆発的に増えてきた。

世界人口は、人類の文明発祥以来、数億人規模で緩やかに推移してきたものが、大まかに言えば一九世紀初めに一〇億人、二〇世紀前半に二〇億人、二〇世紀末に六〇億人、そして現在が八〇億人と、近年急激な増加を見せている。

そして、本書の著者であるポール・モーランドは、人口が歴史における全ての決定要因ではないと断りつつも、人類が自らの数をコントロールできるようになった一九世紀以降は、人口が歴史を動かす直接的で重要な要因になったとしている。そして、ここが本書の重要なスタートラインである。

一八世紀に英国で農業・産業革命が起こるまでは、飢え、病気、災害などに抗する術を持たない人々の人生は、ひどく短く残酷なものだった。モーランドは、人口増加をもたらす強力な原動力として、①乳児死亡率、②出生数、③移民、の三つを挙げているが、公衆衛生が向上して人々の健康状態が改善されると出生数が死亡数を上回る「人口転換」と呼ばれる現象が起こり、人口が増加し始める。

一八〇〇年前後を境に、アングロサクソン（主にブリテン人とアメリカ人）は、この人口増加と産業革命の恩恵を受けて、農業生産量の増加、輸送機関の発達、公衆衛生環境の向上などを通じて、「マルサスの罠」から逃れることができたのである。

人口が大幅に増えると、人々は食料や新たな定住先を求めて海外へと流出し、定住した先でまた人口転換が起きる。こうした急激な人口増加は、まずイギリスに軍事力と経済力、更には文化力といったソフトパワーをもたらし、その結果、新大陸やオーストラリア、ニュージーランドに移民として展開し、大英帝国を築き上げていったのである。人口転換は、こうしてヨーロッパからアメリカ、オーストラリアやニュージーランド、ロシア、アジア、中東へと広がり、現在はアフリカまで到ろうとしている。

本書では、イギリスの分析に続く各章で、アメリカ、ドイツ、ロシア、日本、中国、東アジア、中東、北アフリカなどの地域を分析した後、最終章において、人口転換の最後のフロンティアとして、サハラ以南のアフリカを取り上げている。この点は、上述した国連の報告書と共通の認識である。そして、モーランドはそのインパクトの大きさを、過去四十年間での最大の世界的ニュースが中国の経済成長だったとすれば、これから先の四十年間のニュースは、アフリカの人口増加になるだろうと言っている。

そして、こうした地域ごとの分析を行った上で、これからの人口動向の注目すべきポイントを、①増加するグレー（人口の高齢化）、②増加するグリーン（環境に優しい世界）、③減っていくホワイト（白人の減少）、の三つにまとめている。

グレーについては、今後、出産の減少と寿命の伸びが相まって、世界が急速に高齢化する中で、平和で活気がなく低リスクな社会、そして年金と介護が負担になる社会が来るだろうと予測している。グリーンについては、これからはＥＳＧ（環境、社会、ガバナンス）に代表されるような環境に優しい世界が志向される、或いは志向すべきとしている。そして、ホワイトについては、一九世紀初めから二〇世紀半ばにかけて爆発的に増加した白人の割合が、これからは逆に、劇的に減少していくことになるだろうとしている。

因みに、本書は日本についても多くの文字を割いており、仕事と育児が両立しない文化、先進国中最下位に近い男女賃金格差という悪条件下での出生率の低下を指摘し、日本がこの超少子高齢化にどう対処していくのか世界が注目しているとしている。残念ながら、日本人自身が気づいているように、もはや日本には打つ手はほとんどない状況である。ドラッカーが指摘するように、何十年も前から分かっていたにも関わらず、日本が人口問題に手をつけないできたつけは大きいと言わざるを得ない。

このように、本書は人口という視点から近代以降の世界史を俯瞰しているのだが、これに関連して、ブラウン大学のオデッド・ガロー教授の「統一成長理論」に触れておきたい。この理論は、人類史における経済成長のプロセスを統一的に説明することを目的としている。つまり、産業革命以前の一八世紀まで続いたマルサス的停滞の時代と産業革命以後の内生的・持続的成長の時代とを、ひとつの統一的な経済成長モデルとして説明しようとするものである。

これまでの経済学では、現代的な経済体制に「飛躍」できた先進諸国とそうでない国の違いは何だったのかという問いに統一的な説明を与える理論は存在しなかった。

この点について、モーランドのような人口学者は人口規模に注目する訳だが、ガローはそれだけでなく、「人的資本の形成」が極めて重要な役割を果たしたと考える。つまり、一八〇〇年以前は「マルサスの罠」で経済が停滞していたものの、その裏では生活水準の改善と教育という人的資本への投資を通じて人口における質の高い人材の割合の増加が進んでおり、これがマルサス的停滞から脱却して「飛躍」する契機になったというのである。

そして、この「飛躍」のタイミングが国によって異なり、その結果、国家間の経済格差が拡大した理由も、この質的構成の違いによるものとして説明できるとした。

日本では超少子化・超高齢化が社会問題となり、経済成長のために労働人口をいかに増やすかが議論されているが、これまではその労働力の中身については議論されてこなかった。岸田内閣の「新しい資本主義」で初めて、「人への投資」が大きな柱のひとつとして打ち出されたが、ガローの理論は正にその重要性を示唆しているのである。

一人の英雄譚として或いは共産主義革命のような唯物史観として、ストーリー仕立てで説明してきた旧来の歴史に対して、本書のような人口動態を始め、資産価格や遺伝子などの膨大なデータ解析に基づいて説明する新しい歴史学の行方に注目していきたい。

（多摩大学社会的投資研究所教授・副所長）

単行本　二〇一九年八月　文藝春秋刊

ＤＴＰ制作　エヴリ・シンク

The Human Tide : How Population Shaped the Modern World
by Paul Morland

文春文庫

人口で語る世界史

定価はカバーに
表示してあります

2023年2月10日　第1刷

著　者　ポール・モーランド
訳　者　渡会圭子
発行者　大沼貴之
発行所　株式会社　文藝春秋

東京都千代田区紀尾井町3-23　〒102-8008
TEL　03・3265・1211(代)
文藝春秋ホームページ　http://www.bunshun.co.jp

落丁、乱丁本は、お手数ですが小社製作部宛お送り下さい。送料小社負担でお取替致します。

印刷・図書印刷　製本・加藤製本

Printed in Japan
ISBN978-4-16-792006-7

（　）内は解説者。品切の節はご容赦下さい。

英『エコノミスト』編集部（東江一紀・峯村利哉　訳）
2050年の世界
英『エコノミスト』誌は予測する
バブルは再来するか、エイズは克服できるか、SNSの爆発的な発展の行方は……グローバルエリート必読の「エコノミスト」誌が、20のジャンルで人類の未来を予測！（船橋洋一）
エ-9-1

ロバート・キャパ（川添浩史・井上清一　訳）
ちょっとピンぼけ
二十年間に数多くの戦火をくぐり、戦争の残虐を憎みつづけ写しつづけた報道写真家が、第二次世界大戦の従軍を中心に、あるときは恋をも語った、人間味あふれる感動のドキュメント。
キ-1-1

ピーター・ナヴァロ（赤根洋子　訳）
米中もし戦わば
戦争の地政学
米国と中国が戦争に至る確率は七〇％以上——。米中貿易戦争を仕掛けた異色の大統領補佐官が説く、アジアの未来。トランプの対中戦略は、全てこの本から読み取れる。（飯田将史）
ナ-4-1

ジャック・ペレッティ（関　美和　訳）
世界を変えた14の密約
現金の消滅・熾烈な格差・買い替え強制の罠・薬漬け・AIに酷使される未来——英国の気鋭ジャーナリストが世界のタブーを徹底追及。目から鱗、恐ろしくスリリングな一冊。（佐藤　優）
ヘ-9-1

ダライ・ラマ（山際素男　訳）
ダライ・ラマ自伝
ノーベル平和賞を受賞したチベットの指導者、第十四世ダライ・ラマが、観音菩薩の生れ変わりとしての生い立ちや、亡命生活などの波乱の半生を通して語る、たぐい稀な世界観と人間観。
ラ-6-1

マイケル・ルイス（渡会圭子・東江一紀　訳）
フラッシュ・ボーイズ
10億分の1秒の男たち
何故か株を買おうとすると値段が逃げ水のようにあがってしまう…。その陰には巨大詐欺と投資家を出し抜く超高速取引業者〝フラッシュ・ボーイズ〟の姿があった。（阿部重夫）
ル-5-3

マイケル・ルイス（渡会圭子　訳）
後悔の経済学
世界を変えた苦い友情
「人間の直感はなぜ間違うか？」。この命題を突き詰めてあらゆる学問の常識を覆した二人の心理学者。彼らの共同研究は、やがて経済学にも革命を齎す。天才たちの足跡と友情。（阿部重夫）
ル-5-4

（　）内は解説者。品切の節はご容赦下さい。

ジェニファー・ダウドナ　サミュエル・スターンバーグ（櫻井祐子　訳）
クリスパー　CRISPR
究極の遺伝子編集技術の発見
ゲノム情報を意のままに編集できる「CRISPR-Cas9」。人類は種の進化さえ操るに至った。この発見でノーベル賞を受賞した科学者自らが問う、科学の責任とは。（須田桃子）
タ-17-1

リチャード・ワイズマン（木村博江　訳）
その科学が成功を決める
ポジティブシンキング、イメージトレーニングなど巷に溢れる自己啓発メソッドは逆効果!?　科学的な実証を元にその真偽を検証。本当に役立つ方法を紹介した常識を覆す衝撃の書。
S-10-1

シーナ・アイエンガー（櫻井祐子　訳）
選択の科学
コロンビア大学ビジネススクール特別講義
社長は平社員よりなぜ長生きなのか。その秘密は自己裁量権にあった。二十年以上の実験と研究で選択の力を証明。NHK白熱教室で話題になった盲目の女性教授の研究。（養老孟司）
S-13-1

クリストファー・チャブリス　ダニエル・シモンズ（木村博江　訳）
錯覚の科学
「えひめ丸」を沈没させた潜水艦艦長は、なぜ"見た"はずの船を見落としたのか？　日常の錯覚が引き起こす記憶のウソや認知の歪みをハーバード大の俊才が徹底検証する。（成毛　眞）
S-14-1

ジュディ・ダットン（横山啓明　訳）
理系の子
高校生科学オリンピックの青春
世界の理系少年少女が集まる科学のオリンピック、国際学生科学フェア。そこに参加するのはどんな子供たちなのか？　感動の一冊。巻末に日本の「理系の子」と成毛眞氏の対談を収録。
S-15-1

トレヴァー・ノートン（赤根洋子　訳）
世にも奇妙な人体実験の歴史
性病、寄生虫、コレラ、ペスト、毒ガス、放射線……人類への脅威を克服するための医学の発展の裏で、科学者たちは己の肉体を犠牲に、勇敢すぎる人体実験を行い続けた。（仲野　徹）
S-19-1

エレーヌ・フォックス（森内　薫　訳）
脳科学は人格を変えられるか？
人生の成否を分けるカギは「楽観脳」と「悲観脳」。それは生まれついてのものか、環境で変えられるものか。欧州最大の脳科学研究所を主宰する著者が実験と調査で謎に迫る。（湯川英俊）
S-21-1

（　）内は解説者。品切の節はご容赦下さい。

ペット・セマタリー（上下）
スティーヴン・キング（深町眞理子　訳）
競争社会を逃れてメイン州の田舎に越してきた医師一家を襲う怪異。モダン・ホラーの第一人者が〝死者のよみがえり〟のテーマに真っ向から挑んだ、恐ろしくも哀切な家族愛の物語。
キ-2-4

IT（全四冊）
スティーヴン・キング（小尾芙佐　訳）
少年の日に体験したあの恐怖の正体は何だったのか？　二十七年後、薄れた記憶の彼方に引き寄せられるように故郷の町に戻り、IT（それ）と対決せんとする七人を待ち受けるものは？
キ-2-8

シャイニング（上下）
スティーヴン・キング（深町眞理子　訳）
コロラド山中の美しいリゾート・ホテルに、作家とその家族がひと冬の管理人として住み込んだ――。S・キューブリックによる映画化作品も有名な「幽霊屋敷」ものの金字塔。（桜庭一樹）
キ-2-31

夜がはじまるとき
スティーヴン・キング（白石　朗　他訳）
医者のもとを訪れた患者が語る鬼気迫る怪異譚「N」、猫を殺せと依頼された殺し屋を襲う恐怖の物語「魔性の猫」など全六篇収録。巨匠の贈る感涙、恐怖、昂奮をご堪能あれ。（coco）
キ-2-35

覗くモーテル　観察日誌
ゲイ・タリーズ（白石　朗　訳）
ある日突然、コロラドのモーテル経営者からジャーナリストに奇妙な手紙が届いた。送り主は連日、屋根裏の覗き穴から利用客のセックスを観察して日記をつけているというが……。（青山　南）
タ-16-1

13・67（上下）
陳　浩基（天野健太郎　訳）
華文ミステリーの到達点を示す記念碑的傑作が、ついに文庫化！　2013年から1967年にかけて名刑事クワンの警察人生を遡りながら香港社会の変化も辿っていく。（佳多山大地）
チ-12-2

白墨人形
C・J・チューダー（中谷友紀子　訳）
三十年前、僕たちを震え上がらせたバラバラ殺人が今、甦る。白墨で描かれた不気味な人形が導く戦慄の真相とは？　S・キング大推薦、詩情と恐怖が交錯するデビュー作。（風間賢二）
チ-13-1

（　）内は解説者。品切の節はご容赦下さい。

ジェフリー・ディーヴァー（土屋　晃　訳）
青い虚空
護身術のホームページで有名な女性が惨殺された。やがて捜査線上に〝フェイト〟というハッカーの名が浮上。電脳犯罪担当刑事と元ハッカーのコンビがサイバースペースに容疑者を追う。
テ-11-2

ジェフリー・ディーヴァー（池田真紀子　訳）
ウォッチメイカー（上下）
残忍な殺人現場に残されたアンティーク時計。被害者候補はあと八人…尋問の天才ダンスとともに、ライムは犯人阻止に奔走する。二〇〇七年のミステリ各賞に輝いた傑作！　（児玉　清）
テ-11-17

ボストン・テラン（田口俊樹　訳）
神は銃弾
娘を誘拐し、元妻を惨殺したカルトを追え。元信者の女を相棒に、男は血みどろの追跡を開始。CWA新人賞、日本冒険小説大賞受賞、'01年度ベスト・ミステリーとなった三冠達成の名作。
テ-12-1

ボストン・テラン（田口俊樹　訳）
その犬の歩むところ
その犬の名はギヴ。傷だらけで発見されたその犬の過去に何があったのか。この世界の悲しみに立ち向かった人々のそばに寄り添った気高い犬の姿を万感の思いをこめて描く感動の物語。
テ-12-5

ボストン・テラン（田口俊樹　訳）
ひとり旅立つ少年よ
詐欺師だった父が殺された。父が奴隷解放運動の資金にと巻き上げた金を約束通り届けるため、少年は南部までの長い旅に出る。弱い者の強さを描き続ける名匠の感動作。　（杉江松恋）
テ-12-6

セバスチャン・フィツェック（酒寄進一　訳）
乗客ナンバー23の消失
乗客の失踪が相次ぐ豪華客船〈海のスルタン〉号。消えた妻子の行方を追うため、乗船した捜査官に次々に不可解な出来事が。ドイツのベストセラー作家による、閉鎖空間サスペンス。
フ-34-1

テリー・ホワイト（小菅正夫　訳）
真夜中の相棒
美青年の殺し屋ジョニーと、彼を守る相棒マック。傷を抱えて裏社会でひっそり生きる二人を復讐に燃える刑事が追う。男たちの絆を詩情ゆたかに描く暗黒小説の傑作。　（池上冬樹）
ホ-1-7

（　）内は解説者。品切の節はご容赦下さい。

わたしたちに手を出すな
ウィリアム・ボイル（鈴木美朋　訳）

ハンマーを持った冷血の殺し屋が追ってくる。逃避行をともにすることになった老婦人と孫娘と勇猛な元ポルノ女優。米ミステリー界の新鋭が女たちの絆を力強く謳った傑作。（王谷　晶）

ホ-11-1

その女アレックス
ピエール・ルメートル（橘　明美　訳）

監禁され、死を目前にした女アレックス――彼女が秘める壮絶な計画とは？「このミス」1位ほか全ミステリランキングを制覇した究極のサスペンス。あなたの予測はすべて裏切られる。

ル-6-1

死のドレスを花婿に
ピエール・ルメートル（吉田恒雄　訳）

狂気に駆られて逃亡するソフィー。かつて幸福だった聡明な女は、なぜ全てを失ったのか。悪夢の果てに明らかになる戦慄の悪意！『その女アレックス』の原点たる傑作。（千街晶之）

ル-6-2

悲しみのイレーヌ
ピエール・ルメートル（橘　明美　訳）

凄惨な連続殺人の捜査を開始したヴェルーヴェン警部は、やがて恐るべき共通点に気づく――『その女アレックス』の刑事たちを巻き込む最悪の犯罪計画とは。鬼才のデビュー作。（杉江松恋）

ル-6-3

傷だらけのカミーユ
ピエール・ルメートル（橘　明美　訳）

カミーユ警部の恋人が強盗に襲われ、重傷を負った。執拗に彼女の命を狙う強盗をカミーユは単身追う。『悲しみのイレーヌ』『その女アレックス』に続く三部作完結編。（池上冬樹）

ル-6-4

わが母なるロージー
ピエール・ルメートル（橘　明美　訳）

『その女アレックス』のカミーユ警部、ただ一度の復活。パリで爆発事件が発生。名乗り出た犯人はまだ爆弾が仕掛けてあるという。真の動機が明らかになるラスト1ページ！（吉野　仁）

ル-6-5

監禁面接
ピエール・ルメートル（橘　明美　訳）

失業中の57歳・アランがついに再就職の最終試験に残る。だがその内容は異様なものだった――。どんづまり人生の一発逆転はなるか？　ノンストップ再就職サスペンス！（諸田玲子）

ル-6-6

（　）内は解説者。品切の節はご容赦下さい。

ロバート・ジェームズ・ウォラー（村松　潔　訳）
マディソン郡の橋
アイオワの小さな村を訪れ、橋を撮っていた写真家と、ふとしたことで知り合った村の人妻。束の間の恋が、別離ののちも二人の人生を支配する。静かな感動の輪が広がり、ベストセラーに。

ウ-9-1

P・G・ウッドハウス（岩永正勝・小山太一　編訳）
ジーヴズの事件簿
才智縦横の巻
二十世紀初頭のロンドン。気はよくも少しおつむのゆるい金持ち青年バーティに、嫌みなほど有能な黒髪の執事がいた。どんな難題もそつなく解決する彼の名は、ジーヴズ。傑作短編集。
ウ-22-1

P・G・ウッドハウス（岩永正勝・小山太一　編訳）
ジーヴズの事件簿
大胆不敵の巻
ちょっぴり腹黒な有能執事ジーヴズの活躍するユーモア小説傑作集第二弾。村の牧師の長説教レースから親友の実らぬ恋の相談まで、ご主人バーティが抱えるトラブルを見事に解決！
ウ-22-2

P・G・ウッドハウス（岩永正勝・小山太一　編訳）
エムズワース卿の受難録
綿菓子のような頭脳のエムズワース伯爵の領地に、本日も凶悪な騒動が勃発。不肖の息子・超頑固な庭師・妹たちとその娘達に、老いた卿には心の休まる暇がない！　ユーモア小説短編集！

ウ-22-4

クレア・キップス（梨木香歩　訳）
ある小さなスズメの記録
人を慰め、愛し、叱った、誇り高きクラレンスの生涯
第二次世界大戦中のイギリスで老ピアニストが出会ったのは、一羽の傷ついた小雀だった。愛情を込めて育てられた雀クラレンスとキップス夫人の十二年間の奇跡の実話。　（小川洋子）
キ-16-1

サン＝テグジュペリ（倉橋由美子　訳）
星の王子さま
「ねえ、お願い…羊の絵を描いて」不時着した砂漠で私に声をかけてきたのは別の星からやってきた王子さまだった。世界中を魅了する名作が美しい装丁で甦る。　（古屋美登里・小川　糸）
サ-9-1

パトリック・ジュースキント（池内　紀　訳）
香水
ある人殺しの物語
十八世紀パリ。次々と少女を殺してその芳香をわがものとし、あらゆる人を陶然とさせる香水を創り出した〝匂いの魔術師〟グルヌイユの一代記。世界的ミリオンセラーとなった大奇譚。
シ-16-1